桥梁设计新技术
及安全性能评价

李作恒　梁　栋　赵文忠　戎　贤　著

人民交通出版社股份有限公司
China Communications Press Co.,Ltd.

内 容 提 要

本书分为四个部分，分别为第一部分：HRB500 钢筋在桥梁工程中的应用研究；第二部分：空心板梁桥设计新方法研究；第三部分：预应力梁的破坏机理研究；第四部分：高墩简支变连续梁桥抗震性能研究。

本书可作为建筑和桥梁设计、施工工作者的参考用书。

图书在版编目(CIP)数据

桥梁设计新技术及安全性能评价 / 李作恒等著. —北京：人民交通出版社股份有限公司，2017.9

ISBN 978-7-114-14142-3

Ⅰ. ①桥… Ⅱ. ①李… Ⅲ. ①桥梁设计—研究 Ⅳ. ①U442.5

中国版本图书馆 CIP 数据核字(2017)第 249546 号

书　　名：桥梁设计新技术及安全性能评价
著 作 者：李作恒　梁　栋　赵文忠　戎　贤
责任编辑：赵瑞琴
出版发行：人民交通出版社股份有限公司
地　　址：(100011)北京市朝阳区安定门外外馆斜街 3 号
网　　址：http://www.ccpress.com.cn
销售电话：(010)59757973
总 经 销：人民交通出版社股份有限公司发行部
经　　销：各地新华书店
印　　刷：北京鑫正大印刷有限公司
开　　本：720×960　1/16
印　　张：14.5
字　　数：243 千
版　　次：2017 年 9 月　第 1 版
印　　次：2017 年 9 月　第 1 次印刷
书　　号：ISBN 978-7-114-14142-3
定　　价：48.00 元
（有印刷、装订质量问题的图书由本公司负责调换）

前言

随着桥梁工业的发展，桥梁的安全问题也越来越引起人们的关注，而桥梁结构本身的形式、设计、施工工艺都会成为影响桥梁安全的重要因素。现如今我国工程建设工艺持续发展，越来越多的结构形式新颖、跨径大的桥梁被设计施工并投入到使用当中。但是对于这些结构复杂的大跨径桥梁如果继续使用普通强度钢筋，会造成钢筋用量增大，容易造成混凝土振捣不密实，从而引起安全隐患。所以，发展低成本高性能钢筋已经成为需要迫切解决的问题，而研究其工程应用也是非常重要的。为了在预应力混凝土桥梁结构中推广应用HRB500级钢筋，有必要进行相关研究。通过在桥梁中用HRB500钢筋替换全部或部分受力主筋，利用高强钢筋弹性模量与普通钢筋相近而强度高的材料特性来改善桥梁的受力性能和变形性能，拓展其在工程建设中的应用范围。

同时，在我国公路交通事业蓬勃发展的同时也出现了一些严峻的问题，各级公路的交通量逐渐加大，车辆的吨位与载质量逐渐增加，超载车辆数量急剧增长。在我国公路上现有旧桥数量巨大，特别是20世纪80年代以前修建的桥梁，运行已经超过30年。这些桥梁大多承载能力不足，加之年久失修、维护不够，使得这些桥梁绝大多数属于带病工作。当今的交通量和车载形式已经远远超过了20世纪的桥梁设计承载极限。车辆超载使得梁板间连接的企口缝发生破坏，破坏了梁板间的格局联系，导致荷载横向传递不畅，造成单梁板受力等不利状况，轻则危及交通，重则造成严重的交通事故。简支板梁桥出现这种“单梁板受力”的严重病害的原因之一是设计及理论上的缺陷。目前横向内力分布应用的是铰接板法。应用该方法的前提条件是桥梁横向刚度和纵向刚度之比很小，而实际中空心板的横向刚度很大，而铰缝刚度很弱。实践证明，一般经过3年左右时间，铰缝由于荷载和应力集中就会出现断裂。基于上述原因，必须进行以改进空心板梁桥受力模式为目的的研究，以实现彻底解决“单梁板受力”问题。

目前我国高速铁路与高速公路蓬勃发展，为了满足高架桥的安全与质量以及充分适应交通运输载质量逐渐增加的需要，对这些桥梁的安全性进行研究是十分有必要的。大量实践证明，桥梁安全性研究不但是在竣工验收时对桥梁工程内在质量进行评定最直接和最有效的方法和手段，而且为设计理论、施工技术积累了经验，为桥梁建设总体水平的提高创造了条件，也为桥梁正常运营养护提供了技术依据。所以进行桥梁的安全性研究不但可以为决策者对桥梁的承载能力做出科学的判断，而且能够提供直观的依据，因此，对桥梁进行安全性研究具有较强的理论意义和广阔的应用前景。对于新建桥梁而言，通过荷载试验以及针对性较强的数值模拟，可为桥梁竣工验收、发展桥梁设计理论和提高施工工艺水平，不断地积累技术数据并提供科学依据；对于已建桥梁而言，通过桥梁安全性研究可以客观地了解桥梁的工作现状，正确地评估桥梁的承载性能，为桥梁的安全运营提供指导。因此，桥梁安全性研究是一项具有社会价值与经济意义的工作。

我国对先简支后连续梁桥研究时间并不晚于世界其他各国，但由于该桥型在国内公路桥梁建设中普及历程较为缓慢，发展相对滞后，无论是研究成果还是施工技术与国外领先世界水平相比还有一段差距。在交通运输工程事业蓬勃发展的今天，简支变连续梁桥所表现出来的良好的经济性、适用性、安全性，使该桥型在桥梁工程领域得到推广使用，此种施工方法必将收到巨大的社会效益，使标准化桥梁设计工作得以向前推进。但简支变连续梁桥的抗震设计目前依然比较困难，针对它的抗震设计理论很不成熟，没有统一的标准，缺乏相关的规范和足够的抗震设计依据。最近十年来新建的简支变连续梁桥，几乎都没有经历过强震的检验，因而其震害资料严重匮乏，没有高烈度地震作用下的使用经验。因此研究分析简支变连续梁桥的地震反应特点，掌握其地震响应规律和合理的抗震设计方法，进一步完善先简支后连续梁桥抗震方面的理论，时不我待。

基于上述背景，本书作者在广泛调查研究的基础上，编写了本书，以飨读者。本书分为四个部分，第一部分：HRB500 钢筋在桥梁工程中的应用研究；第二部分：空心板梁桥设计新方法研究；第三部分：预应力梁的破坏机理研究；第四部分：高墩简支变连续梁桥抗震性能研究。本书在成书过程中经过有关专家的详细审阅，他们为本书提出了非常宝贵的意见和建议，在此向他们表示衷心的感谢。

本书可作为建筑和桥梁设计、施工工作者的参考用书，同时恳请广大同行对书中的错误与不妥之处进行批评指正。

编　者

2017 年 6 月

目录

第一部分　HRB500钢筋在桥梁工程中的应用研究

第四部分 高墩简支变连续梁桥抗震性能研究

第一部分

HRB500钢筋在桥梁工程中的应用研究

第1章 绪 论

1.1 引 言

无黏结预应力混凝土结构(Unbounded Prestressed Concrete members,UPPC)是预应力结构的一个较新分支,主要有两种形式:一是直接将预应力筋布设于混凝土结构外,又称为体外索无黏结预应力混凝土结构,该种结构形式施工简便,适用于箱形结构;另一种是将预应力筋布设在混凝土内部,但预应力筋孔道内预先注有防腐润滑脂而省略了后续的孔道注浆工序,预应力筋与周围混凝土可沿钢筋长度方向发生自由滑动。鉴于该种结构形式的预应力筋与周围混凝土未黏结在一起,预应力筋内应力理论上通长相等。实际上,无黏结预应力结构的预应力筋在结构内起到的是拉杆的作用,其受力形式为内部超静定。本部分研究配有非预应力筋的无黏结部分预应力混凝土矩形梁。

早在20世纪20年代,美国人Dill R E就提出了无黏结预应力的构想,即充当预应力筋的材料在张拉后能够相对周围混凝土发生沿钢筋长度方向的自由滑动。直到20世纪50年代,随着大跨度平板结构的不断发展,无黏结预应力结构才开始在美国得到广泛的应用。20世纪60年代,美国出现了内涂润滑油脂外包硬塑料护套的预应力钢绞线。到1970年该工艺得到重大改进,应用挤压涂塑成型工艺制作无黏结预应力钢绞线,随后获得了美国专利而逐渐发展成熟。随着无黏结预应力钢绞线在工程实际中的广泛应用,很大程度地促进了无黏结预应力技术的迅速发展。几十年来,无黏结预应力混凝土结构在民用与工业建筑工程、水利工程、桥梁工程等诸多领域得到广泛应用。由于无黏结预应力混凝土结构具有经济性能好、施工便利的优点,许多国家广泛应用这种结构。

我国的无黏结预应力技术的研究及应用晚于国外,该结构在我国的应用始于20世纪60年代,在房屋建筑中,首次成功采用涂抹沥青的冷拉钢筋作为无黏结预应力筋应用于屋架下弦中。自此以后,对无黏结预应力结构的基本性能研究先后在北京、云南、上海等地广泛开展。在此期间,一部分高校及科研单位开展了采用高强钢丝或钢绞线作为无黏结预应力筋的可行性研究，并同期研究了无黏结预应力结构的结构性能及无黏结筋的施工工艺。1986 年出版的《部分预应力混凝土结构设计建议》一书中，系统介绍了无黏结预应力混凝土结构的设计理论及方法，这些研究工作为日后大规模推广该技术创造了前提条件，自此以后，无黏结预应力混凝土结构在我国房屋建筑中开始得到广泛应用。

近年来，为扩大无黏结预应力结构的应用范围，我国相关部门开展了对无黏结部分预应力结构体系在桥梁工程中应用的理论及试验研究，并修建了近 10 座实桥。如北京部分立交桥、汕头海湾大桥等均采用无黏结后张部分预应力混凝土结构。所建桥梁工作状况表明，无黏结预应力混凝土结构设计理论的采用使得结构性能较之全预应力混凝土结构改善明显，在结构的反拱度控制以及减少因预应力过大而导致的端部纵向裂缝方面效果良好；极限状态下亦表现出良好的延性和耗能能力。加之该工艺施工简便，解决了先张法预应力构件制作过程中需要大型张拉设备和预制场地的问题，并简化了后张法有黏结预应力构件制作过程中预留孔道及灌浆等复杂工序；较之普通钢筋混凝土桥的制作可减小构件的截面尺寸，减少构件自重。技术经济分析结果表明，无黏结后张部分预应力混凝土桥梁的性能可靠，造价低廉，同时具有施工简便、周期短等优点，具有显著的经济效益和社会效益。

目前国内外对无黏结预应力混凝土结构的研究主要侧重于配置普通非预应力筋的无黏结部分预应力混凝土。国内钢筋混凝土结构中应用的钢筋强度等级较之发达国家普遍低 1 ~ 2 个等级。近年来，天津大学、郑州大学、同济大学及河北工业大学等院校对配置 HRB500 级钢筋的钢筋混凝土结构开展了广泛而深入的研究，为 HRB500 级钢筋在工程中的应用提供了大量理论依据和设计参考。

1.2 无黏结预应力混凝土结构特点及研究现状

采用无黏结预应力混凝土结构时，其预应力筋的张拉锚固工艺相当便利。无黏结筋可如非预应力筋一样按设计要求快速准确布置于模板内后浇筑混凝土，待混凝土强度达到张拉要求后进行预应力筋的张拉锚固，预应力筋与周围混凝土之间无黏结，预应力筋内拉力靠端部锚具传递至混凝土。而同样配筋的有黏结结构的施工过程，需在浇筑混凝土前预埋波纹管，待混凝土达设计规定的强度后在波纹管内穿预应力筋，待混凝土满足张拉要求后进行预应力筋的张拉，张拉完成后还须进行孔道内压力灌浆，形成预应力筋与周围混凝土的黏结。可见，无黏结预应力混凝土结构无需预留孔道、穿索及压力灌浆等繁琐工序，施工简便，有利于加快施工速度，减少工期；采用无黏结预应力混凝土结构后，在后期的维修、加固过程中，预应力筋的更换较之有黏结预应力筋更为便利，降低了工程维护成本。

客观来讲，无黏结预应力混凝土结构较之同样配筋的有黏结预应力混凝土结构同样也有缺点。当无黏结预应力混凝土梁未配置非预应力筋时，梁的裂缝数目比有黏结要少，且同级荷载作用下裂缝宽度大，随着荷载等级的提高，裂缝宽度与高度发展迅速，呈破坏脆性。此外，由于无黏结预应力混凝土结构中预应力筋与周围混凝土之间可发生沿钢筋长度方向的自由滑动，导致结构的受力特点较之同样配筋的有黏结预应力混凝土构件区别显著。

无黏结部分预应力结构在较大跨径桥梁及房屋建筑中的应用受到诸多局限，其中最主要的限制因素为无黏结部分预应力混凝土梁的受弯承载力较低。无黏结部分预应力混凝土梁受弯承载力的影响因素主要为预应力筋的极限应力增量。因此，找到一种可以提高预应力筋极限应力增量的方法，就成了突破该结构在工程实际中应用瓶颈的关键。

1.3 HRB500级钢筋的性能及在桥梁工程中的应用研究概况

通过调查发现，桥梁安全问题有时不仅是因为结构本身的设计原因，不规范的施工以及使用不满足要求的材料也会带来桥梁安全问题。随着我国工程建设的发展，结构形式越来越新颖，跨度越来越大的桥梁和房屋结构逐渐地被设计并应用到了实际工程之中。如果继续使用普通强度钢筋，会造成钢筋用量增大，而且易造成混凝土振捣不密实，造成安全隐患。在国家大力提倡节能减排、绿色环保的背景下，普通强度钢筋作为工程建设用钢主材的状况已无法满足建设发展的需要，研究发展抗拉性能优良的钢筋并研究其工程应用已成为非常紧急的课题。高强钢筋的推广应用，能够在建筑行业产生巨大的经济效益。另外高强钢筋的推广应用，也是提升我国传统产业技术含量的重要措施，在大规模推广应用高强钢筋的同时，也可以加大建筑行业技术创新的步伐，从而能够极大地提升我国建筑行业在国际上的竞争力。

1.4 研究的背景及意义

1.4.1 研究背景

无黏结预应力混凝土技术在我国的研究及应用均晚于国外。近年来,无黏结后张部分预应力混凝土梁广泛应用于各种形式的高层大楼、大跨度工业厂房、停车场、储仓以及工程加固等工程建设中,但是该结构形式在较大跨径的桥梁工程中的应用并不广泛。

随着我国国民经济及科技水平的发展,越来越多的高性能材料在实际工程中得到广泛应用。HRB500级钢筋具有高强度、高延性、耐高低温、耐疲劳性能好、可塑性能好等优点,其在实际工程中的广泛应用,必将促进与之相关的建筑材料向高性能发展,进而促进整个行业水平的提升。由于国内目前对HRB500级钢筋缺乏系统的基础试验研究和理论分析,现行《混凝土结构设计规范》(GB 50010—2002)未列入有关HRB500级钢筋的设计条款,直接限制了这种新型高性能材料在实际工程中的应用。因此开展对配有500MPa级钢筋的混凝土构件的试验性能研究显得十分紧迫。

HRB500级钢筋具有优良的力学性能指标,在与无黏结预应力混凝土结构的协调工作中预期将显著提升这种结构的工作性能。配置HRB500级钢筋作为非预应力筋的无黏结部分预应力混凝土梁,预期能显著提高预应力筋的极限应力增量,进而提高结构的极限受弯承载力,使其满足工程实际要求,拓展其在桥梁工程中的应用范围。本部分通过对配置HRB500级非预应力筋的无黏结部分预应力混凝土梁试验研究,分析HRB500级非预应力筋的配置对结构受力性能的影响,并在试验基础上得到配置HRB500级非预应力筋的无黏结部分预应力混凝土梁的受弯性能、强度及受力变形特点,进而为该结构在实际工程中的应用提供可靠的理论指导。

1.4.2 研究意义

HRB500级钢筋作为一种适用于钢筋混凝土结构的新型高强材料,其屈服强度标准值$f_{yk}=500N/mm^2$,分别是HRB335级钢筋及HRB400级钢筋的1.49及1.25倍,其各项性能指标均符合《钢筋混凝土用热轧带肋钢筋》(GB 1499—1998)的要求。此外,我国钢铁产业是高物流、高耗能、高污染的行业。因此,工程用钢采用HRB500级钢筋代替普通钢筋,可以明显减少钢筋用量、降低能源和资源消耗、减轻环境污染,符合国家环保和可持续发展政策,同时可以显著提高结构的安全储备,必将带来可观的社会效益及经济效益。

无黏结部分预应力混凝土结构无孔道压浆工序,节省施工时间;预应力筋易于更换及补拉,维修方便且维修费用相对较少;结构形式简单,大大减少设计工作量。这些优点可大大减小工程造价,降低维护成本,缩短工期并保证工程质量。这为无黏结部分预应力混凝土结构在工程中的应用创造了很大优势。

本书依托的研究项目通过在桥梁中用 HRB500 钢筋替换结构纵筋,利用高强钢筋弹性模量与普通钢筋相近而强度高的材料特性来改善桥梁的受力性能和变形性能,拓展其在工程建设中的应用范围。

第 2 章　无黏结部分预应力混凝土梁的设计制作

2.1　引　　言

本部分所有试验梁均进行静力荷载作用下的受弯性能研究，在试验的基础上，验证无黏结部分预应力混凝土梁的量 HRB500 级钢筋的强度优势，无黏结预应力结构对 HRB500 级钢筋单独配置在混凝土结构中所造成的裂缝的改善，并在试验基础上研究配置 HRB500 级非预应力筋的无黏结部分预应力混凝土梁正截面受弯承载力、挠度及预应力筋极限应力增量发展规律。

2.2　试验梁的设计制作

2.2.1　试验梁的设计参数

试验梁的外形尺寸、箍筋配置、预应力筋张拉控制应力、预应力筋配筋率及摆放位置均相同，仅非预应力筋配置不同。试验梁采用的非预应力筋强度等级分别为 HRB335 级、HRB400 级及 HRB500 级，箍筋采用 HRB335 级，无黏结预应力钢筋采用Φ^{s}15.2(f_{ptk} = 1 860MPa)钢绞线，混凝土设计强度等级为 C50。所有试验梁均为矩形简支梁，截面尺寸 300mm × 400mm($b \times h$)，梁全长 4.5m，计算跨径 4.2m。

本试验共设计了 5 根无黏结部分预应力混凝土梁，试验梁对比点为非预应力筋强度等级及配筋率。试验梁编号分别为 UPC-1、UPC-2、UPC-3、UPC-4 及 UPC-5。根据试验研究内容要求，该批试验梁分为两组，其中 UPC-1 作为公用梁。第一组试验梁编号为 UPC-1、UPC-2 及 UPC-3，该组试验梁均配置 HRB500 级钢筋作为非预应力筋，其对比点为非预应力筋的配筋率。第二组试验梁编号为 UPC-1、UPC-4 及 UPC-5，分别采用 HRB335 级、HRB400 级及 HRB500 级钢筋作为非预应力筋，对比点为非预应力筋的强度等级。试件设计及配筋详细内容如表 2.1 和表 2.2 所示。

试验梁设计尺寸及配筋　　表 2.1

<table>
<tr><th>项目
试验梁编号</th><th>试 验 梁 设 计 配 筋 图</th><th>横截面配筋图
（截面 1－1）</th><th>备　注</th></tr>
<tr><td>UPC-1</td><td>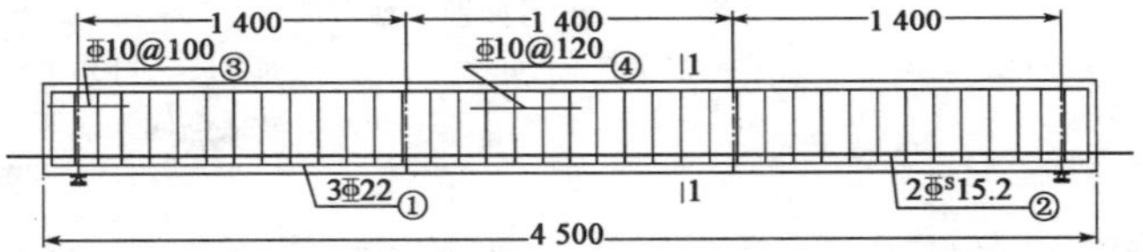</td><td>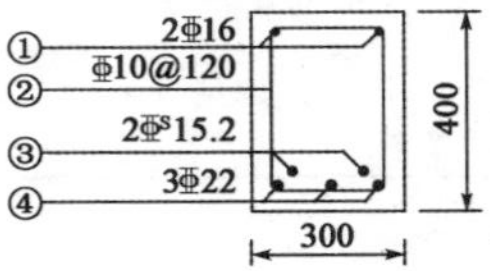</td><td>制作日期：
2010－05－03
钢绞线张拉日期：
2010－05－24
试验日期：
2010－06－02</td></tr>
<tr><td>UPC-2</td><td>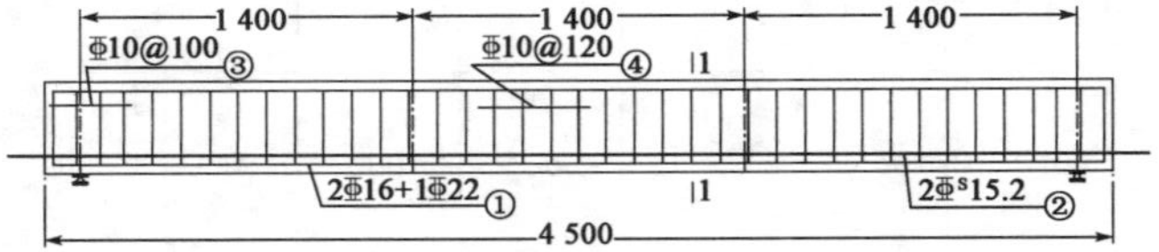</td><td>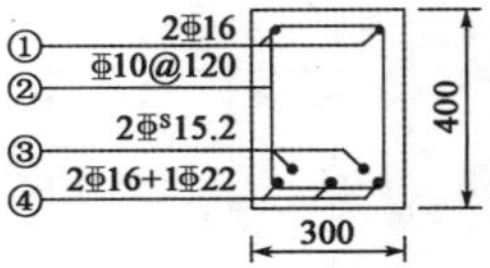</td><td>制作日期：
2010－05－03
钢绞线张拉日期：
2010－05－24
试验日期：
2010－06－03</td></tr>
<tr><td>UPC-3</td><td>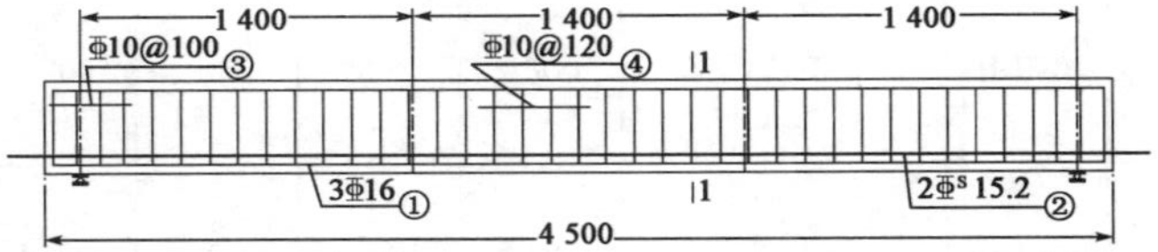</td><td>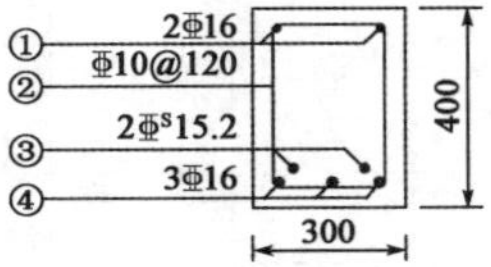</td><td>制作日期：
2010－05－06
钢绞线张拉日期：
2010－05－24
试验日期：
2010－06－04</td></tr>
<tr><td>UPC-4</td><td>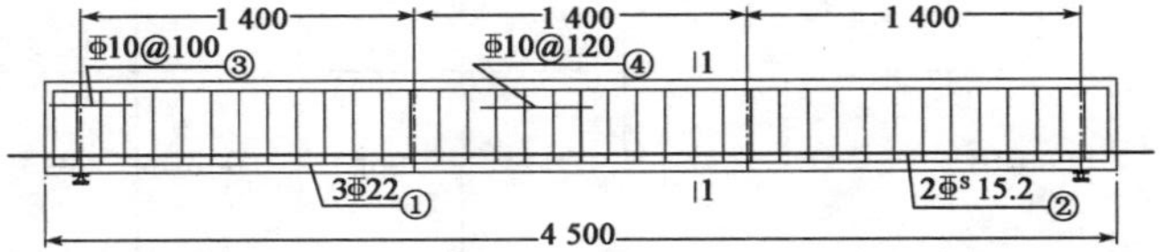</td><td>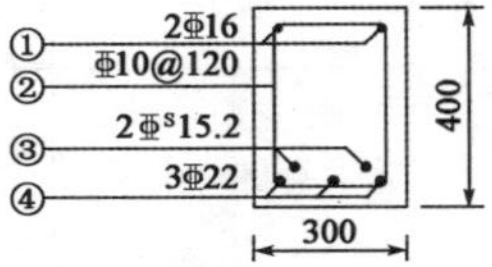</td><td>制作日期：
2010－05－03
钢绞线张拉日期：
2010－05－24
试验日期：
2010－06－08</td></tr>
<tr><td>UPC-5</td><td>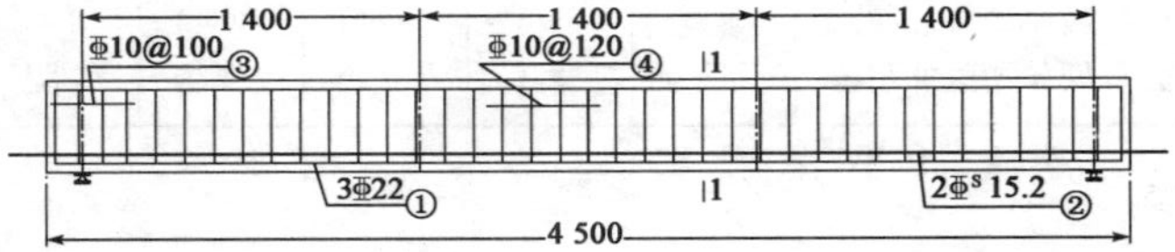</td><td>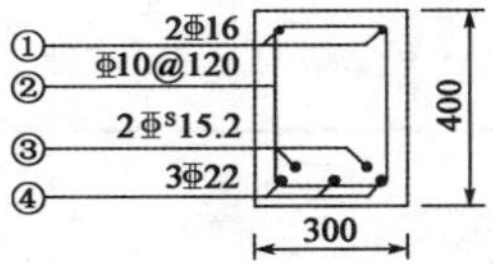</td><td>制作日期：
2010－05－06
绞线张拉日期：
2010－05－24
试验日期：
2010－06－09</td></tr>
</table>

试验梁设计参数

表 2.2

项目 / 试验梁编号	梁长 l (mm)	梁宽 b (mm)	梁高 h (mm)	计算跨径 l_0(mm)	预应力筋线形	受拉非预应力筋配筋及强度等级		预应力钢绞线	A_p (mm^2)	ρ_p (%)	A_s (mm^2)	ρ_s (%)	ξ_0
UPC-1	4 500	300	400	4 200	直线	3 Φ22	HRB500	2 × Φ^s15.2	280	0.292%	1 140	1.07%	0.198
UPC-2	4 500	300	400	4 200	直线	2 Φ16 + 1 Φ22	HRB500	2 × Φ^s15.2	280	0.292%	961.1	0.90%	0.177
UPC-3	4 500	300	400	4 200	直线	3 Φ16	HRB500	2 × Φ^s15.2	280	0.292%	603	0.57%	0.137
UPC-4	4 500	300	400	4 200	直线	3 Φ22	HRB400	2 × Φ^s15.2	280	0.292%	1 140	1.07%	0.169
UPC-5	4 500	300	400	4 200	直线	3 Φ22	HRB335	2 × Φ^s15.2	280	0.292%	1 140	1.07%	0.157

注：①预应力筋重心至梁底面距离 $a_p = 80mm$；

②受拉非预应力筋重心至梁底面距离 $a_s = 45mm$，架立筋至梁顶面距离 $a_s' = 40mm$；

③A_p、A_s——预应力钢绞线、受拉非预应力筋面积，mm^2；

④ρ_p——预应力钢绞线配筋率，%，$\rho_p = A_p/(bh_p)$；

ρ_s——受拉非预应力筋配筋率，%，$\rho_s = A_s/(bh_s)$；

⑤ξ_0——综合配筋指标，根据《无黏结预应力混凝土结构技术规程》(JGJ 92—2004)计算综合配筋指标得 $\xi_0 = (\sigma_{pe}A_p + f_yA_s)/f_cbh_p$。

根据非预应力筋及预应力筋配筋情况估算试验梁正截面受弯承载力，反算出三分点加载情况下的试验荷载加载值，根据试验荷载计算试验梁所受最大剪力，确定箍筋用量以免试验梁发生受剪破坏，在试验梁设计过程中加大箍筋用量，确保试验梁破坏形式为受弯破坏。所有试验梁均配置Φ10@120的箍筋，试验梁梁端400mm范围内配置Φ10@100的箍筋进行梁端加密。

2.2.2　试验梁的施工制作

试验梁的制作包括：钢筋加工，架设模板，定位钢筋笼及预应力筋位置，浇筑混凝土，构件养护，张拉预应力筋。

非预应力筋预先进行除锈处理，按设计配筋图加工完成后，分别在跨中及四分点位置粘贴箔式应变片并包裹养护，用来采集静载作用下钢筋应力大小。试验梁采用钢模施工，整体性强，试验梁外形尺寸能得到保证。钢筋笼定位之后，为固定预应力筋位置，在箍筋上沿梁长方向间隔400mm绑扎U形定位钢筋，确保混凝土浇筑及振捣时预应力筋位置不发生偏移；试验梁张拉端和锚固端均放置尺寸为260mm×120mm的16mm厚钢板，加强局部承压。混凝土来自搅拌站提供的商品混凝土，品质易得到保障，采用插入式振捣棒振捣，混凝土初凝以后采用编织布覆盖养护，终凝后开始浇水（12h后）。

试验梁现场养护21d后，待混凝土强度达到张拉要求时进行预应力筋张拉，张拉采用将放置锚索测力传感器的梁端锚固，然后另一端张拉的方法，张拉控制应力$\sigma_{con}=0.7f_{ptk}$。通过锚索测力传感器和油压表的读数来判断张拉力的大小。预应力筋张拉及放张过程中均由锚索测力传感器监测预应力筋应力变化情况。以监测施工过程中的预应力筋应力变化及预应力损失情况。施工现场照片及锚索测力传感器布置如图2.1所示。

a）锚索测力传感器布置　　b）浇注混凝土

图2.1　试验梁的制作

无黏结预应力筋张拉流程为：初始张拉至 $0.1\sigma_{con}$，检查张拉设备及锚索测力传感器工作是否正常；然后分级匀速张拉至 $1.03\sigma_{con}$；持荷 2min 后放张。由于采用无黏结预应力筋，试验梁的制作不涉及孔道注浆问题。

第3章　无黏结部分预应力混凝土梁受弯性能的试验研究

3.1　无黏结部分预应力混凝土梁试验研究

试验加载设备、加载方式、加载程序、量测仪器及量测方案均确定或准备完毕后，即对5根试验梁进行单调静载试验，加载过程中数据采集的方式如上节所述，试验现象及数据采集记录如下。

3.1.1　试验概况

3.1.1.1　试验梁UPC-1试验现象描述

试验梁UPC-1有效预应力为1 033.52MPa，受拉非预应力筋采用3Φ22的HRB500级钢筋，受压非预应力筋采用2Φ16的HRB500级钢筋；加载方式为三分点加载；预加载，仪器读数无误后开始正式加载，混凝土开裂前每级加载20kN，接近开裂荷载时，每级荷载加载值改为5kN以捕捉开裂弯矩，直至试验梁混凝土开裂；试验荷载加载至105kN时，试验梁底混凝土开裂，开裂位置为H-31（三分点加载处梁底附近），梁跨中混凝土荷载—应变曲线、受拉非预应力筋荷载—应变曲线及预应力筋荷载—应力曲线出现拐点；混凝土开裂后继续保持两级5kN加载值，然后改回每级20kN加载值，当试验荷载值达到150kN时，试验梁侧面混凝土裂缝数目及高度迅速向梁顶发展，梁体变形较明显，试验荷载达到390kN时，跨中受拉非预应力筋上应变片数据突变，显示试验梁内跨中受拉非预应力筋已屈服，此时最大裂缝宽度为0.56mm，梁体变形严重，裂缝发展将近完成，预应力筋应力增量值为236.86MPa；继续加载，裂缝高度及数目增加缓慢，但裂缝宽度逐级增加，试验荷载加至420kN时，对应预应力筋应力增量值为338.5MPa，受拉非预应力筋高度处最大垂直裂缝宽度达到1.55mm，超过结构构件承载能力极限状态标志1.5mm，对应位置G-31，此时宣告试验梁破坏。卸载后试验梁侧面裂缝大多闭合，变形恢复明显，显示出预应力结构良好的变形恢复能力，残余最大垂直裂缝宽度为0.59mm。试验梁UPC-1极限状态下变形及裂缝情况如图 3.1 所示。

图 3.1 UPC-1 破坏图

3.1.1.2 试验梁 UPC-2 试验现象描述

试验梁 UPC-2 有效预应力为 1 025.15MPa，受拉非预应力筋采用 2 Φ 16 + 1 Φ 22 的 HRB500 级钢筋，受压非预应力筋采用 2 Φ 16 的 HRB500 级钢筋；加载程序及加载方式同试验梁 UPC-1；试验荷载加载至 120kN 时试验梁混凝土开裂，开裂位置 H-46，混凝土荷载—应变曲线、受拉非预应力筋荷载—应变曲线及预应力筋荷载—应力曲线出现拐点；试验梁开裂后继续加载，裂缝数目增多且集中在纯弯段，加载至 150kN 时试验梁内伴随响声，纯弯段裂缝迅速向梁顶发展，弯剪区开始出现裂缝，并且开始向斜向发展，裂缝位置 H-25（三分点加载处靠近支座边梁底附近），试验荷载加载至 270kN 时新裂缝出现较少，但裂缝宽度逐级增加，梁体变形明显，加载过程中试验梁内响声密集，加载至 360kN 时加载困难挠度急剧增大，跨中受拉非预应力筋应变片数据未显示突变，但试验梁荷载—挠度曲线出现拐点，显示跨中受拉非预应力筋已屈服，最大垂直裂缝宽度为0.64mm，位置为 H-34，预应力筋应力增量值为 222.727MPa；继续加载至 390kN 时，对应预应力筋应力增量值为 369.28MPa，受拉非预应力筋高度处最大垂直裂缝宽度达到 1.52mm，超过结构构件承载能力极限状态标志 1.5mm，对应位置 H-34，此时宣告试验梁破坏。卸载后梁体变形恢复明显，裂缝大多闭合，残余最大垂直裂缝宽度为 0.79mm。试验梁 UPC-2 极限状态下变形及裂缝情况如图 3.2所示。

3.1.1.3 试验梁 UPC-3 试验现象描述

试验梁 UPC-3 有效预应力为 1 030.99MPa，受拉非预应力筋采用 3 Φ 16 的 HRB500 级钢筋，受压非预应力筋采用 2 Φ 16 的 HRB500 级钢筋；加载程序及加载方式同上述；试验荷载加载值达到125kN时，试件梁底混凝土出现裂缝并延伸到梁体侧面，开裂位置H-37及H-54（三分点加载处梁底附近），混凝土荷载—应变曲线、受拉非预应力筋荷载—应变曲线及预应力筋荷载—应力曲线出现拐点；继续加载，荷载达到160kN时，裂缝数目逐渐增多，裂缝高度及宽度增长较慢且集中于试验梁纯弯段，裂缝穿过跨中底部混凝土应变片，造成应变片溢出，试验荷载达到240kN时弯剪区出现斜裂缝并斜向发展，裂缝高度及宽度发展迅速，纯弯段内部分裂缝呈树状，当试验荷载达到300kN时，钢筋应变片未显示屈服，但试验梁挠度急剧增加，加载困难，由试验梁荷载—挠度曲线可看出跨中非预应力受拉钢筋已屈服，预应力筋应力增量值为207.96MPa，最大裂缝宽度0.79mm，位置为H-52；继续加载至345kN，试验梁挠度达到46.18mm，对应的应力增量为403.1MPa，受拉非预应力筋高度处最大垂直裂缝宽度达到1.53mm，超过结构构件承载能力极限状态标志1.5mm，对应位置H-52，此时宣告试验梁破坏。卸载后裂缝大多闭合，残余变形为15.82mm，残余最大垂直裂缝宽度为0.65mm。试验梁UPC-3极限状态下变形及裂缝情况如图3.3所示。

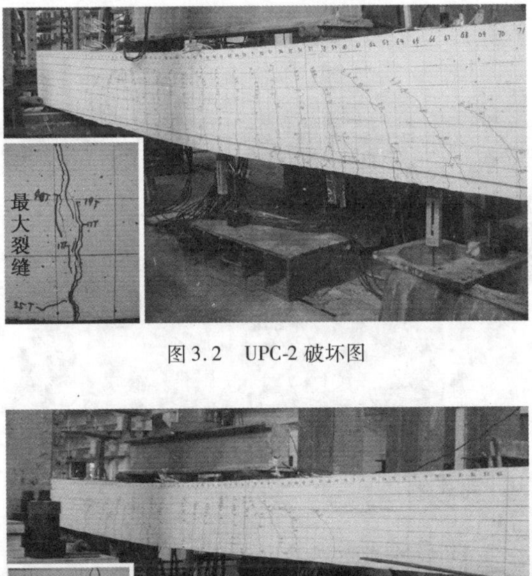

图3.2　UPC-2破坏图

图3.3　UPC-3破坏图

3.1.1.4　试验梁 UPC-4 试验现象描述

试验梁 UPC-4 有效预应力为 1 028.92MPa，受拉非预应力筋采用 3 Φ22 的 HRB400 级钢筋，受压非预应力筋采用 2 Φ16 的 HRB400 级钢筋；加载程序及加载方式同上述；试验荷载加载值达到 110kN 时，试件梁底混凝土出现裂缝并延伸到梁体侧面，开裂位置 H-36 及 H-46（三分点加载处靠近跨中梁底），混凝土荷载—应变曲线、受拉非预应力筋荷载—应变曲线及预应力筋荷载—应力曲线出现拐点，期间预应力筋应力增加缓慢；继续加载，荷载达到 170kN 时，裂缝数目及高度增加迅速，纯弯段内裂缝分布均匀，弯剪段开始出现裂缝，试验梁跨中下部裂缝穿过混凝土应变片造成应变片退出工作，当试验荷载达到 350kN 时，跨中受拉非预应力筋应变片数据突变，显示钢筋屈服，预应力筋应力增量值为 150.601MPa，最大裂缝宽度 0.33mm，位置为 H-46；继续加载至 395kN，试验梁挠度达到 42.49mm，对应的应力增量为 317.89MPa，受拉非预应力筋高度处最大垂直裂缝宽度达到 1.58mm，超过结构构件承载能力极限状态标志 1.5mm，对应位置 H-34，此时宣告试验梁 UPC-4 破坏。卸载后裂缝大多闭合，残余变形为 19.21mm，残余最大垂直裂缝宽度为 0.58mm。试验梁 UPC-4 极限状态下变形及裂缝情况如图 3.4 所示。

图 3.4　UPC-4 破坏图

3.1.1.5　试验梁 UPC-5 试验现象描述

试验梁 UPC-5 有效预应力为 1 078.54MPa，受拉非预应力筋采用 3 Φ22 的 HRB335 级钢筋，受压非预应力筋采用 2 Φ16 的 HRB335 级钢筋；加载程序及加载方式同上述；试验荷载加载值达到 115kN 时，试件梁底混凝土出现裂缝并延伸到梁体侧面，开裂位置 H-35（三分点加载处梁底），混凝土荷载—应变曲线、受拉非预应力筋荷载—应变曲线及预应力筋荷载—应力曲线出现拐点，期间预应力筋应力增加缓慢；继续加载，荷载达 280kN 时，加载困难，液压千斤顶掉荷严重，此时裂缝数目接近稳定，荷载达到 290kN 时，跨中钢筋应变片数据突变，显示钢筋已屈服，预应力筋应力增量值为 148.39MPa，最大垂直裂缝宽度0.89mm，位置为 H-52；继续加载至 320kN，试验梁挠度达到 35.94mm，对应的应力增量为 315.65MPa，受拉非预应力筋高度处最大垂直裂缝宽度达到 1.62mm，超过结构构件承载能力极限状态标志 1.5mm，对应位置 H-52，此时宣告试验梁 UPC-5 破坏。卸载后裂缝大多闭合，残余变形为 17.76mm。试验梁 UPC-5 极限状态下变形及裂缝情况如图 3.5 所示。

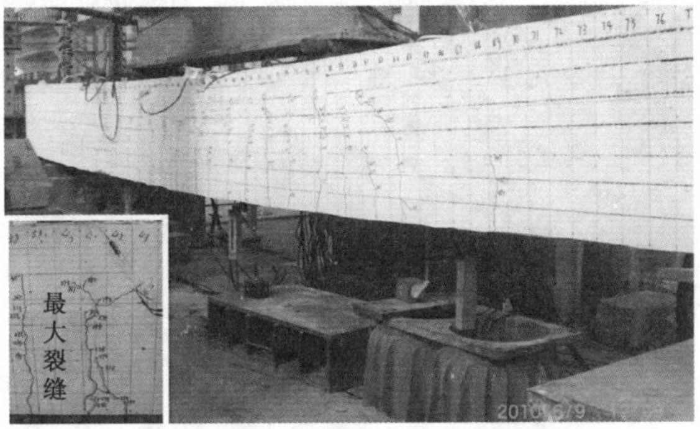

图 3.5　UPC-5 破坏图

3.1.2　非预应力筋应变、预应力筋应力及混凝土应变

3.1.2.1　非预应力筋应变

(1)受拉非预应力筋应变

由于预应力筋的张拉是在工地现场进行，不具备量测非预应力筋应变数据的条件，因此本部分不包括预应力筋张拉过程中的非预应力筋应变数据。静力荷载作用下试验梁非预应力筋的荷载—应变曲线如图 3.6 所示，由图可见，试验荷载较小时，应变增加缓慢，且应变基本与荷载呈线性关系，表明试验梁处于弹性工作阶段；当荷载达到开裂荷载时，荷载—应变曲线出现转折点，随着荷载的增大应变增加速度加快；荷载—应变曲线出现第二个转折点，应变增加速度激增，此时试验梁跨中各强度等级受拉非预应力筋应变达到 2 400 ~ 3 200$\mu\varepsilon$，均能达到屈服强度；继续加载直至构件破坏，该过程中试验梁变形增加明显，加载困难，表明各受拉钢筋在无黏结预应力混凝土梁中均能充分发挥其强度及延性性能。图中①代表试验梁下部混凝土开裂特征点；②代表试验梁跨中受拉非预应力筋屈服特征点；③代表试验梁破坏时的特征点。

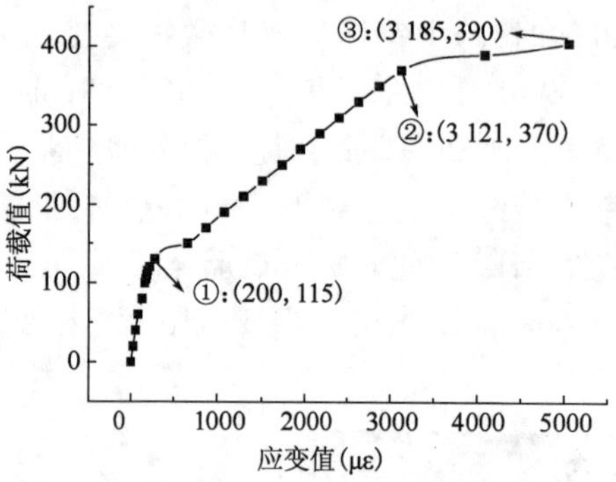

a) UPC-1跨中受拉非预应力纵筋荷载—应变曲线

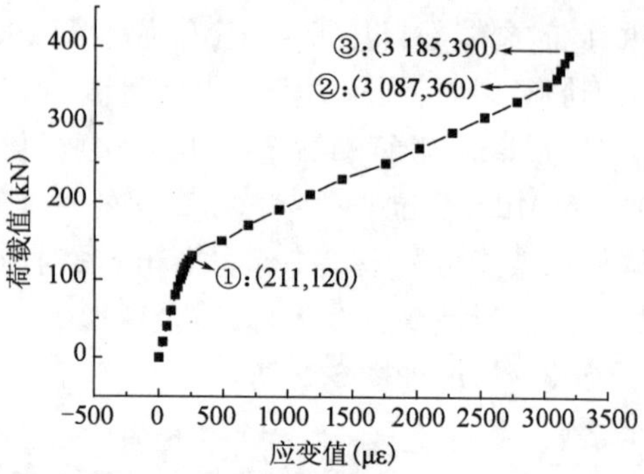

b) UPC-2跨中受拉非预应力纵筋荷载—应变曲线

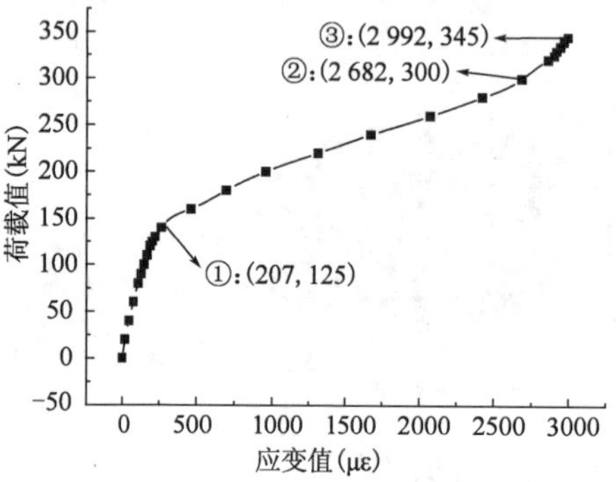

c) UPC-3跨中受拉非预应力纵筋荷载—应变曲线

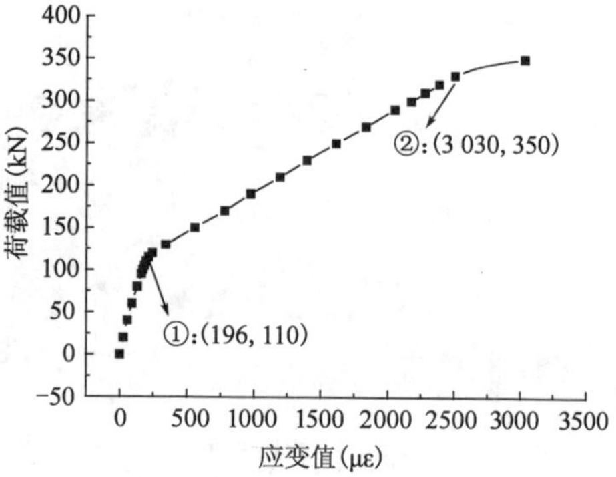

d) UPC-4跨中受拉非预应力纵筋荷载—应变曲线

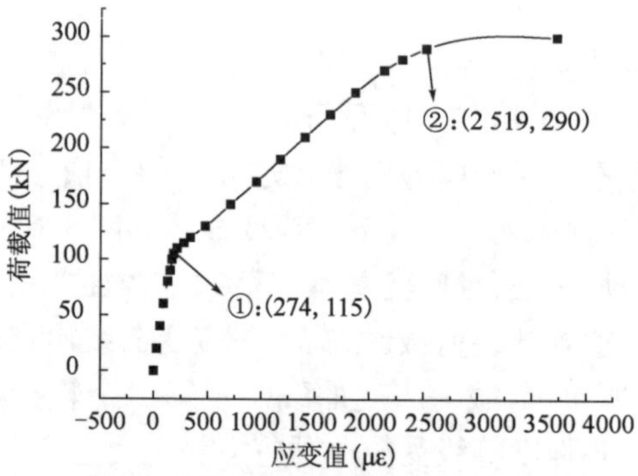

e) UPC-5跨中受拉非预应力纵筋荷载—应变曲线

图 3.6　各试验梁跨中受拉非预应力纵筋荷载—应变曲线

注：试验梁 UPC-1、UPC-4 及 UPC-5 跨中受拉非预应力纵筋屈服后相应位置应变片退出工作，故图 3.6 中未予统计这三根试验梁破坏时受拉非预应力纵筋的应变数据。

(2)受压非预应力纵筋应变

各试验梁受压非预应力纵筋与对应的受拉非预应力纵筋强度等级相同。与受拉非预应力纵筋应变相比,受压非预应力纵筋在试验梁底部混凝土开裂时荷载—应变曲线未表现出明显的转折;梁底混凝土开裂后,受压非预应力纵筋所承担的压应力一直随荷载的增加线性增长;受拉非预应力纵筋屈服后,个别试验梁(如 UPC-2、UPC-3、UPC-5)跨中受压非预应力纵筋荷载—应变曲线出现反弯现象,说明应变片粘贴位置处混凝土由于达到极限压应力开裂而降低了与受压非预应力纵筋的黏结,导致钢筋的应力释放。各试验梁受压非预应力纵筋荷载—应变曲线如图 3.7 所示,图中①②③代表意义同图 3.6。

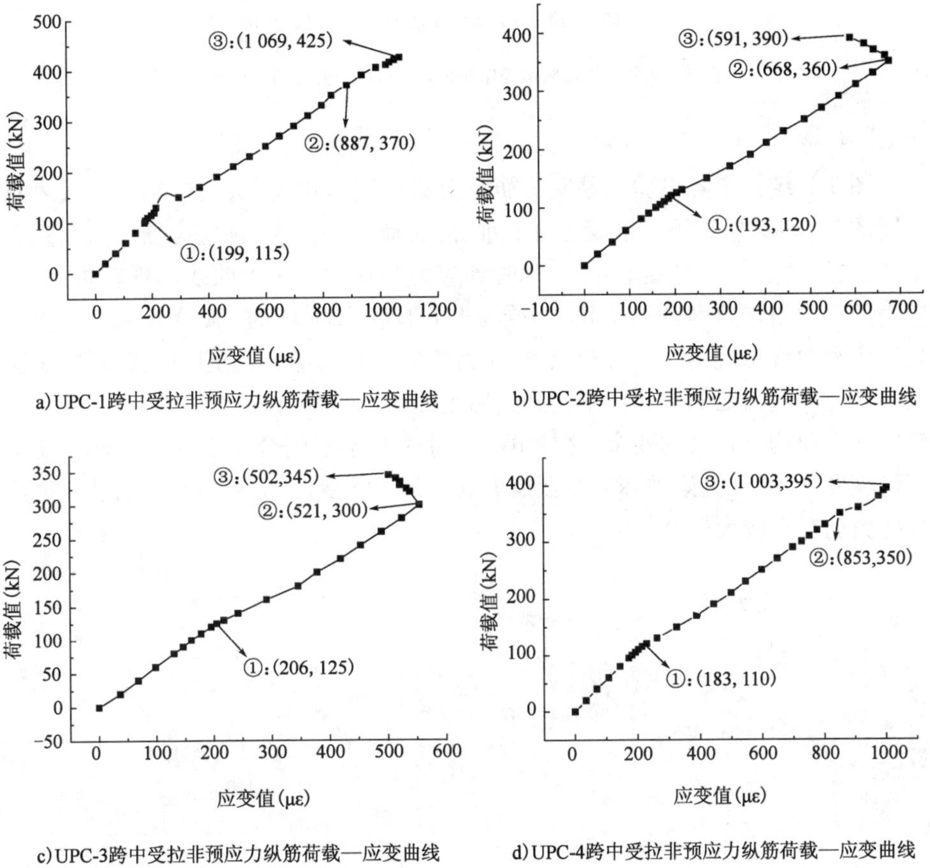

a)UPC-1跨中受拉非预应力纵筋荷载—应变曲线

b)UPC-2跨中受拉非预应力纵筋荷载—应变曲线

c)UPC-3跨中受拉非预应力纵筋荷载—应变曲线

d)UPC-4跨中受拉非预应力纵筋荷载—应变曲线

图　3.7

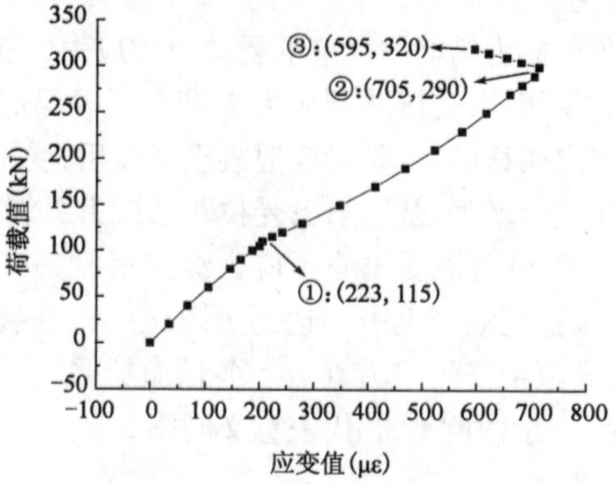

e)UPC-5跨中受拉非预应力纵筋荷载—应变曲线

图 3.7 各试验梁跨中受压非预应力纵筋荷载—应变曲线

3.1.2.2 预应力筋应力

图 3.8 统计了各试验梁预应力筋应力随荷载变化情况,图中①②③代表意义同图 3.6。试验梁下部混凝土开裂前,随着荷载的增大,预应力筋应力增量并不明显;继续加载至混凝土开裂,此时预应力筋荷载—应力曲线出现转折点,预应力筋应力增加速度开始加快;当受拉非预应力筋屈服时,试验梁预应力筋荷载—应力曲线出现第二个转折点,预应力筋应力急剧增加直至试验梁破坏,试验梁破坏时预应力筋的应力并未达到其屈服强度。卸载后各试验梁预应力筋应力较之加载前均有较大的残余,这是由于部分裂缝不能闭合及混凝土的塑性变形不可恢复,使得试验梁破坏后在预应力筋的作用下变形不能完全恢复,从而造成预应力筋存在较大残余应力。

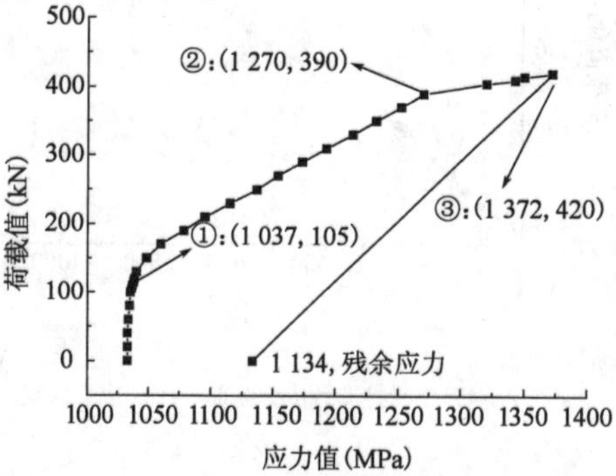

a)UPC-1预应力钢绞线荷载—应力曲线

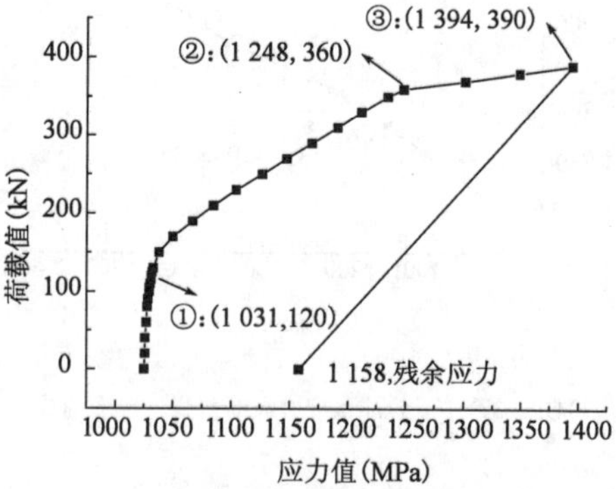

b)UPC-2预应力钢绞线荷载—应力曲线

图 3.8

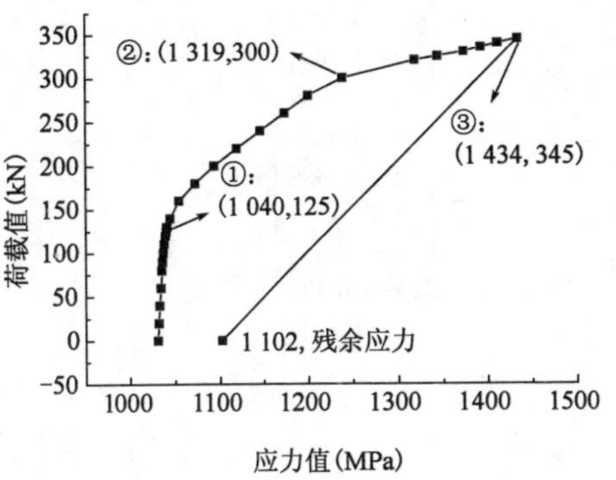

c)UPC-3预应力钢绞线荷载—应力曲线

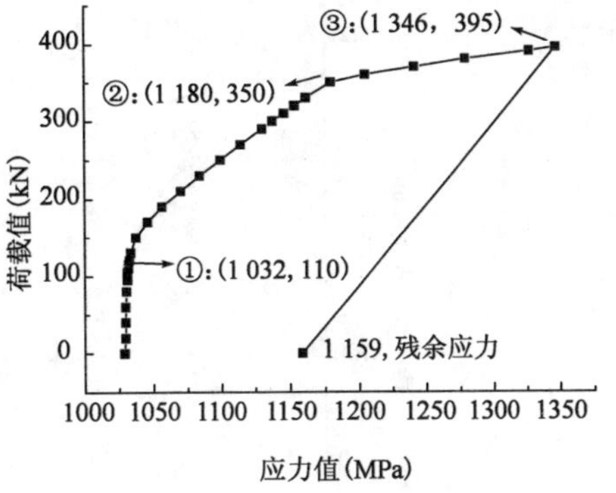

d)UPC-4预应力钢绞线荷载—应力曲线

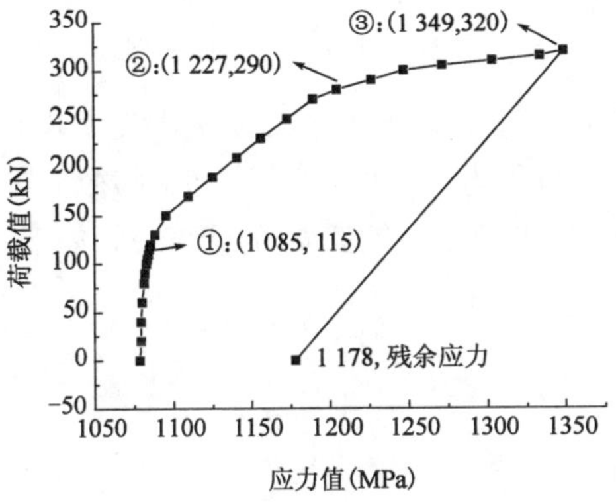

e)UPC-5预应力钢绞线荷载—应力曲线

图 3.8　各试验梁预应力钢绞线荷载—应力曲线

3.1.2.3　试验梁混凝土应变

混凝土应变片沿试验梁跨中及两四分点侧面等高布置,记录每级荷载作用下试验梁跨中及四分点处混凝土应变数据。加载过程中随着试验梁下部混凝土开裂,部分对应位置混凝土应变片受裂缝影响不能采集到准确的应变数据,甚至应变片被击穿、拉断,从而退出工作,因此本试验部分试验梁未能准确采集到完整的应变数据来验证平截面假定。本部分选取混凝土应变数据较完整的试验梁UPC-1 对平截面假定进行验证,试验梁 UPC-1 跨中截面混凝土应变沿截面高度的分布情况如图 3.9 所示。

由图 3.9 可见,随着试验荷载的增加,跨中截面混凝土应变沿截面高度分布有以下特点。

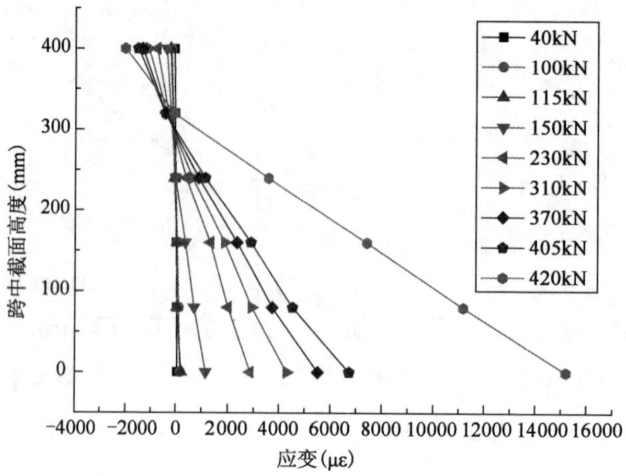

图 3.9　试验梁 UPC-1 跨中截面混凝土应变

试验梁下部混凝土开裂前,即图中对应荷载等级为 40kN、100kN 时,截面相对受压区高度 $\xi = x_c/h_0$ 分别为 0.6 及 0.52,中和轴与截面重心接近。其中 x_c 为混凝土受压区高度,h_0 为截面有效高度,h_0 的计算公式如下:

$$h_0 = h - a \tag{3.1}$$

$$a = \frac{\sigma_{pu} A_p a_p + f_y A_s a_s}{\sigma_{pu} A_p + f_y A_s} \tag{3.2}$$

混凝土开裂后至受拉非预应力筋屈服,截面相对受压区高度 ξ 对应荷载 115kN(混凝土开裂)、150kN、230kN、310kN 和 370kN(钢筋屈服)为 0.525、0.398、0.280、0.266、0.258。

跨中受拉非预应力筋屈服后,随着荷载等级的增加,试验梁截面相对受压区高度继续增加,对应于荷载 405kN 及 420kN(裂缝宽度 1.5mm,试验梁破坏)的 ξ 值为 0.248 和 0.199。

图 3.10 整理了各试验梁跨中梁顶混凝土压应变随荷载变化情况,可见梁顶混凝土压应变随荷载变化呈三折线状。加载初期受拉区混凝土开裂前,梁顶混凝土压应变随荷载增量变小;随着下部混凝土的开裂,试验梁侧面裂缝数目、高度及宽度不断增加,中性轴上移,梁顶混凝土压应变增量变大;临近破坏时,由于跨中受拉非预应力筋已屈服,裂缝不断向梁顶延伸,梁顶混凝土压应变增加迅速,各试验梁破坏时应变值达到 2 000με 左右,接近或达到混凝土极限压应变。

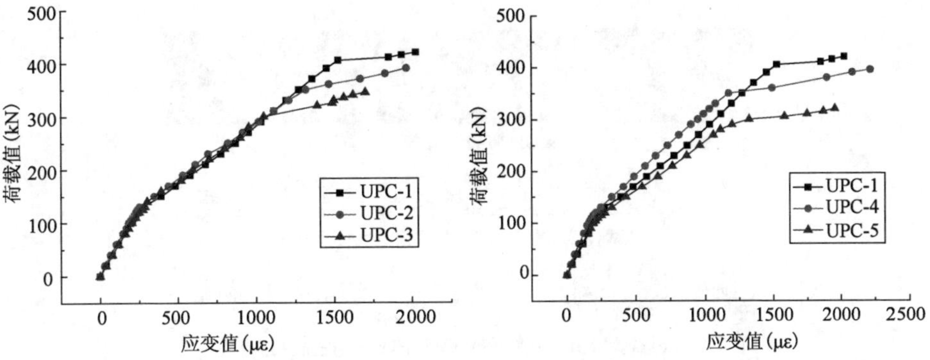

图 3.10　各试验梁跨中梁顶混凝土荷载—应变曲线

3.1.3　裂缝开展及其规律

由于裂缝宽度随非预应力筋强度等级及配筋率改变的变化规律不是本部分试验研究重点,因而本试验未实时观测每级荷载下裂缝宽度变化情况,只是在临近试验梁破坏前受拉非预应力筋屈服后,选取三条宽度最大的裂缝用读数显微镜配合裂缝对比卡进行读取,破坏时 5 根试验梁梁顶受压混凝土均未被压碎,且各试验梁极限荷载作用下跨中挠度均未达到计算跨径的 1/50,因此非预应力筋处最大垂直裂缝宽度成为判断试验梁破坏与否的重要标志。

图 3.11 记录了各试验梁裂缝随荷载产生及发展情况。加载过程中,由于预应力筋的加入,使得试验梁表现出较好的弹性,裂缝出现较之普通钢筋混凝土梁大大延后;荷载达到开裂荷载时,首条裂缝一般出现在加载点处附近,随着荷载的增大,在试验梁纯弯段内陆续出现多条垂直裂缝,由于预应力作用,裂缝的宽度及高度发展缓慢,且裂缝分布均匀;当试验荷载达到破坏荷载的 60% 左右时,裂缝数目基本出齐,裂缝间距趋于稳定,变化的仅仅是裂缝高度及宽度;受拉非预应力筋屈服至试验梁破坏,裂缝宽度增加明显,有明显的破坏先兆,随着非预应力筋处最大垂直裂缝宽度达到或超过 1.5mm,宣告本试验梁破坏;卸载后由于预应力作用裂缝大多闭合,恢复能力明显。

3.1.4　挠度变化规律

为准确记录试验梁挠度随荷载等级变化情况,本部分各试验梁均布置 5 块电子位移计,电子位移计布置位置如图 2.4 所示。根据试验采集到的挠度数据,图 3.12 绘制出各试验梁荷载—挠度曲线。

a) 试验梁UPC-1破坏状态下裂缝照片

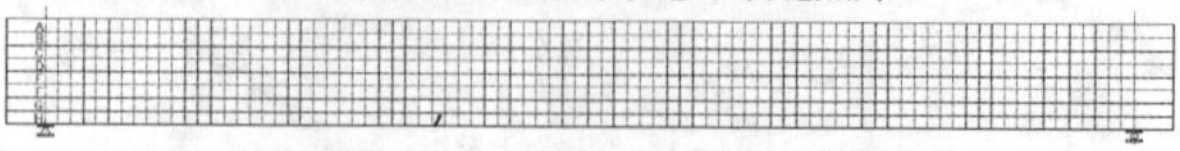

b) 试验梁UPC-1开裂荷载作用下试验梁裂缝

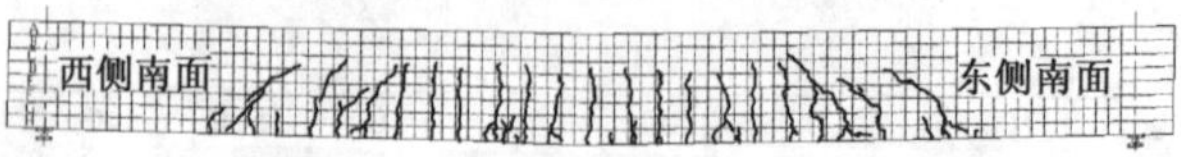

c) 试验梁UPC-1破坏荷载作用下试验梁正面裂缝

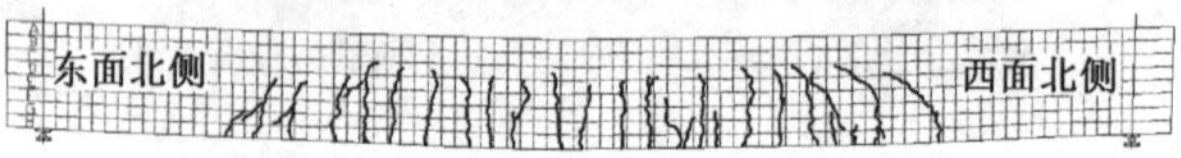

d)试验梁UPC-1破坏荷载作用下试验梁背面裂缝

e) 试验梁UPC-2破坏状态下裂缝照片

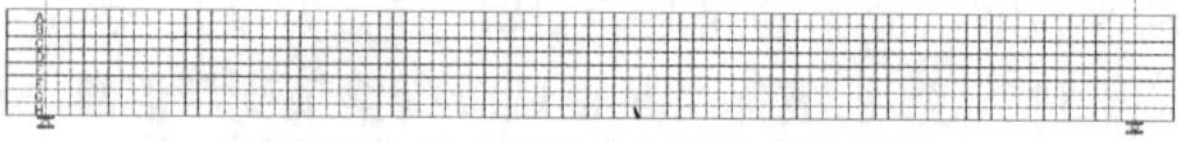

f) 试验梁UPC-2开裂荷载作用下试验梁裂缝

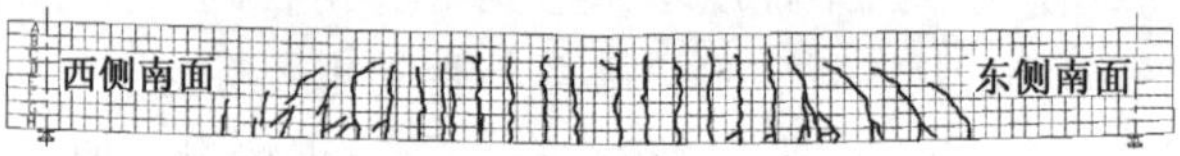

g) 试验梁UPC-2破坏荷载作用下试验梁正面裂缝

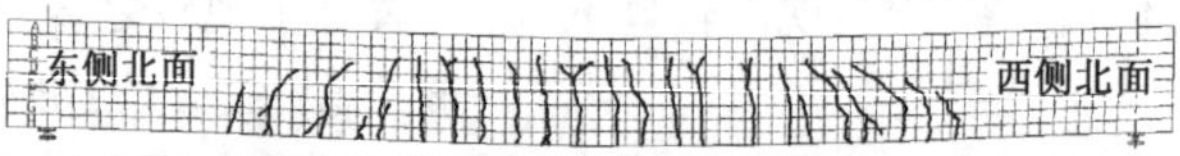

h) 试验梁UPC-2破坏荷载作用下试验梁背面裂缝

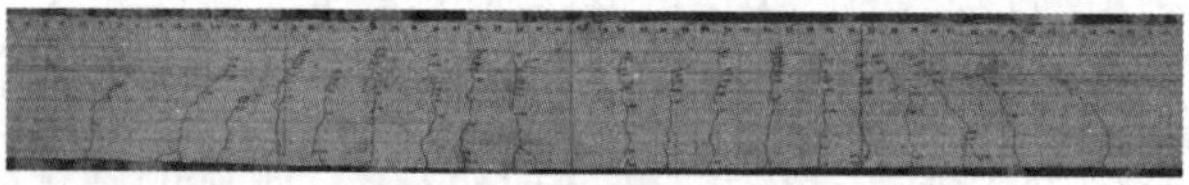

i) 试验梁UPC-3破坏状态下裂缝照片

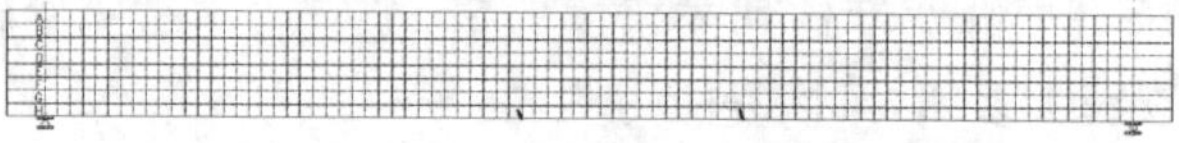

j) 试验梁UPC-3开裂荷载作用下试验梁裂缝

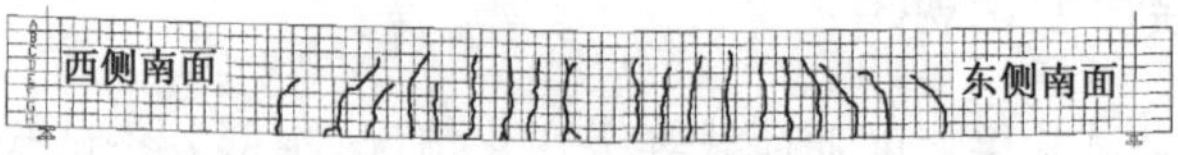

k) 试验梁UPC-3破坏荷载作用下试验梁正面裂缝

图 3.11

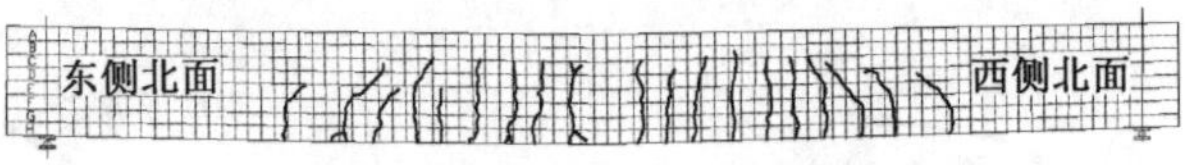

l）试验梁UPC-3破坏荷载作用下试验梁背面裂缝

m）试验梁UPC-4破坏状态下裂缝照片

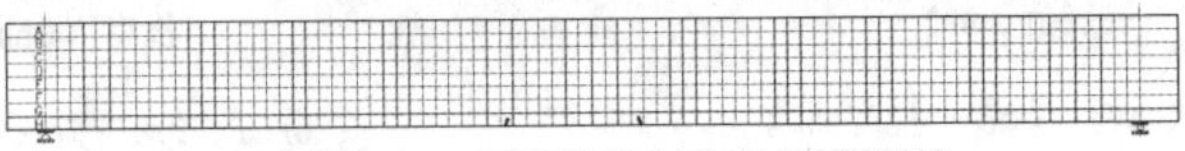

n）试验梁UPC-4开裂荷载作用下试验梁裂缝

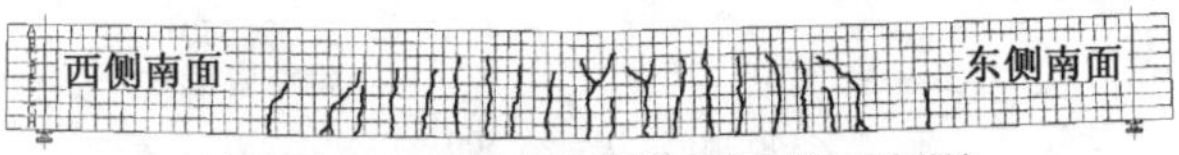

o）试验梁UPC-4破坏荷载作用下试验梁正面裂缝

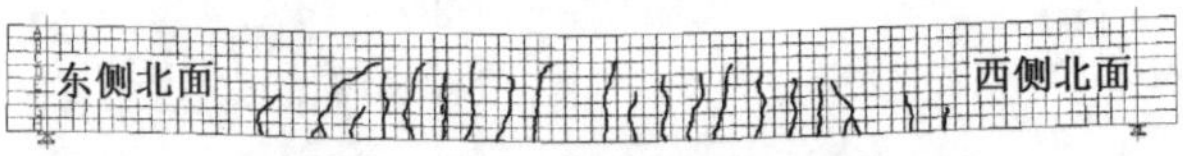

p）试验梁UPC-4破坏荷载作用下试验梁背面裂缝

q）UPC-5试验梁破坏状态下裂缝照片

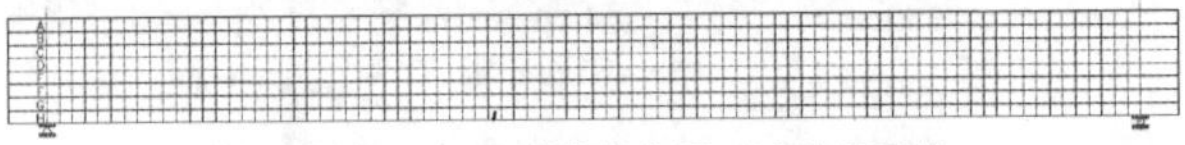

r）试验梁UPC-5开裂荷载作用下试验梁裂缝

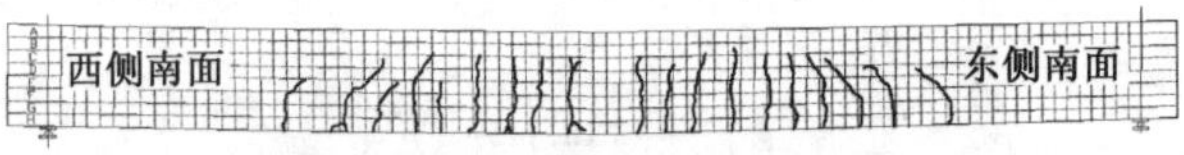

s）试验梁UPC-5破坏荷载作用下试验梁正面裂缝

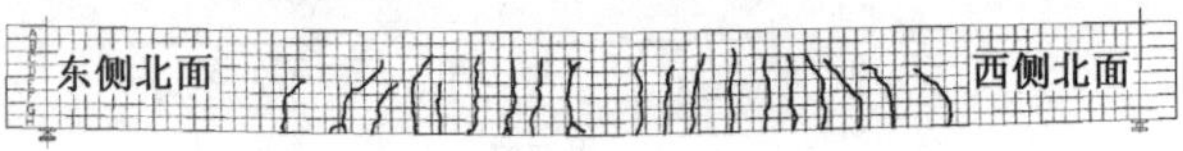

t）试验梁UPC-5破坏荷载作用下试验梁背面裂缝

图3.11　试验梁裂缝分布图

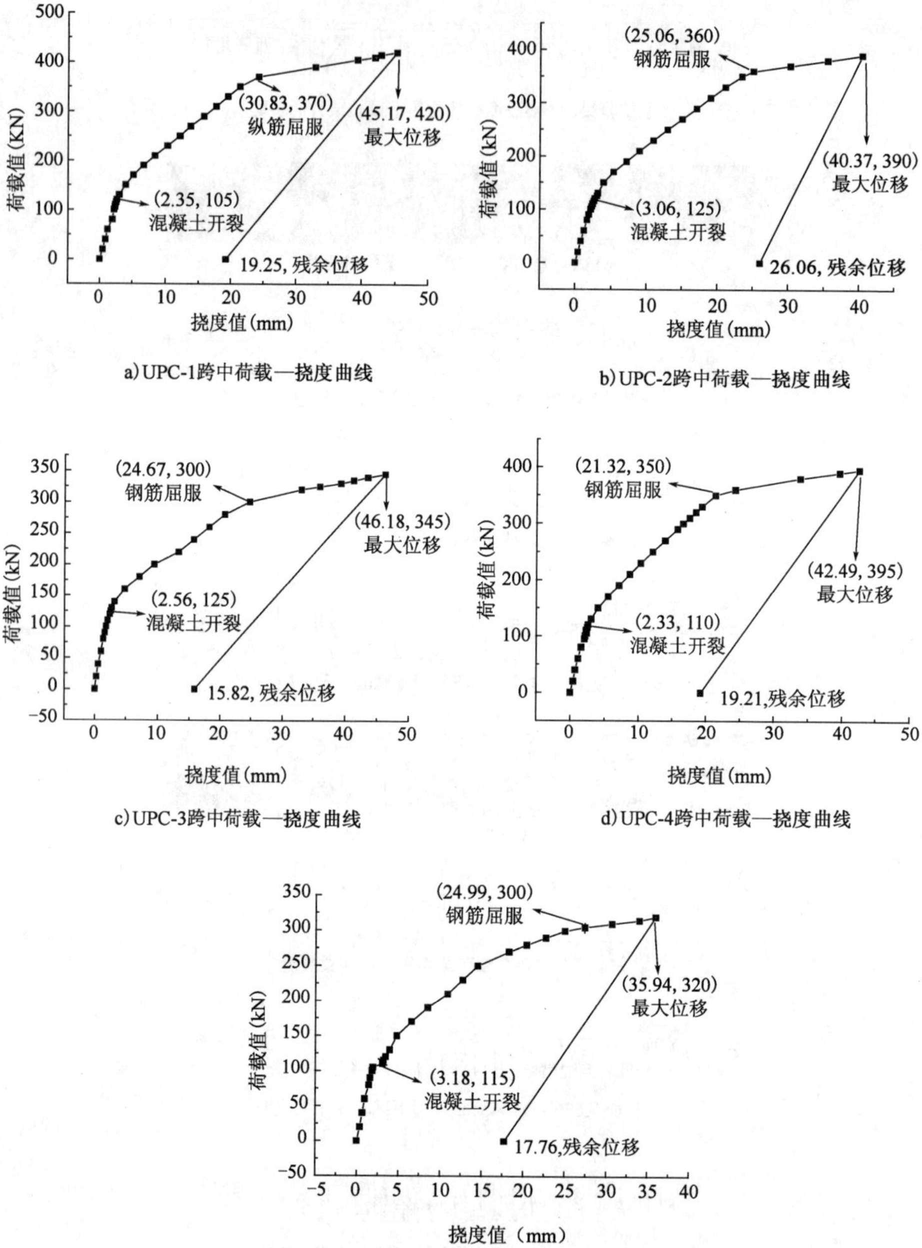

a)UPC-1跨中荷载—挠度曲线

b)UPC-2跨中荷载—挠度曲线

c)UPC-3跨中荷载—挠度曲线

d)UPC-4跨中荷载—挠度曲线

e)UPC-5跨中荷载—挠度曲线

图 3.12　各试验梁跨中荷载—挠度曲线

由于预应力的作用,试验梁在试验荷载作用前具有一定的预拱度,图 3.12 中的试验梁的跨中挠度零点为预应力、梁体自重及加载设备自重共同作用下初始状态。

试验梁跨中荷载—挠度曲线是反映受弯构件总体工作性能的重要指标。由图 3.12 可见,各试验梁与有黏结的部分预应力混凝土梁跨中荷载—挠度曲线线形类似,同样具有不开裂弹性阶段、开裂弹塑性阶段及塑性阶段三个阶段,呈现近于三直线的线形。第一阶段中,试验梁具有一般部分预应力混凝土梁的良好弹性性能,挠度与荷载成比例增加;第一阶段至第二阶段的转折点是梁体下部混凝土开裂,混凝土开裂后,试验梁刚度下降,挠度随荷载增加速度加快;第二阶段至第三阶段的转折点为受拉非预应力筋屈服;非预应力筋屈服后,试验梁跨中挠度急剧增加,直至破坏。

3.1.5　试验梁受力特点及破坏特征

由上述试验梁现象可知,无论是配置 HRB500 级非预应力筋还是配置普通非预应力筋的无黏结预应力混凝土梁,其在试验荷载作用下的受力过程均可分为三个阶段。

第Ⅰ阶段:混凝土开裂前的未裂阶段($M \leqslant M_{cr}$)。从试验结果看,该阶段各试验梁开裂荷载约占极限荷载的 27.4% ~36.2% ,所受荷载较小,跨中荷载—挠度、荷载—非预应力筋应变、荷载—预应力筋应力及混凝土应变曲线曲率较较大,各量测内容随荷载变化的增加缓慢,且沿梁截面高度基本呈线性变化,中和轴高度变化不大,梁的工作性质与匀质弹性体梁类似,受压区及受拉区混凝土应力分布图形为三角形。临近混凝土开裂时,梁体下部受拉区混凝土出现少量塑性变形,受拉区混凝土应变图形开始偏离直线而逐渐变弯。弯矩继续增加,受拉区边缘纤维的应变值即将达到混凝土的极限拉应变,试验梁即将开裂。第Ⅰ阶段末是试验梁抗裂度验算的依据。

第Ⅱ阶段:混凝土开裂后至受拉非预应力筋屈服前的带裂缝工作阶段($M_{cr} \leqslant M \leqslant M_y$),该阶段各试验梁受拉非预应力筋屈服时试验荷载占极限荷载的 86.9% ~92.3% 。当试验荷载达到开裂荷载时,试验梁纯弯段内抗拉能力最薄弱面处梁底混凝土拉应力超过其极限抗拉强度,导致下部混凝土出现一条或多条垂直裂缝,裂缝宽度小、高度低、间距大,从试验梁底向上发展,与受拉非预应力筋垂直相交。混凝土开裂时,试验梁跨中荷载—挠度、混凝土应变、荷载—受拉非预应力筋应变及荷载—预应力筋应力曲线出现第一个转折点,曲线斜率降低,各量测内容随荷载变化的增加速率加快。挠度增速加快是因为随着试验梁下部混凝土开裂梁体刚度下降;相应的随着挠度增速的加快,与试验梁竖向变形密切相关的预应力筋应力增量增速加快;受拉非预应力筋应力突然增加是因为随着混凝土开裂,原本由混凝土承担的拉应力转移到受拉非预应力筋上;混凝土应变的增速加快是由于随着裂缝的开展,试验梁中和轴高度不断上移,造成相对受压区高度不断降低,混凝土受压区面积不断减小。继续加载,主裂缝开展逐渐变宽,受拉区大部分混凝土退出工作,拉力主要由受拉非预应力筋承担,直至筋屈服;受压区混凝土已有塑性变形。当荷载继续增加至跨中受拉非预应力筋应力即将达到其屈服强度时,称为第Ⅱ阶段末,该阶段相当于梁使用阶段的受力状态,可作为使用阶段变形验算和裂缝开展宽度验算的依据。

第Ⅲ阶段:跨中非预应力筋开始屈服至试验梁破坏的破坏阶段($M_y \leqslant M \leqslant M_{cu}$)。继续加载,受拉非预应力筋屈服后,试验梁进入破坏阶段。受拉非预应力筋屈服后,试验梁挠度、预应力筋应力、非预应力筋应变及受压区混凝土应变急剧增大,裂缝宽度随之增大并沿梁高向受压区发展,中和轴高度继续上移,相对受压区高度继续降低,跨中荷载—挠度曲线出现第二个转折点,由于预应力筋仍未达到其屈服强度,挠度及裂缝宽度发展仍较稳定。荷载继续增加,随着非预应力筋处最大垂直裂缝宽度达到或超过1.5mm,宣告本试验梁破坏。卸载后试验梁变形大体恢复,裂缝基本闭合,表现出良好的恢复能力。本阶段末可作为试验梁正截面受弯承载力的计算依据。

3.1.6 基本试验结果

表3.1给出了本部分各试验梁的特征弯矩。

各试验梁特征弯矩实测值　　表3.1

项目＼编号	UPC-1	UPC-2	UPC-3	UPC-4	UPC-5
开裂荷载 P_{cr}(kN)	115	120	125	110	115
屈服荷载 P_{cy}(kN)	370	360	300	350	290
极限荷载 P_{cu}(kN)	420	390	345	395	320

3.2 无黏结部分预应力混凝土梁预应力筋极限应力增量分析

3.2.1 影响无黏结预应力筋极限应力增量的因素分析

对于普通有黏结预应力混凝土受弯构件,其极限抗弯承载力取决于弯矩最大截面，与材料性能、截面尺寸及配筋率有关。较之同样配筋有黏结部分预应力混凝土梁，无黏结部分预应力混凝土梁的本质区别在于预应力筋与周围混凝土是无黏结的，预应力筋与周围混凝土可相对向自由滑动，这导致无黏结部分预应力混凝土梁预应力筋的变形并不符合平截面变形假定，因而由外荷载作用引起的应力增量计算较复杂。一般来说，在极限荷载作用下，预应力筋的应力增量要低于同样配筋的有黏结预应力混凝土梁的预应力筋应力增量，达不到其屈服强度。

准确计算预应力筋极限应力增量是确定无黏结部分预应力混凝土梁极限抗弯承载力的关键。因而如何准确地计算预应力筋极限应力增量，成为国内外无黏结预应力混凝土结构研究者所关注的焦点。目前国内外学者的研究成果表明影响预应力筋极限应力增量的因素主要包括：预应力筋及非预应力筋配筋率、钢筋及混凝土的强度等级、预应力筋有效预应力、受弯构件跨高比、预应力筋线形、加载方式、支撑条件以及截面形式等，现分别讨论如下。

(1)综合配筋指标

国内外学者的研究成果表明，预应力筋极限应力增量与综合配筋指标密切相关，在其他因素确定的前提下，综合配筋指标的增大会导致预应力筋的极限应力增量降低，两者之间存在着近似线性的关系。不同文献中综合配筋指标的表达方法不同，但基本均为预应力筋与非预应力筋配筋指标的综合作用，下式为《无黏结预应力混凝土结构技术规程》(JGJ 92—2004)中给出的表述公式。

$$\xi_0 = \frac{\sigma_{pe}A_p + f_y A_s}{f_c b h_p} \tag{3.3}$$

(2)无黏结预应力筋的有效预应力

在其他影响因素确定的前提下，增大无黏结部分预应力混凝土梁预应力筋有效预应力会导致预应力筋极限应力增量的降低。这是因为预应力筋有效预应力的增大能够有效地限制梁的转动能力，进而导致梁的变形减小，无黏结预应力混凝土梁变形越大相应的预应力筋极限应力增量越大，这已被国内外学者通过试验研究与理论分析所证实。

(3)混凝土强度等级

混凝土强度等级越高，无黏结预应力混凝土梁破坏时受压区高度也就越小，进而导致梁体变形越大，对应的无黏结预应力筋的极限应力增量也就越大，即随着混凝土强度等级的提高，预应力筋的极限应力增量越大。高强混凝土的采用可以一定程度上改善梁的抗弯性能和变形性能。

(4)跨高比

跨高比指无黏结预应力混凝土梁的计算跨度与预应力筋截面重心至梁截面

上缘距离(即预应力筋高度)的比值。改变跨高比预应力筋极限应力增量的影响程度与跨高比的改变方式有关,改变跨高比的方式有三种:第一种是保持预应力筋位置不变的前提下改变梁体的计算跨径;第二种是保持梁体计算跨径恒定的前提下改变预应力筋的高度;第三种为两者同时改变。研究结果表明:第一种情况对预应力筋极限应力增量的影响不大,后两种情况中随着跨高比的增加,预应力筋的极限应力增量降低显著。

(5)加载方式

目前,试验过程中常见的加载方式主要有三分点加载、集中一点加载和均布加载三种。试验研究及理论分析结果均证实,荷载形式对预应力筋极限应力增量影响显著,其影响程度按三分点加载、均布加载及集中一点加载依次降低。因此,在研究预应力筋极限应力增量的过程中,应优先考虑使用三分点加载。本部分试验所采取的加载方式即为三分点加载。

此外,改变预应力筋线形、支撑形式以及截面形式对预应力筋极限应力增量影响的试验研究及理论分析较少,应进行深入研究后才能准确了解各自的影响。同时,无黏结部分预应力混凝土梁的预应力度、非预应力筋的强度等级等对预应力筋极限应力增量的影响不容忽视,本部分主要研究非预应力筋强度等级及配筋率的改变对试验梁受力性能的影响。

3.2.2 无黏结部分预应力混凝土梁预应力筋极限应力增量的计算方法

尽管国内外学者关于无黏结部分预应力混凝土梁预应力筋极限应力增量计算公式的表述存在差异,但公式的基本构成是一致的。在满足最小配筋率前提下,无黏结部分预应力混凝土梁预应力筋极限应力计算公式表述如下:

$$\sigma_{pu} = \sigma_{pe} + \Delta\sigma_p \tag{3.4}$$

式中:σ_{pu}为极限应力;σ_{pe}为有效预应力;$\Delta\sigma_p$ 为极限应力增量。

由于有效预应力已知,因此研究的重点是确定极限应力增量 $\Delta\sigma_p$,目前预应力筋极限应力增量计算方法总结如下。

(1)折减系数法

有黏结预应力混凝土梁预应力筋极限应力的计算方法是建立在任意截面均满足平截面假定的基础之上进行的,而无黏结预应力混凝土梁中预应力筋与周围混凝土变形不协调,导致预应力筋的变形仅与构件的整体变形相协调。因此,预应力筋的极限应力增量不能用有黏结预应力混凝土梁的计算公式来计算。鉴于两者之间的相似性,找到一种方法把无黏结预应力筋的应变与同样配筋的有黏结预应力筋的应变联系起来,进而根据有黏结预应力筋的极限应力增量计算公式推导出无黏结预应力筋的极限应力增量，这种方法称为折减系数法。1949年，学者 Baker 提出极限状态下预应力筋应变与预应力筋高度处混凝土应变的关系式(3.5)，由于极限状态下无黏结预应力筋极限应力达不到其屈服强度，因此可将式(3.5)两边同时乘以无黏结预应力筋的弹性模量 E_p，即可得无黏结预应力筋极限应力计算式(3.6)。

$$\varepsilon_{ps} = \varepsilon_{pe} + \Omega_u(\Delta\varepsilon_{cps})_{max} \tag{3.5}$$

$$f_{ps} = f_{pe} + \Omega_u E_p(\Delta\varepsilon_{cps})_{max} \tag{3.6}$$

式中：ε_{ps}、f_{ps} 为极限状态下无黏结预应力筋的应变、应力；ε_{pe}、f_{pe} 为无黏结预应力筋的有效预应变、有效预应力；$(\Delta\varepsilon_{cps})_{max}$ 为无黏结预应力筋高度处最大混凝土应变；Ω_u 为应变折减系数，在受弯构件中 Baker 建议取 Ω_u 值 0.1。

(2)等效塑性区法

无黏结部分预应力混凝土梁处于承载力极限状态时，预应力筋的伸长量总和可近似等效为预应力筋水平位置处混凝土伸长量的叠加。而在极限状态下，混凝土的变形主要集中在接近开裂的塑性区域内，等效塑性区法的主体思想即将预应力筋高度处通长范围内的混凝土变形集中至等效塑性区长度 l_e 中。进而通过极限状态下平截面假定确定预应力筋高度处混凝土拉应变。

1969 年，学者 Pannell 首次提出计算无黏结筋极限应力的等效塑性区长度法表述如下：

$$f_{ps} = f_{pe} + E_p \cdot \delta / L \tag{3.7}$$

式中：δ 为等效塑性区长度范围内预应力筋高度处混凝土总伸长值；L 为简支梁计算跨径，其余符号意义如前述。

(3)弯矩曲率法

无黏结预应力混凝土中由于预应力筋与周围混凝土无可靠黏结，预应力筋的应变沿其全长近乎处处相等，因此其应变不满足平截面假定。两相邻锚具之间预应力筋的总伸长量近似等于同区段内预应力筋相同高度位置处的混凝土总伸长量。无黏结预应力混凝土梁混凝土变形满足平截面假定，因此可通过叠加梁各微段内混凝土应变来确定相应微段内的混凝土伸长值，进而确定无黏结筋的通长伸长量。

(4)能量变分法

能量变分法概念明细，操作简便，其主要原理利用最小势能原理得出系统总势能，再结合能量变分法的原理，确定预应力筋极限状态下的应力增量。

(5)无黏结预应力筋极限应力的各国规范计算公式

各国基于以上理论计算方法及开展的试验研究，总结出适合各自国情的无黏结预应力筋极限应力增量计算公式，现选取部分国家规范计算公式总结如下。

①我国 ACI 建筑规范(ACI318—95)

$$\sigma_{pu} = \sigma_{pe} + 70 + \frac{f'_c}{\lambda\rho_p} \tag{3.8}$$

当$\frac{L}{h_p} \leqslant 35$时，$\lambda = 100$；当$\frac{L}{h_p} > 35$时，$\lambda = 300$。

限制条件：$\frac{L}{h_p} \leqslant 35$ 时，$\sigma_{pu} \leqslant \sigma_{pe} + 420$ (MPa)；$\frac{L}{h_p} > 35$ 时，$\sigma_{pu} \leqslant \sigma_{pe} + 210$ (MPa)且均未达到条件屈服强度f_{py}。

式中：f'_c为混凝土轴心抗压强度，$f'_c = 0.8f_{cu}$；ρ_p 为预应力筋的配筋率，$\rho_p = \frac{A_p}{bh_p}$；$\lambda$ 为跨高比影响系数；L 为计算跨度；h_p 为预应力筋中心至混凝土受压边缘距离。

按式(3.8)计算所得结果为无黏结预应力筋极限应力的标准值。

②加拿大规范 A23.3—94

$$\sigma_{pu} = \sigma_{pe} + 8\,000\,\frac{h_p - c_y}{l_p} \leqslant f_{py} \tag{3.9}$$

$$c_y = \frac{\varphi_p A_p f_{py} + \varphi_s A_s f_s - \varphi_s A_s' f_s' - 0.85\varphi_c f'_c h_f'(b - b_w)}{0.85\varphi_c \beta_1 f'_c b_w} \tag{3.10}$$

式中：c_y 为假设预应力筋达到条件屈服强度时的混凝土受压区推定高度；l_p 为锚具间被跨中塑性铰分开的预应力筋长度；φ_p、φ_s、φ_c 为材料折减系数，其中 $\varphi_p = 0.9$，$\varphi_s = 0.85$，$\varphi_c = 0.6$；β_1 为计算截面等效矩形受压区高度与对应位置中性轴高度的比值；b_w 为腹板宽度；h'_f为受压翼缘高度；f_s'、f_s 为受压及受拉非预应力筋的应力值。

按式(3.10)计算所得结果为无黏结预应力筋极限应力的标准值。

③英国规范 BS8110—1997

$$\sigma_{pu} = \sigma_{pe} + \frac{7\,000}{L/h_p}\left(1 - \frac{1.7f_{pu}A_p}{f_{cu}bh_p}\right) \tag{3.11}$$

限制条件：

$$\sigma_{pu} \leqslant 0.7f_{pu}$$

式中：f_{pu}为预应力筋条件屈服强度。

按式(3.11)计算所得结果为无黏结预应力筋极限应力的标准值。

④德国 DIN4227 规范

单跨梁：

$$\sigma_{pu} = \sigma_{pe} + 110 \tag{3.12}$$

按式(3.12)计算所得结果为无黏结预应力筋极限应力的设计值。

⑤新西兰 NZS3101 规范

$$\sigma_{pu} = \sigma_{pe} + 100 \tag{3.13}$$

按式(3.13)计算所得结果为无黏结预应力筋极限应力的设计值。

⑥我国《无黏结预应力混凝土结构技术规程》(JGJ/T 92—93)

$\frac{L}{h_p} \leqslant 35$ 时

$$\sigma_{pu} = \sigma_{pe} + 500 - 770\xi_0 \tag{3.14}$$

$\frac{L}{h_p} > 35$ 时

$$\sigma_{pu} = \sigma_{pe} + 250 - 380\xi_0 \tag{3.15}$$

式中:综合配筋指标 $\xi_0 = \frac{A_p\sigma_{pe}}{f_{cm}bh_p} + \frac{A_sf_y}{f_{cm}bh_p} \leqslant 0.45$;$f_{cm}$为混凝土弯曲抗压强度。

⑦我国《无黏结预应力混凝土结构技术规程》(JGJ 92—2004)

$$\sigma_{pu} = \sigma_{pe} + \Delta\sigma_{pu} \tag{3.16}$$

$$\Delta\sigma_{pu} = (240 - 335\xi_0)\left(0.45 + 5.5\frac{h}{l_0}\right) \tag{3.17}$$

$$\xi_0 = \frac{A_p\sigma_{pe} + A_sf_y}{f_cbh_p} \tag{3.18}$$

要求:$\sigma_{pe} \leqslant \sigma_{pu} \leqslant f_{py}$;限制条件,$\xi_0$ 为综合配筋指标,不宜大于0.4,其他符号同上。

按式(3.14)~式(3.18)计算所得结果为无黏结预应力筋极限应力的设计值。

根据各国设计规范给出的无黏结部分预应力混凝土梁预应力筋极限应力增量公式,计算各试验梁极限状态下的预应力筋极限应力增量,并将计算结果与预应力筋极限应力增量实测值进行对比,其中 HRB500 级钢筋的屈服强度采用 $f_y = f_{yk}/\gamma_s \approx 450\text{MPa}$,$\gamma_s = 1.1$ 为材料分项系数,对比结果如表3.2和表3.3所示,图3.13为试验梁预应力筋荷载—应力增量关系曲线。图3.14为各试验梁预应力筋极限应力增量实测值与按各国规范公式计算所得计算值对比图。

预应力筋极限应力增量计算值与实测值　　表3.2

项目 编号	极限应力增量 $\Delta\sigma_{pu}$ 计算值(MPa)							$\Delta\sigma_{pu}$ 实测值(MPa)
	美国	加拿大	英国	德国	新西兰	JGJ 92-93	JGJ 92-2004	
UPC-1	248.66	440.39	461.50	110	100	347.93	169.28	338.51
UPC-2	248.66	455.63	461.50	110	100	363.71	175.97	369.29

续上表

编号＼项目	极限应力增量 $\Delta\sigma_{pu}$ 计算值(MPa)							$\Delta\sigma_{pu}$ 实测值(MPa)
	美国	加拿大	英国	德国	新西兰	JGJ 92－93	JGJ 92－2004	
UPC-3	248.66	486.14	461.50	110	100	394.82	189.15	403.10
UPC-4	248.66	452.97	461.50	110	100	369.56	178.45	317.89
UPC-5	248.66	461.35	461.50	110	100	379.19	182.53	270.65

预应力筋极限应力增量比值(实测值/计算值)　　表3.3

编号＼项目	美国	加拿大	英国	德国	新西兰	JGJ 92－93	JGJ 92－2004
UPC-1	1.361	0.769	0.734	3.077	3.385	0.973	2.000
UPC-2	1.485	0.810	0.800	3.357	3.693	1.015	2.099
UPC-3	1.621	0.829	0.873	3.665	4.031	1.021	2.131
UPC-4	1.278	0.702	0.689	2.890	3.179	0.860	1.781
UPC-5	1.088	0.587	0.586	2.460	2.707	0.714	1.483
平均值	1.367	0.739	0.736	3.090	3.399	0.917	1.899
标准差	0.202	0.098	0.109	0.458	0.503	0.131	0.270

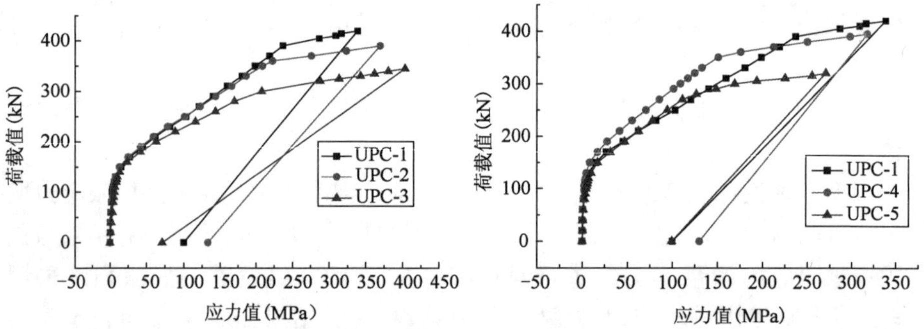

a)不同配筋率试验梁预应力筋应力增量对比曲线　b)不同强度等级试验梁预应力筋应力增量对比曲线

图3.13　试验梁预应力筋应力增量对比曲线

由表3.3可知,加拿大规范A23.3—94及英国规范BS 8110—1997给定计算公式得出的预应力筋极限应力增量较稳定,但两者的计算值均大于实测值,计算结果宜导致对极限应力增量的估计过高,偏于不安全。德国DIN4227规范及新西兰NZS3101规范的计算结果明显偏保守,易导致工程浪费。对比我国JGJ/T 92—93规程及JGJ/T 92—2004规程可以发现,JGJ/T 92—1993规程计算结果实测值非常接近,计算偏于不安全,相对于JGJ/T 92—93规程,

JGJ/T 92—2004规程中预应力筋极限应力增量的计算公式具有一定的安全储备，比较合理。

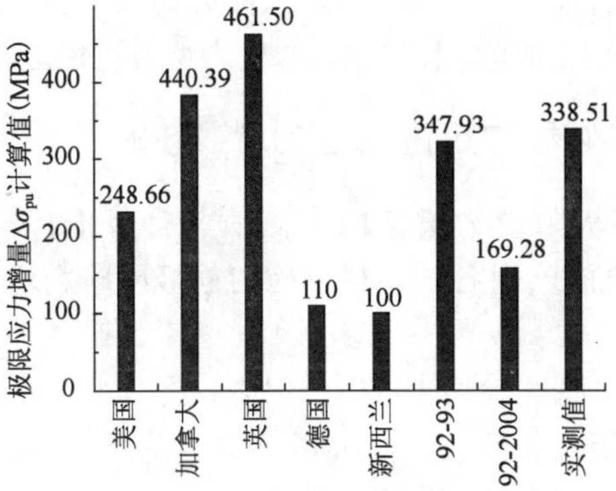

a)UPC-1预应力筋极限应力增量对比图

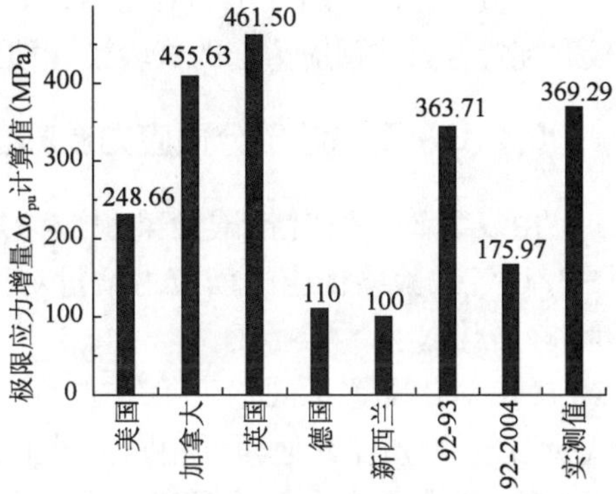

b)UPC-2预应力筋极限应力增量对比图

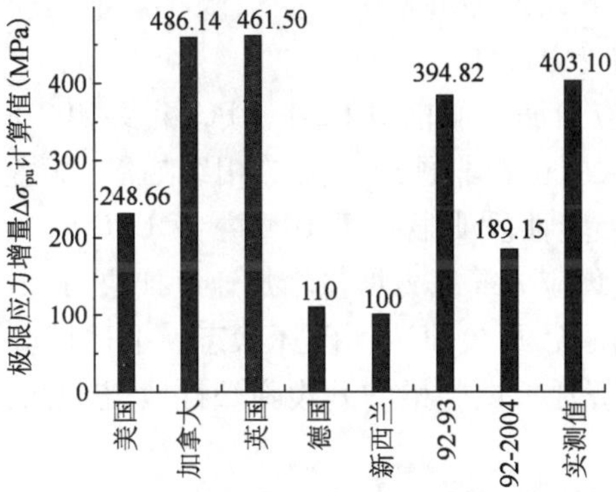

c)UPC-3预应力筋极限应力增量对比图

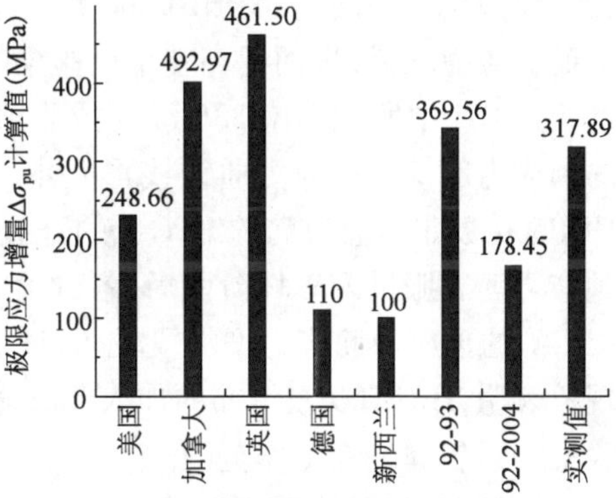

d)UPC-4预应力筋极限应力增量对比图

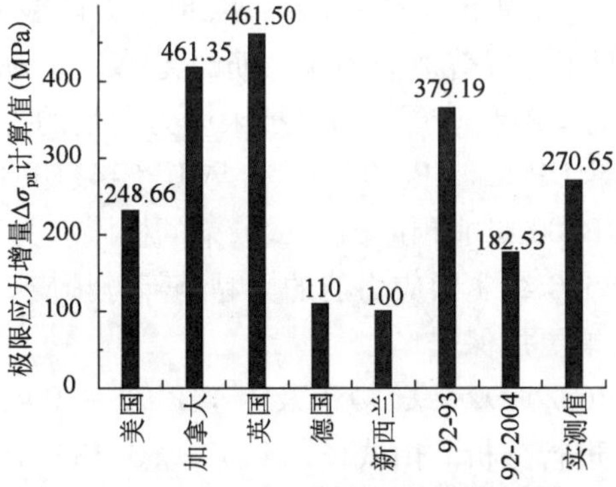

e)UPC-5预应力筋极限应力增量对比图

图3.14　规范计算值与实测值对比图

同时可以看出，配置 HRB500 级非预应力筋的试验梁预应力筋极限应力增量实测值与规范计算值的比值较稳定，而随着非预应力强度等级的降低，实测值与计算值的比值不断减小。对比结果表明，配置 HRB500 级非预应力筋的试验梁较之配置普通非预应力筋的试验梁，根据各国规范计算出的极限应力增量更稳定。

3.2.3 无黏结部分预应力混凝土梁预应力筋极限应力增量分析

由表 3.2 中列出各试验梁预应力筋极限应力增量的实测值与计算值，及图 3.13各试验梁预应力筋应力增量对比曲线，对各试验梁预应力筋极限应力增量进行分析。

(1)对比配置不同强度等级非预应力筋试验梁 UPC-1、UPC-4 及 UPC-5 的试验结果，可知在其他因素相同情况下，随着非预应力筋强度等级的降低，配置 HRB500 级非预应力筋的 UPC-1 预应力筋极限应力增量分别是 UPC-4 及 UPC-5 的 1.09 及 1.25 倍，表明 HRB500 级钢筋的加入能够显著提高极限状态下预应力筋的应力增量，进而提高整个试验梁的受力性能。

UPC-5 中所配 HRB335 级受拉非预应力筋屈服前，UPC-1、UPC-4 及 UPC-5 的预应力筋荷载—应力曲线线形基本一致；随着非预应力筋的相继屈服，配置 HRB500 级非预应力筋的 UPC-1 的开裂弹塑性段明显长于 UPC-4 及 UPC-5；非预应力筋屈服进入破坏阶段后，各试验梁预应力筋应力增量增加速度加快，其中 UPC-1 的预应力筋应力增加段较短，筋屈服后不久即达到破坏状态。上述试验现象表明，HRB500 级钢筋的加入能够显著延长试验梁的开裂弹塑性段，扩大试验梁的开裂弹塑性工作范围。

(2)对比配置 HRB500 级非预应力筋的 UPC-1、UPC-2 及 UPC-3 的试验结果，可知随着 HRB500 级钢筋配筋率的增加，预应力筋极限应力增量降低明显。对比结果表明，类似于配置普通非预应力筋的无黏结部分预应力混凝土梁，增加 HRB500 级钢筋配筋率不利于预应力筋极限应力增量的提高。

(3)对比试验梁 UPC-1、UPC-2、UPC-3 与 UPC-4、UPC-5 按各国规范的计算结果，可知配置 HRB500 级非预应力筋试验梁的极限应力增量计算值偏小，计算结果表明配置 HRB500 级非预应力筋的无黏结部分预应力混凝土梁预应力筋极限应力增量计算结果更加保守。

(4)结合我国 JGJ/T 92—93 规程及 JGJ/T 92—2004 规程给定公式对预应力筋极限应力增量进行分析。由式(3.14)~式(3.18)可知，预应力筋极限应力增量计算值随着综合配筋指标 ξ_0 的增大而减小，本部分试验对比点为非预应力筋强度等级及其配筋率，反映到综合配筋指标 ξ_0 中影响因素分别为 A_s 及 f_y。按照规程给定的综合配筋指标 ξ_0 计算公式，两者的增大均能导致 ξ_0 的增加，进而导致预应力筋极限应力增量的减小，试验梁 UPC-1、UPC-2、UPC-3 的对比结果证实了这种观点；但是在对比试验梁 UPC-1、UPC-4 及 UPC-5 预应力筋极限应力增量实测值与计算值的过程中，得出了相反的结论，即其他因素相同时，仅仅增大非预应力筋的强度等级并不会导致预应力筋极限应力增量的减小，实测结果显示预应力筋极限应力增量反而增大。

这表明我国 JGJ/T 92—93 规程及 JGJ/T 92—2004 规程给定计算预应力极限应力增量的计算公式中关于非预应力筋配筋率的影响是合理的，而关于非预应力筋强度等级的考虑并不完善。由于无黏结预应力筋与周围混凝土可发生向自由滑动，其应力通长近似相等，因此无黏结预应力筋极限应力增量可基于极限状态下预应力筋总伸长量来研究，预应力筋的总伸长量近似等于预应力筋高度处构件的变形之和，进而需要从梁的整体变形协调条件入手。该研究可分为两个方向：一种是上述的弯矩曲率法，即将预应力构件的总伸长等同于同区段内预应力钢筋高度处的混凝土的总伸长，将梁各微段内的对应位置的混凝土应变叠加，进而得到预应力钢筋高度处的混凝土的总伸长，最终反推出预应力筋的极限应力增量；另一种方法为基于结构变形的预应力筋极限应力增量的研究，宏观上说，由于无黏结预应力筋布置在梁体内，因此其伸长量与结构变形密切相关，反应结构变形情况最直观的参数为跨中挠度，找到跨中挠度与预应力筋伸长量之间的关系就成为求解预应力筋极限应力增量的有效方法之一。

3.3　无黏结部分预应力混凝土梁正截面抗弯承载力分析

无黏结部分预应力混凝土梁正截面抗弯承载力的计算方法类似于同样配筋的有黏结部分预应力混凝土梁，后者的正截面抗弯承载力计算以塑性理论为基础，并做出相应假定如下。

(1)平截面变形假定，即截面混凝土纤维应变与到中性轴的距离成正比。

(2)受拉区混凝土的抗拉贡献忽略不计。

(3)预应力筋及非预应力筋与周围混凝土有可靠的黏结，保证两者变形协调，即由外荷载引起的预应力筋及非预应力筋应变与周围混凝土应变相等。

(4)进行精确分析时，受压区混凝土应力分布及受拉预应力筋、非预应力筋的应力—应变曲线进行理想化处理。

由于无黏结预应力筋与周围混凝土可向自由滑动，与假定(3)要求不符，因此无黏结预应力筋应力值的选取区别于有黏结预应力筋，其应力选取极限应力 σ_{pu}，而不是抗拉强度设计值 f_{sp}。其他假定基本符合，图 3.15 显示试验梁沿截面混凝土纤维应变符合平截面假定，破坏时受拉非预应力筋均能达到其屈服强度。本部分试验过程中，试验梁破坏形态与有黏结预应力混凝土梁类似，因此可按有黏结部分预应力混凝土受弯构件正截面承载力的计算方法进行计算。对于矩形截面受弯构件，如图 3.15 所示，其计算式为式(3.19) ~ 式(3.23)。

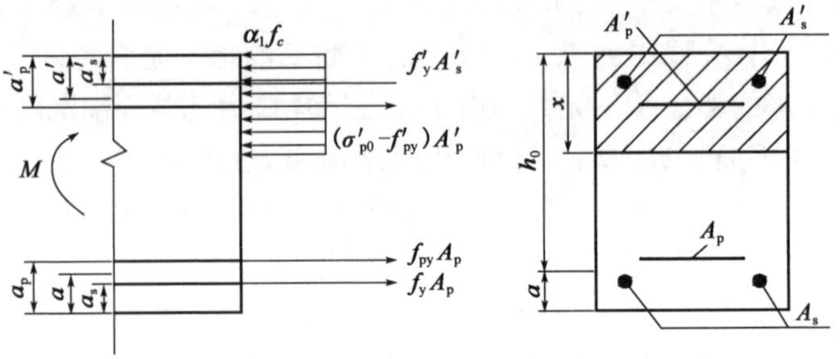

图 3.15 矩形预应力受弯构件正截面承载力计算示意图

$$M \leqslant \alpha_1 f_c bx(h_0 - x/2) + f'_y A'_s(h_0 - a'_s) - (\sigma'_{p0} - f'_{py})A'_p(h_0 - a'_p) \tag{3.19}$$

$$M \leqslant f_{py}A_p(h - a_p - a'_s) + f_y A_s(h - a_s - a'_s) \tag{3.20}$$

$$\alpha_1 f_c bx = f_y A_s - f'_y A'_s + f_{py}A_p - (\sigma'_{p0} - f'_{py})A'_p \tag{3.21}$$

混凝土受压区高度 x 按式(3.21)计算，且应满足下列要求：

$$x \leqslant \xi_b h_0 \tag{3.22}$$

$$x \geqslant 2a'_s \tag{3.23}$$

式中：ξ_b 为相对受压区高度；当计算中计入受压区非预应力筋，而 $x \leqslant 2a'$ 正截面受弯承载力按式(3.20)进行；h_0 为受拉区预应力筋与非预应力筋合力作用点至混凝土受压区边缘距离；f_c 为混凝土轴心抗压强度设计值。

本部分根据上述公式对试验梁进行正截面抗弯承载力计算，并将计算值与实测值进行对比分析，统计结果如表 3.4 所示，其中 M_u 为试验梁的实测破坏弯矩(计入试验梁自重及加载设备自重)；M_u^1 为采用实测材料强度计算的试验梁破坏弯矩，预应力筋应力采用极限荷载作用下的实测极限应力；M_u^2 为按材料强度等级设计值计算的试验梁破坏弯矩，预应力筋极限应力采用《无黏结预应力混凝土结构技术规程》(JGJ 93—2004)提出的公式计算所得。

试验梁破坏弯矩计算值与实测值对比表　　表3.4

项目 / 编号	破坏弯矩实测值 M_u(kN·m)	破坏弯矩计算值 M_u^1(kN·m)	$\frac{M_u}{M_u^1}$	破坏弯矩计算值 M_u^2(kN·m)	$\frac{M_u}{M_u^2}$
UPC-1	301.11	306.735	0.982	248.401	1.212
UPC-2	280.14	276.939	1.012	222.691	1.258
UPC-3	252.09	212.314	1.187	172.745	1.459
UPC-4	271.27	275.768	0.984	215.842	1.257
UPC-5	234.61	233.073	1.007	198.163	1.184

由表3.4数据可知，根据试验梁材料强度及预应力筋极限应力实测值计算出的破坏弯矩 M_u^1 与破坏弯矩实测值 M_u 符合良好，M_u/M_u^1 平均值为1.046，标准差为0.082。说明现行规范中有黏结部分预应力混凝土受弯构件正截面承载力的计算方法适用于无黏结部分预应力混凝土梁。当按材料强度等级设计值计算的试验梁破坏弯矩时，M_u/M_u^2 平均值为1.289，标准差为0.110，计算值较实测值偏保守，说明HRB500级非预应力筋的屈服强度取450MPa有足够安全储备。

由表3.4还可以看出，当其他因素相同时，配置不同强度等级非预应力筋的试验梁UPC-1、UPC-4及UPC-5，随着非预应力筋强度等级的提高，试验梁正截面抗弯承载力显著增加，配置HRB500级非预应力筋的UPC-1受弯承载力分别是UPC-4及UPC-5的1.11及1.28倍，说明HRB500级非预应力筋的加入对提高无黏结部分预应力混凝土梁正截面抗弯性能效果显著。同样配置HRB500级非预应力筋的UPC-1、UPC-2及UPC-3，随着配筋率的降低，试验梁受弯承载力不断降低，符合一般规律。

3.4　无黏结部分预应力混凝土梁挠度分析

根据GB 50010—2002的规定：按荷载效应标准组合并考虑荷载长期作用影响的刚度进行受弯构件的挠度计算。试验荷载为短期荷载，选取GB 50010—2002中相应的荷载效应标准组合进行试验梁挠度计算。

3.4.1　试验梁挠度计算方法

部分预应力混凝土梁挠度计算分为两个阶段，即试验荷载作用下梁底混凝土开裂前及开裂后。试验梁梁底混凝土开裂前，其混凝土全截面有效，处于弹性工作阶段，挠度计算可采用材料力学弹性体的公式进行计算：

$$f = \beta_f \frac{M_k l_0^2}{B} \tag{3.24}$$

式中：β_f 为挠度系数，本部分试验采用三分点加载，因此 $\beta_f = 23/216$；M_k 为按荷载效应标准组合计算的弯矩值；B 为受弯构件的弹性弯曲刚度；l_0 为受弯构件的计算跨径。

试验梁梁底混凝土开裂后，采用割线弯曲刚度值通过材料力学的方法进行试验梁的挠度计算，下式中符号意义同上式，B_t 为试验梁割线弯曲刚度：

$$f = \beta_f \frac{M_k l_0^2}{B_t} \tag{3.25}$$

试验研究表明，试验梁受弯产生的挠曲变形计算，可根据平截面假定，采用类似于材料力学的方法求出平均曲率 ϕ 及平均刚度 B：

$$\phi = \frac{1}{\rho} = \frac{M}{B} = \frac{M}{EI} \tag{3.26}$$

由于试验梁的跨中荷载—挠度曲线与弯矩—曲率曲线类似，因此取实测的跨中挠度—荷载曲线作为弯矩—曲率曲线。试验梁梁底混凝土开裂前，随着试验荷载的增大，跨中挠度成比例增加，试验梁跨中荷载—挠度曲线基本直线型；试验梁梁底混凝土开裂后，跨中荷载—挠度曲线出现拐点，且跨中挠度随荷载的增加呈非线性增加，试验梁刚度随着裂缝的产生和发展而不断降低；临近破坏时，荷载变化不大的情况下跨中挠度急剧增加。各试验梁跨中荷载—挠度曲线具有显著的双直线特征。因此试验梁正常使用极限状态下的刚度计算可采用双直线计算模型。《无黏结预应力混凝土结构技术规程》(JGJ 92—2004)给定以下计算公式。

对于不出现裂缝的构件：

$$B_s = 0.85E_c I_0 \tag{3.27}$$

对于带裂缝工作的构件：

$$B_s = \frac{0.85E_c I_0}{k_{cr} + (1 - k_{cr})\omega} \tag{3.28}$$

$$k_{cr} = \frac{M_{cr}}{M_k} \tag{3.29}$$

$$\omega = \left(1.0 + 0.8\lambda + \frac{0.21}{\alpha_E \rho}\right)(1 + 0.45\gamma_f) \tag{3.30}$$

$$\gamma_f = \frac{(b_f - b)h_f}{bh_0} \tag{3.31}$$

式中：α_E 为无黏结预应力筋与混凝土弹性模量之比；λ 为无黏结预应力筋与总配筋的配筋指标之比，$\lambda = \sigma_{pe}A_p/(\sigma_{pe}A_p + f_yA_s)$；$\rho$ 为受拉钢筋配筋率，$\rho = (A_p + A_s)/(bh_0)$；$M_{cr}$ 为按荷载效应的标准组合计算的弯矩值。

3.4.2　试验梁挠度计算值与实测值对比分析

短期荷载作用下试验梁混凝土开裂前的挠度实测值与计算值如表3.5所示，其中 M 为试验梁开裂弯矩。

试验梁开裂前挠度实测值与计算值　　表3.5

项目 / 编号	开裂弯矩 M (kN·m)	实测值 f_s (mm)	计算值 f_s^c (mm)	f_s/f_s^c
UPC-1	85.86	2.42	2.92	0.83
UPC-2	89.34	2.60	3.06	0.85
UPC-3	92.86	2.82	3.25	0.87
UPC-4	82.34	2.39	2.80	0.85
UPC-5	85.86	2.41	2.92	0.83

短期荷载作用下试验梁混凝土开裂后的挠度实测值与计算值如表3.6所示，本部分取极限弯矩的0.8倍作为正常使用状态的弯矩。各试验梁跨中荷载—挠度关系曲线如图3.16所示，试验梁开裂前后跨中挠度实测值与计算值对比曲线如图3.17所示。

试验梁开裂后挠度实测值与计算值　　表3.6

项目 / 编号	M (kN·m)	实测值 f_s (mm)	计算值 f_s^c (mm)	f_s/f_s^c
UPC-1	240.89	19.71	24.65	0.80
UPC-2	224.11	18.81	24.40	0.77
UPC-3	201.67	20.07	26.28	0.76
UPC-4	229.69	17.94	23.22	0.77
UPC-5	187.69	15.45	17.40	0.89

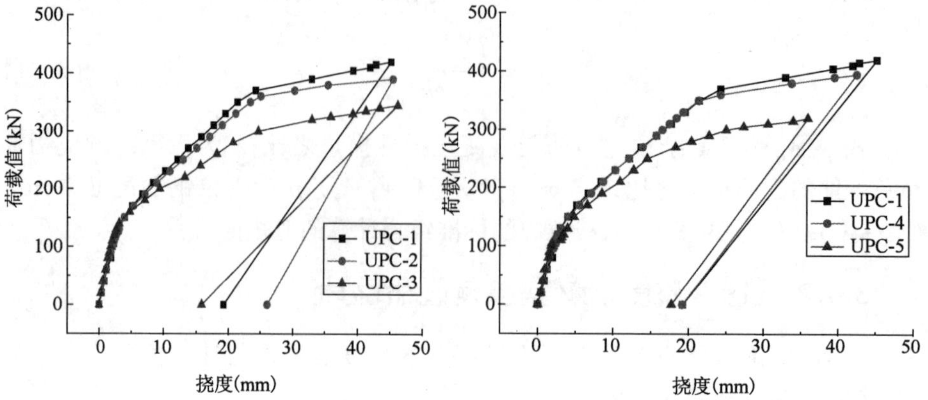

a)跨中荷载—挠度曲线　　b)跨中荷载—挠度曲线

图3.16　试验梁跨中荷载—挠度关系曲线

由以上两表可见，配置HRB500级非预应力筋及普通非预应力筋的试验梁，在短期荷载作用下梁底混凝土开裂前至破坏前，跨中挠度实测值与规范计算值均符合良好。试验梁梁底混凝土开裂前，f_s/f_s^c 的平均值为0.845，标准差为0.017；开裂后 f_s/f_s^c 的平均值为0.799，标准差为0.052。数据表明，规范给出的受弯构件短期刚度计算公式及挠度计算公式对配置HRB500级钢筋为非预应力筋的无黏结部分预应力混凝土梁同样适用。

由图3.17可知，同样配置HRB500级非预应力筋的试验梁UPC-1、UPC-2及UPC-3，由于配筋率的不同，三者对比曲线呈现以下特点：梁底混凝土开裂导致跨中荷载—挠度曲线的第一个拐点出现的位置与受拉非预应力筋配筋率关系密切，配筋量越大，拐点出现越早；梁底混凝土开裂后至非预应力筋屈服，配筋率大的UPC-1较之后两者荷载—挠度曲线斜率大，反映出较好的抗变形能力，非预应力筋屈服时，三者跨中挠度极为接近；非预应力筋屈服后，试验梁变形急剧增加，三者跨中荷载—挠度曲线斜率趋于相同，破坏时三者最大挠度几乎相同，表明受拉非预应力筋的配筋率对跨中最大挠度影响不大。

试验梁UPC-1、UPC-4及UPC-5，由于非预应力筋强度等级的不同，试验梁跨中荷载—挠度曲线线形差异显著：梁底混凝土开裂导致跨中荷载—挠度曲线的第一个拐点出现的位置与非预应力筋强度等级无明显相关性，表明梁底混凝土开裂前非预应力筋强度等级对试验梁变形能力影响不大；三者荷载—挠度曲线在试验梁UPC-5中HRB335级非预应力筋屈服时出现明显差异，表明随着非预应力筋强度等级的调高，外荷载作用下无黏结部分预应力混凝土梁开裂弹塑性段增长,HRB500 级钢筋的抗变形能力得到体现;非预应力筋屈服至试验梁破坏,三根试验梁均有较大的挠度,具有明显的破坏预兆,表明配置 HRB500 级非预应力筋的无黏结部分预应力混凝土梁具有较好的位移延性。

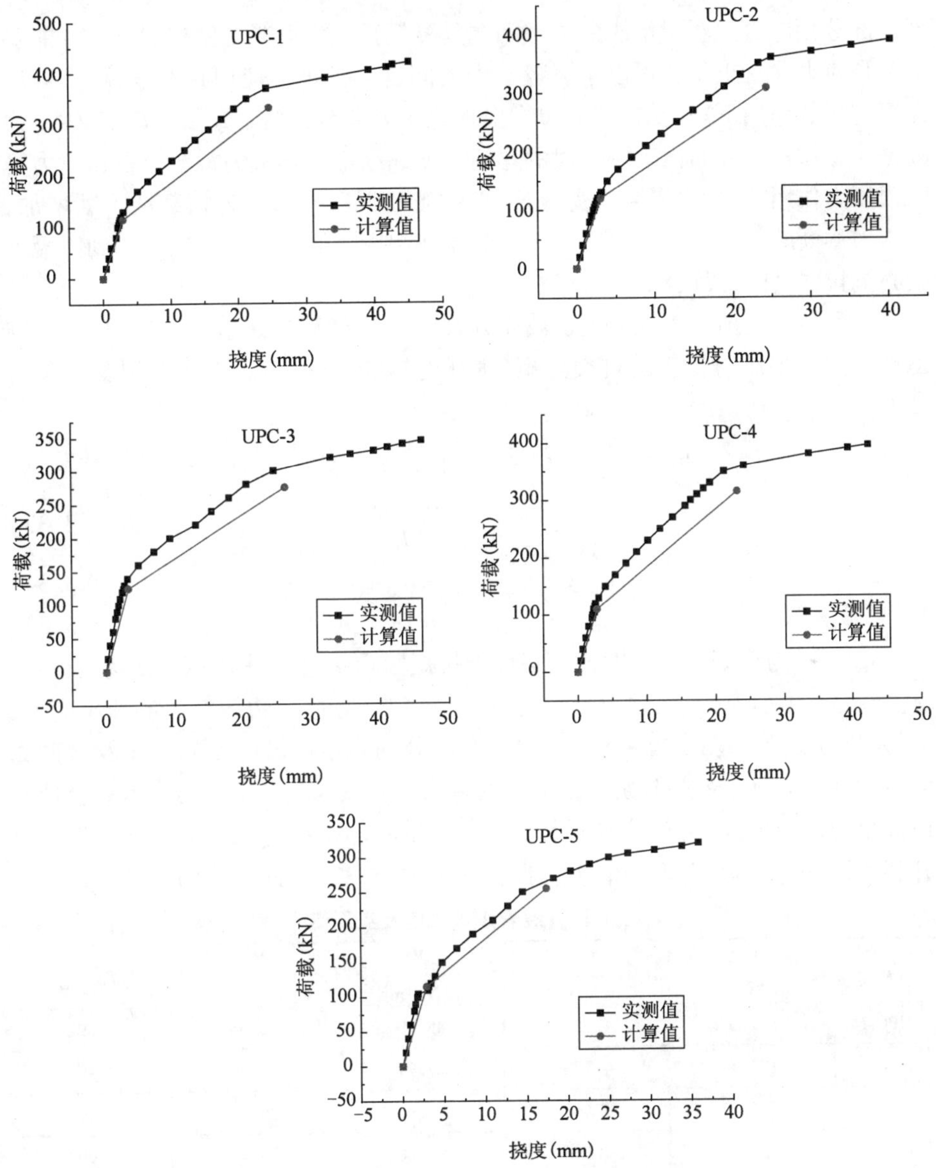

图 3.17　试验梁跨中挠度计算值与实测值对比曲线

3.5 无黏结部分预应力混凝土梁正截面抗裂性能分析

部分预应力混凝土解决的关键问题是降低预应力混凝土结构的抗裂性能要求及预应力混凝土是否可以带裂缝工作的问题。按正常使用状态设计时,容许在短期荷载作用下,其受拉截面边缘出现拉应力甚至裂缝。开裂弯矩定义为:梁的预压受拉边缘开始出现裂缝时的弯矩。无黏结部分预应力混凝土在预应力筋的预压力作用下,梁底混凝土受压,同样位置的混凝土随着外荷载的不断增加,预压力逐渐减小至零,外荷载继续增加,梁底混凝土受拉直至拉应力达到混凝土轴心抗拉强度时,梁底混凝土开裂。

无黏结部分预应力混凝土正截面开裂弯矩的计算公式包括两项内容,分别是预应力筋预压力提供的抗裂弯矩(消压弯矩 $M_0=\sigma_{pc}W_0$)及钢筋混凝土梁自身提供的抗裂弯矩($\overline{M}_{cr}=\gamma f_{tk}W_0$)。

$$M_{cr}=M_0+\overline{M}_{cr}=\sigma_{pc}W_0+\gamma f_{tk}W_0=(\sigma_{pc}+\gamma f_{tk})W_0 \tag{3.32}$$

$$\sigma_{pc}=\frac{N_p}{A_n}+\frac{N_p e_{pn} y_n}{I_n} \tag{3.33}$$

$$N_p=\sigma_{pe}A_p-\sigma_{l5}A_s \tag{3.34}$$

$$e_{pn}=(\sigma_{pe}A_p y_{pn}-\sigma_{l5}A_s y_{sn})/N_p \tag{3.35}$$

式中:γ 为混凝土构件的截面塑性抵抗矩影响系数,与构件截面形状及尺寸有关;σ_{pc}为预加力(有效预应力)在混凝土抗裂验算截面边缘产生的预压应力;W_0 为截面受拉边缘的弹性抵抗矩;A_n 及 I_n 分别为净截面的截面面积及净截面的截面惯性矩;y_{pn}及 y_{sn}分别为预应力筋合力点及受拉非预应力筋合力点至换算截面重心的距离;y_n 为计算截面至换算截面重心的距离。表 3.7 列出各试验梁开裂弯矩计算值 M_{cr}^j及实测值 M_{cr}^s,计算值按式(3.32)~式(3.35)求得。

试验梁开裂弯矩计算值及实测值 表 3.7

项目/编号	开裂荷载(kN)	σ_{pc} (N/mm^2)	M_{cr}^s (kN·m)	M_{cr}^j (kN·m)	M_{cr}^s/M_{cr}^j
UPC-1	117.5	4.532	85.99	86.68	0.992
UPC-2	122.5	4.772	87.21	87.54	0.996
UPC-3	127.5	5.447	89.95	90.75	0.991
UPC-4	112.5	4.506	85.86	86.44	0.993
UPC-5	117.5	4.782	85.99	88.96	0.967

由表3.7中所列数据可知,试验梁开裂弯矩实测值M_{cr}^{s}较之按式(3.32)~式(3.35)计算所得计算值M_{cr}^{j}偏小,M_{cr}^{s}/M_{cr}^{j}平均值为0.988,标准差为0.012,离散水平较低。表明上述计算公式同样适用于配置HRB500级非预应力筋的无黏结部分预应力混凝土梁,且符合良好。

同时,由表3.7中数据还表现出以下特点:配置HRB500级非预应力筋的UPC-1、UPC-2及UPC3,随着非预应力筋配筋率的降低,对应试验梁的开裂弯矩增大,表明非预应力筋配筋率对试验梁开裂弯矩影响显著;UPC-1、UPC-4及UPC5,非预应力筋强度等级不同而配筋率相同,3根试验梁开裂弯矩几乎相同,表明非预应力筋强度等级对开裂弯矩无明显影响。以上特点可由式(3.34)中找到相应的理论依据,可以看出非预应力筋配筋面积A_s对N_p的大小有着直接影响,进而影响到试验梁开裂弯矩的大小;同时,在上述开裂弯矩的计算中,均未涉及非预应力筋强度等级,因此非预应力筋的强度等级对试验梁的开裂弯矩计算无影响。

由上述开裂弯矩计算公式及分析可知,影响无黏结部分预应力混凝土梁开裂弯矩的因素主要包括以下几个方面:预应力筋配筋率及张拉控制应力、非预应力筋配筋率、预应力筋及非预应力筋配筋位置、混凝土强度等级等,而非预应力筋的强度等级并非影响无黏结部分预应力混凝土梁开裂弯矩的因素,可直接通过现行规范给定的计算公式求解配置HRB500级非预应力筋无黏结部分预应力混凝土梁的开裂弯矩,无需对现行规范给定的计算公式进行修正。

3.6　无黏结部分预应力混凝土梁裂缝间距分析

国内外学者的研究成果表明:仅配置预应力筋的无黏结预应力混凝土梁,在外荷载作用下达到破坏极限时,梁体出现的裂缝根数少、裂缝跨度及裂缝间距大,这种梁破坏前无明显预兆、塑性铰区域短、延性差,呈现脆性破坏的特征。为改善纯无黏结预应力混凝土梁的裂缝及挠度性能,最有效的方法是采用混合配筋,即配置受拉非预应力筋;同时,研究表明大多数情况下配置HRB500级钢筋会导致钢筋混凝土受弯构件按现行规范公式计算出的裂缝宽度偏大而不能满足裂缝控制的要求。将HRB500级钢筋加入到无黏结预应力混凝土梁,将显著改善梁的裂缝分布状况,同时,无黏结部分预应力梁混凝土中预应力筋对受拉区混凝土的预压力将有效避免因单独配置HRB500级钢筋而导致的钢筋混凝土受弯构件裂缝宽度偏大的问题。

目前,国内外对部分预应力混凝土受弯构件的裂缝控制及计算方法可大致归结为两类:一种方法是直接计算裂缝宽度并加以控制;另一种方法是通过计算名义拉应力的方法来进行验算。我国《混凝土结构设计规范》(GB 50010—2002)基于大量试验研究,分析了影响裂缝间距及裂缝宽度的主要因素,并提出半经验、半理论的裂缝宽度计算公式。公式的计算顺序为首先计算裂缝间距,进而计算平均裂缝宽度,然后通过扩大系数来考虑裂缝的分散性及荷载长期效应的影响,从而得到最大裂缝宽度。其中的平均裂缝间距的计算公式如下:

$$l_{cr} = 1.9c_s + 0.08\frac{d_{eq}}{\rho_{te}} \tag{3.36}$$

$$d_{eq} = \frac{\sum n_i d_i^2}{\sum n_i v_i d_i} \tag{3.37}$$

$$\rho_{te} = \frac{A_s + A_p}{A_{te}} \tag{3.38}$$

式中:c_s为最外层受拉向钢筋外边缘至受拉区底边的距离,mm;A_{te}为有效受拉混凝土截面面积,对矩形受弯构件,$A_{te}=0.5bh$;d_{eq}为对无黏结后张构件,仅为受拉区向受拉钢筋的等效直径,mm;ρ_{te}为按有效受拉混凝土截面面积计算的向受拉钢筋配筋率;对无黏结后张预应力构件,仅取向受拉钢筋计算配筋率;在最大裂缝宽度计算中,当$\rho_{te}<0.01$时,取$\rho_{te}=0.01$。

表3.8列出试验梁平均裂缝间距实测值l_{cr}^s,以及按规范给定的式(3.36)~式(3.38)计算出的试验梁平均裂缝间距计算值l_{cr}^j。

试验梁平均裂缝间距计算值及实测值 表3.8

项目 编号	裂缝观测数目	实测最小裂缝间距(mm)	实测最大裂缝间距(mm)	l_{cr}^s(mm)	l_{cr}^j(mm)	l_{cr}^s/l_{cr}^j
UPC-1	51	56	235	110.26	157.23	0.701
UPC-2	47	35	210	120.11	172.18	0.698
UPC-3	41	35	264	126.13	197.66	0.638
UPC-4	41	45	290	131.93	157.23	0.839
UPC-5	42	92	279	136.24	157.23	0.867

表3.8中配置HRB500级非预应力筋的试验梁l_{cr}^s/l_{cr}^j平均值为0.679,标准差为0.035;配置普通非预应力筋的试验梁平均裂缝间距实测值与计算值比值平均值为0.853,标准差为0.019;总体计算值比值平均值为0.749,标准差为

0.099。由对比数据可以看出，较之配置普通非预应力筋的试验梁，配置HRB500级非预应力筋的试验梁平均裂缝间距实测值与计算值的符合并不理想，《混凝土结构设计规范》（GB 50010—2002）给出的计算公式用于计算配置HRB500级非预应力筋的无黏结部分预应力混凝土梁平均裂缝间距的适用性较差，建议对其进行修正，修正后公式如下：

$$l_{cr} = \frac{1}{\beta}\left(1.9c_s + 0.08\frac{d_{eq}}{\rho_{te}}\right) \tag{3.39}$$

式中：β为采用《混凝土结构设计规范》（GB 50010—2002）给定公式计算配置HRB500级非预应力筋无黏结部分预应力混凝土梁平均裂缝间距的修正系数，结合本部分试验实测数据及按现行规范的计算数据，确定$\beta = 1.25$。

同时，表3.7中各试验梁平均裂缝间距实测值及计算值具有如下规律：UPC-1较之UPC-4及UPC-5，HRB500级非预应力筋的加入使得试验梁裂缝分布情况更趋合理，与预应力筋的协同工作克服了HRB500级钢筋单独工作过程中的裂缝控制问题；UPC-1较之UPC-2及UPC-3的平均裂缝间距计算值和实测值均要小，说明其他因素相同时非预应力筋配筋率的增大有利于改善受弯构件的裂缝分布情况。

《混凝土结构设计规范》（GB 50010—2002）给定的受弯构件平均裂缝间距计算公式未涉及非预应力筋强度等级的影响，但本部分试验实测值显示非预应力筋强度等级对平均裂缝间距影响明显，由于裂缝问题不是本部分研究重点，因此试验过程中未采集足够多的数据来进行相应的分析，该现象值得深入研究。

3.7　无黏结预应力筋应力增量与跨中挠度关系分析

目前国内外研究者普遍认为影响无黏结预应力筋极限应力增量的因素主要包括：跨高比、荷载分布形式、预应力筋强度及配筋率、非预应力筋强度及配筋率、混凝土强度、有效预应力、支承条件等。我国现行JGJ/T 92—2004规程将预应力筋强度及配筋率、非预应力筋强度等级及配筋率、混凝土强度等级及有效预应力综合考虑在一个参数（综合配筋指标ξ_0）中，其表示了梁截面高度及其转动能力，综合配筋指标ξ_0是影响无黏结预应力筋极限应力增量的最显著因素，且随着ξ_0的增大，预应力筋极限应力增量相应减小，因为综合配筋指标ξ_0越大，梁体的转动能力越低，进而造成梁体变形小，预应力筋总伸长量变小，从而导致预应力筋极限应力增量变小。

上述推导过程中综合配筋指标ξ_0对于梁体的作用，类似于荷载效应的标准组合作用下无黏结受弯构件的短期刚度 B_s,短期刚度 B_s 与无黏结受弯构件变形 f 成反比。在短期刚度 B_s 的计算参数中包括了非预应力筋强度等级及配筋率的影响,其影响类似于在综合配筋指标 ξ_0 中发挥的作用,即随着非预应力筋强度等级及配筋率的提高,短期刚度 B_s 不断减小,从而导致无黏结受弯构件变形 f 不断增大。通过推导可知无黏结受弯构件预应力筋极限应力增量与其变形 f 成正比例,即变形越大,预应力筋应力增量越大。从式(3.25)中可以看出,正常使用状态的弯矩 M_k 取极限弯矩的0.8倍,对构件变形影响显著。上述分析未考虑无黏结受弯构件的受弯承载力的影响。

在试验梁正截面极限抗弯承载力的计算式(3.20)中,非预应力筋强度等级及配筋率越大,正截面极限抗弯承载力越高,试验梁跨中挠度值越大,进而提高了试验梁预应力筋极限应力增量。结合以上讨论可知,非预应力筋强度等级的提高不会导致无黏结预应力筋极限应力增量的降低,试验结果证实了上述推论。

试验梁UPC-1、UPC-4及UPC-5对比点为非预应力筋强度等级,试验梁UPC-1、UPC-2及UPC-3对比点为HRB500级非预应力筋配筋率。图3.18a)和图3.18b)列出的各试验梁跨中挠度与预应力筋极限应力增量的关系曲线;图3.18c)为依据全部试验数据拟合出的试验梁跨中挠度与预应力筋极限应力增量的关系曲线。

图3.18表明,无黏结部分预应力混凝土梁预应力筋极限应力增量与跨中挠度基本成呈线性关系,由图3.18a)可以看出,非预应力筋强度等级不同,预应力筋极限应力增量—跨中挠度关系曲线有一定差别,拟合出的关系公式如下。

UPC-1对应的拟合公式为:

$$f=0.12506\times(\Delta\sigma_{pu}+6.3343)$$

UPC-4对应的拟合公式为:

$$f=0.12813\times(\Delta\sigma_{pu}+16.50874)$$

UPC-5对应的拟合公式为:

$$f=0.13174\times(\Delta\sigma_{pu}+13.82665)$$

同时由图3.18b)可以看出,配置相同数量HRB500级非预应力筋的试验梁UPC-1、UPC-2及UPC-3预应力筋极限应力增量—跨中挠度关系曲线斜率几乎完全相同,拟合出的关系公式如下。

UPC-1对应的拟合公式为:

$$f=0.12506\times(\Delta\sigma_{pu}+6.3343)$$

UPC-2 对应的拟合公式为:

$$f=0.1047\times(\Delta\sigma_{pu}+17.32254)$$

UPC-3 对应的拟合公式为:

$$f=0.11122\times(\Delta\sigma_{pu}+12.94002)$$

图 3.18c)为综合了全部 5 根试验梁跨中挠度及预应力筋应力增量数据后拟合的关系曲线,对应拟合公式为:$f=0.11788(\Delta\sigma_{pu}+16.03751)$。

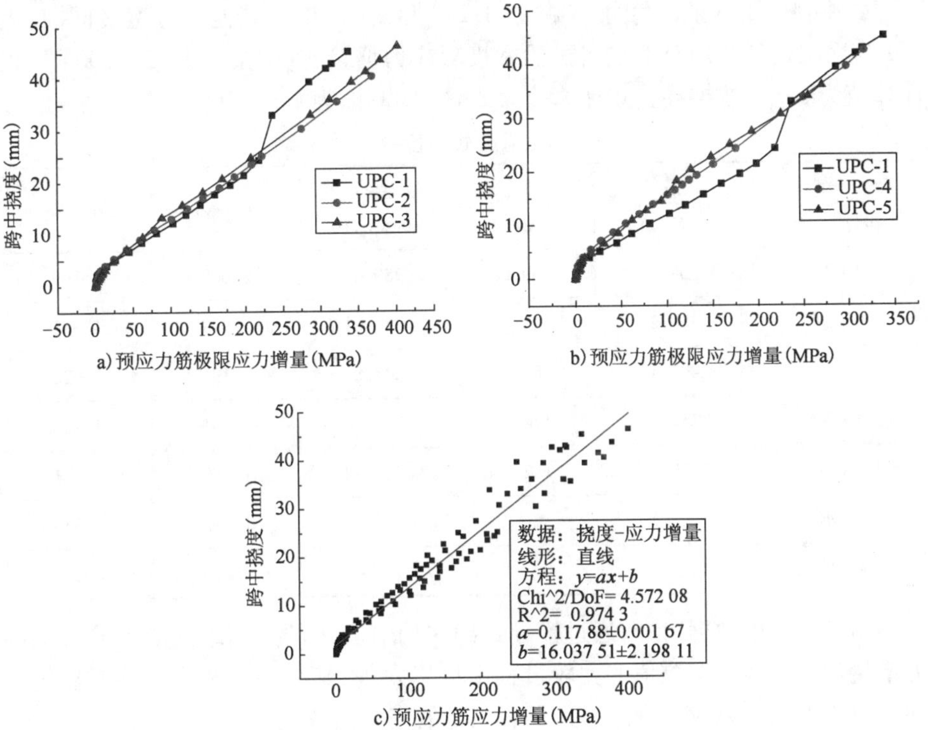

图 3.18　试验梁预应力筋应力增量—跨中挠度对比曲线

由上述拟合公式可知,其他因素相同时,随着非预应力筋强度等级的降低,预应力筋极限应力增量—跨中挠度关系曲线斜率不断升高。由于本部分试验梁对比点仅为非预应力筋强度等级及配筋率,未计入其他因素的影响,因此上述拟合公式具有一定的局限性。

结合式(3.26)及对全部试验梁对应的拟合公式 $f=0.11788(\Delta\sigma_{pu}+16.03751)$,对极限应力增量 $\Delta\sigma_{pu}$的计算公式进行推导得:

$$\Delta\sigma_{pu}=\frac{\beta_f M_k l_0^2}{0.11788B_t}-16.03751 \tag{3.40}$$

式中各符号意义同上，由于式中 M_k 及 B_t 的计算中均包括了 $\Delta\sigma_{pu}$ 的影响，因此需进一步对公式进行整理。整理后的公式表述如下：

$$\Delta\sigma_{pu} = \{\beta_f M_{cr} l_0^2 (1-\omega) + 0.8\beta_f l_0^2 \omega A_p (h - a_p - a'_s)\sigma_{pe} + 0.8\beta_f l_0^2 \omega f_y A_s (h - a_s - a'_s) - 1.606\,926\,427 E_c I_0\} / \{0.100\,198 E_c I_0 - 0.8\beta_f l_0^2 \omega A_p (h - a_p - a'_s)\} \tag{3.41}$$

式中：M_{cr}及 ω 的计算分别见式(3.28)和式(3.30)，其他符号意义同前，表3.9为采用式(3.41)计算的各试验梁极限应力增量，其中按 JGJ 92—2004 规程计算值为 $\Delta\sigma_{pu}^{J}$，按推导公式计算值为 $\Delta\sigma_{pu}^{T}$，实测值为 $\Delta\sigma_{pu}$。

推导公式的检验　　表3.9

项目 / 编号	$\Delta\sigma_{pu}$ (MPa)	$\Delta\sigma_{pu}^{J}$ (MPa)	$\Delta\sigma_{pu}^{T}$ (MPa)	$\Delta\sigma_{pu}/\Delta\sigma_{pu}^{J}$	$\Delta\sigma_{pu}/\Delta\sigma_{pu}^{T}$
UPC-1	338.51	169.28	289.45	2.000	1.169
UPC-2	369.29	175.97	278.81	2.099	1.325
UPC-3	403.10	189.15	248.81	2.131	1.620
UPC-4	317.89	178.45	254.26	1.781	1.250
UPC-5	270.65	182.53	206.42	1.483	1.311
平均值				1.899	1.335
标准差				0.270	0.171

由表3.9中数据可知，通过推导式(3.41)计算出的无黏结预应力筋极限应力增量计算值在与实测值的比较过程中可以发现，其准确性及稳定性明显优于现行 JGJ/T 92—2004 规程，并且具有一定的安全储备。

第 4 章　HRB500 钢筋在实桥中的应用研究

随着桥梁工业的发展,桥梁的安全问题也越来越引起世人的关注,而桥梁结构本身的形式、设计、施工工艺都会成为影响桥梁安全的重要因素。现如今我国工程建设工艺持续发展,越来越多的结构形式新颖、大跨境的桥梁被设计施工并投入到使用当中。但是对于这些结构复杂的大跨境桥梁如果继续使用普通强度钢筋,会造成钢筋用量增大,容易造成混凝土振捣不密实,从而引起安全隐患。所以发展低成本高性能钢筋已经成为迫切的课题,而研究其工程应用也是非常重要的。

HRB500 级钢筋的抗拉强度标准值为 500MPa,在混凝土结构中推广应用 HRB500 级钢筋可明显减少钢筋用量,取得较好的社会经济效益。配置 HRB500 级钢筋的预应力混凝土结构承载力高,施工工艺简便易行,提高混凝土结构的受力性能效果明显,这些优点决定了该技术在应用于桥梁工程的过程中能够显著降低设计难度、施工成本及建成后的维修加固成本,具有显著的社会经济效益,因此该技术在桥梁建设领域具有广泛的应用前景。

为了在预应力混凝土桥梁结构中推广应用 HRB500 级钢筋,有必要进行相关研究。本研究通过在桥梁中用 HRB500 钢筋替换全部或部分受力主筋,利用高强钢筋弹性模量与普通钢筋相近而强度高的材料特性来改善桥梁的受力性能和变形性能,拓展其在工程建设中的应用范围。

4.1　工 程 概 况

试验工程是位于邢汾高速公路邢台至冀晋界段第 XFLJ-14 标段设计施工总承包项目段隧道管理站的 10m 汽车通道整体现浇简支斜桥,上部结构为整体现浇板,现浇板长 9.96m,计算跨径 9.576m,斜交角 20°,板高 65cm,顶板宽 1 425cm,底板宽 1 025cm,悬臂长 200cm。桥梁结构采用 C40 混凝土,桥面铺装为厚度为 10cm 的沥青混凝土,左幅受拉主筋采用 HRB400 钢筋,右幅截面下缘受拉钢筋采用 HRB500 钢筋。本设计的设计荷载采用 1.3 倍公路 I 级,环境类别采用Ⅱ类环境条件。

图4.1为试验桥梁平面图,图4.2为桥梁的配筋图。

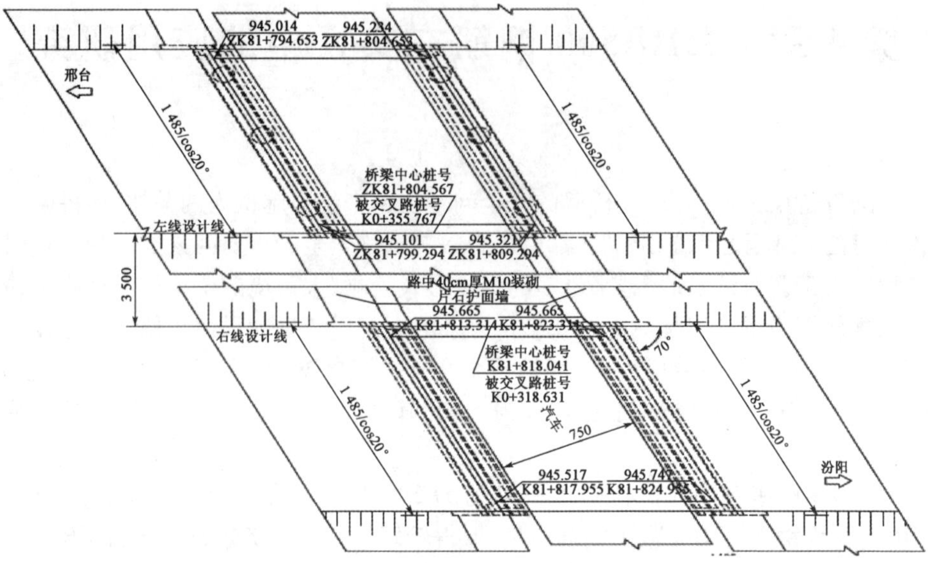

图4.1　桥梁平面图

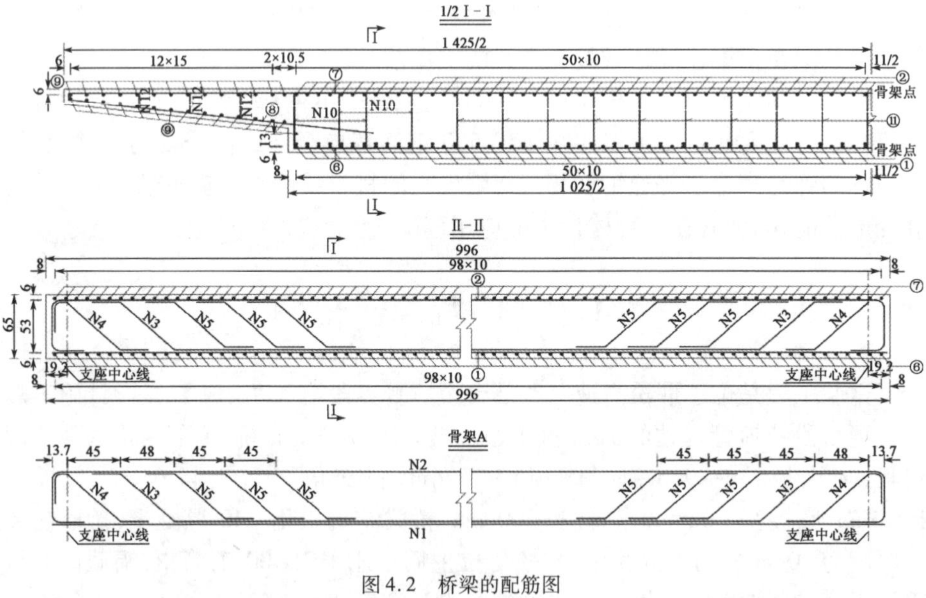

图4.2　桥梁的配筋图

4.2　HRB500钢筋设计指标

试点工程中，右幅截面受拉主筋均采用HRB500级高强钢筋，其力学性能如表4.1和表4.2所示。

HRB500钢筋的力学性能　　表4.1

钢筋牌号	公称直径 d (mm)	抗拉强度 σ_s (N/mm^2)	屈服强度 σ_b (N/mm^2)	δ_5 (%)	弯曲试验弯心直径 (mm)
HRB500	6~25 28~50	≥500	≥630	≥12	7a

注：δ_5为规定材料发生5%延伸率时的应力为屈服强度。

HRB500级钢筋最小锚固长度、搭接长度　　表4.2

混凝土强度等级		C20	C25	C30	C35
钢筋直径 d(mm)		≤25	≤25	≤25	≤25
锚固长度 l_a(mm)		54d	47d	42d	38d
搭接长度 l_1 (mm)	接头率25%	65d	56d	50d	45d
	接头率50%	75d	65d	58d	53d

在试验桥梁中，用于受拉区的HRB500级钢筋的抗拉强度与抗压强度设计值取400MPa，其承载力、挠度、裂缝宽度的计算，以及锚固搭接长度均按照《公路钢筋混凝土及预应力混凝土桥涵设计规范》（JTG D62—2004）执行。由于右幅钢筋的设计强度很高，所以在实际工程中右幅桥梁比左幅桥梁的受拉区部分钢筋要稀疏，这对提高混凝土浇筑质量创造了极其有利的条件，增强了结构的稳定性，并且极大地节省了钢材的使用量。

4.3　配置HRB500钢筋桥梁的现场试验

4.3.1　试验目的

通过左右两幅桥梁在相同的设计荷载下钢筋应变、桥梁挠度、裂缝以及混凝土应变的对比，研究HRB500高强钢筋在实际工程中的工作性能，为HRB500钢筋在将来桥梁的大面积推广应用做准备。

4.3.2 试验方法

由于试验桥梁为配有不同钢筋的不同配筋率的两幅桥梁，因此试验方案采用相同荷载下对比左右两幅桥梁的钢筋应力、桥梁挠度、裂缝以及混凝土应变等试验值，从而得到 HRB500 钢筋在桥梁中应用的实际情况。

4.3.3 右幅桥梁受力钢筋变换情况

变换钢筋依据：正截面抗弯能力相等公式计算：

$$f_{sd1}A_{s1} = f_{sd2}A_{s2}$$

式中：f_{sd1} 为左幅桥梁钢筋的抗拉强度设计值；A_{s1} 为左幅桥梁受拉钢筋面积；f_{sd2} 为右幅桥梁钢筋的抗拉强度设计值；A_{s2} 为右幅桥梁受拉钢筋面积。

经计算，右幅桥梁钢筋的变换情况为将截面下缘上排的受拉主筋更换为Φ25的 HRB500 的钢筋，下排的受拉主筋更换为Φ22 的 HRB500 的钢筋，这样变换后与左幅截面下缘受拉主筋均为Φ25 的 HRB400 的钢筋相比，减少了用钢量，取得了较好的经济效益。而且 HRB500 高强钢筋的弹性模量与普通钢筋相近而其强度高，这样可以改善桥梁的受力性能和变形性能。

4.3.4 试验内容

本试验为静载试验，去除桥梁悬挑的 2m 后，最边缘 2m 宽为最不利位置（2 号梁）进行研究，如图 4.3 所示。考虑试验所采用不同强度钢筋下桥体的工作性能对比，试验内容如下。

（1）两桥对比下，最不利位置处控制截面钢筋和混凝土的最大应力应变。

（2）两桥对比下，最不利位置处控制截面挠度及裂缝变化曲线。

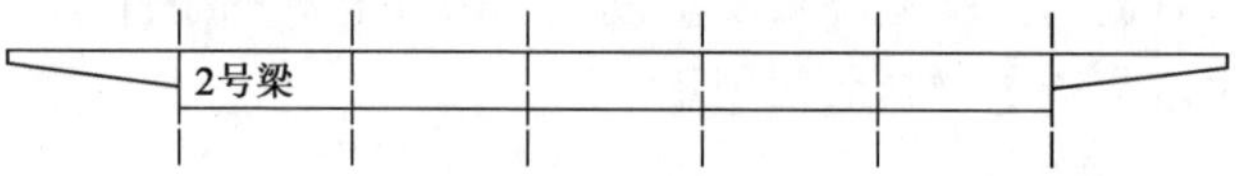

图 4.3　2 号梁位置

4.3.5 试验方案

（1）加载车辆的确定（以 1.3 倍为例）

根据公路工程技术标准，计算分析结果确定集中荷载取 198kN，均布荷载为 10.5kN/m，根据上节分析内容，以 1.3 倍荷载开始试验，即使用完全相同 3 辆 470kN 加载车，如图 4.4 所示，车辆荷载布置如图 4.5 所示。

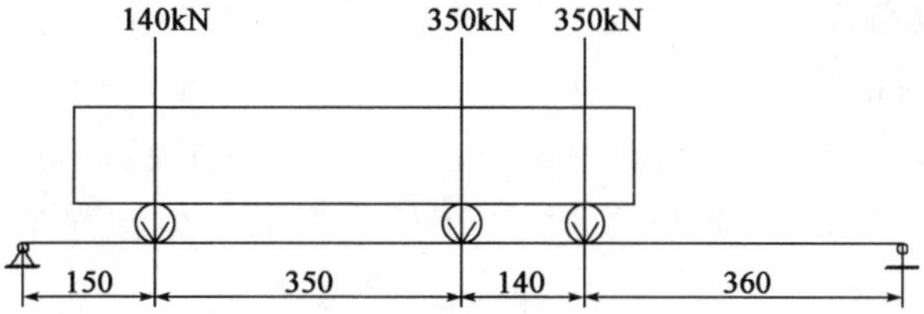

图 4.4　车辆加载纵向布置(尺寸单位:cm)

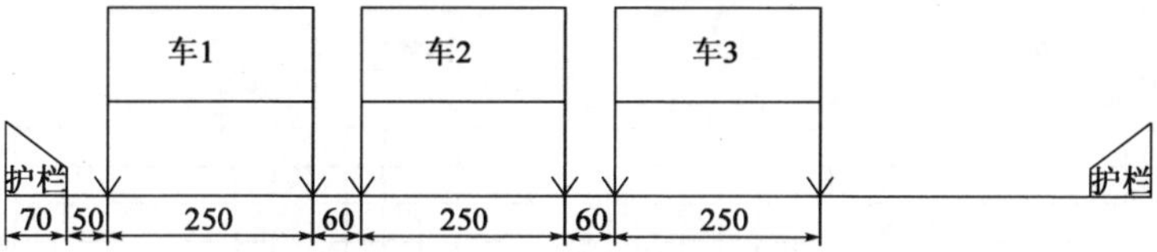

图 4.5　车辆加载横向布置(尺寸单位:cm)

(2)试验工况

试验的加载方式为桥梁跨中截面控制弯矩的偏心加载。为使研究的 2 号梁位置承受最不利偏心荷载,以检验其受力过程中钢筋和混凝土的应力应变及裂缝挠度的发展变化。

每辆车驶入加载位置后停滞 5min 后下辆车再驶入,第三辆车加载后停留 10min,之后按此顺序反向卸载。在车辆的加载过程中要密切注意各控制点的应变、位移和裂缝开展情况,如遇异常情况应立即终止加载。

进行完 1.3 倍公路 Ⅰ 级的加载试验后再按照同样的试验工况进行 1.4 倍公路 Ⅰ 级的加载试验。经理论验算,1.4 倍公路 Ⅰ 级荷载时,裂缝以达到 0.152mm,此时该仔细观察,根据现场情况决定是否继续加载。

按不同倍数采用的加载车辆荷载表如下,车辆加载纵向布置与 1.3 倍公路 Ⅰ 级的图示大体相同,只是其中实际采用车后轮重不同,如表 4.3 所示。车辆加载横向布置与 1.3 倍公路 Ⅰ 级的图示完全相同。

不同倍数下的试验荷载与静载效应系数　　表 4.3

设计荷载倍数	设计弯矩(kN·m)	M_0(kN·m)	计算车后轮重(kN)	实际采用车后轮重(kN)	总车重(kN)	静载效应系数
1.3	445.51	843.77	195.37	200	470	1.02
1.4	479.78	908.67	211.25	215	500	1.017
1.5	514.05	973.58	227.13	230	530	1.013
1.6	548.32	1 038.48	243	245	560	1.008

(3)测试点布置

①钢筋计的布置

试验桥梁为简支梁斜桥,斜角角为20°,现简化为正桥进行受力分析。顺桥向跨中位置受力最大,而桥梁所受力左右对称,故布置半幅应力计并且即可。

由于此桥宽为14m,故需布置横桥向的钢筋计,由于在横向跨中部桥梁受力最大,并且为对称受力,所以在跨中布置半幅钢筋计。具体布置如图4.6所示。

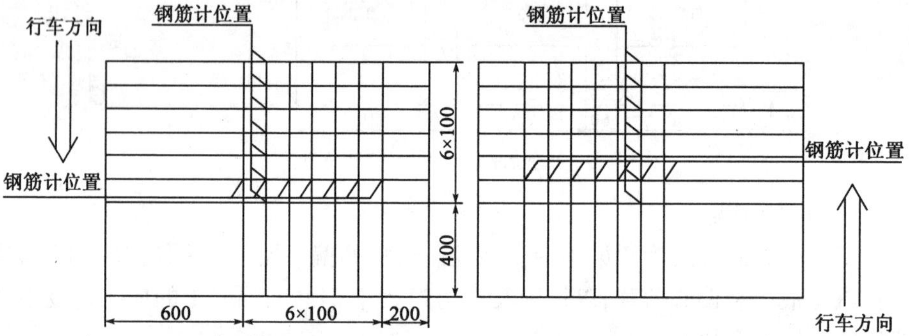

图4.6　应力计放置位置(顶板地板应力计位置相同)(尺寸单位:cm)

②位移计的布置

在桥底跨中位置沿桥横向等距布置5个位移计,两端支座处位移计与跨中位置平行布置,如图4.7所示。

③混凝土应变片布置

在桥底跨中位置沿桥横向等距布置5个混凝土应变片,如图4.8所示(与跨中位置应力计相近)。

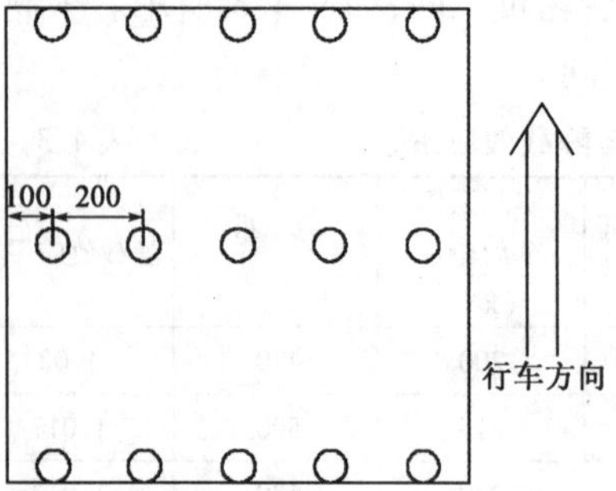

图4.7　位移计布置位置(尺寸单位:cm)

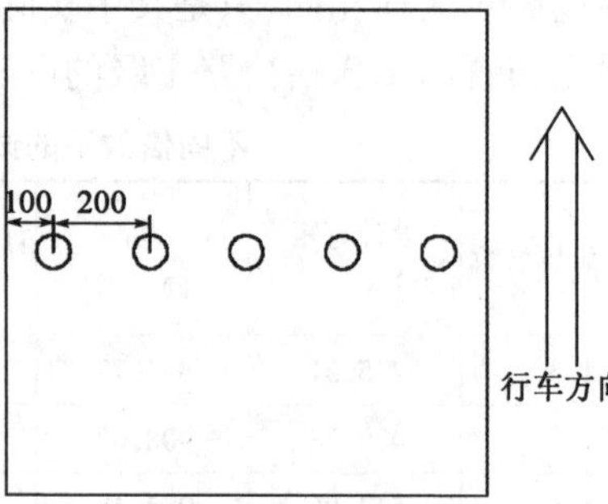

图4.8　桥面底板应变片布置位置(尺寸单位:cm)

4.3.6　试验结果及分析

试验结果如表4.4和表4.5所示。

左幅(400MPa)测试验数据　　表4.4

活载倍数	1.3	1.5
纵向钢筋最大应力值(N/mm^2)	16.12	17.50
混凝土应力测量值(N/mm^2)	2.06	2.56
挠度值	6.76	7.41

右幅(500MPa)试验数据　　表4.5

活载倍数	1.3	1.5
纵向钢筋最大应力值(N/mm^2)	33.63	35.83
纵向钢筋应力计算值(N/mm^2)	58.9	67.27
混凝土应力测量值(N/mm^2)	2.02	2.25
混凝土应力计算值(N/mm^2)	4.64	5.30
挠度测量值(mm)	1.65	2.75
挠度计算值(mm)	7.01	8.4

通过对表4.4和表4.5的对比分析,可以得到以下结论:

(1)HRB500级钢筋可以在实际的桥梁工程中应用,并且能够保证桥梁的强度安全。

(2)在相同的承载能力、加载同样的车辆时,配置HRB500钢筋桥梁中纵向钢筋的受力更大,应用效率更高,相应的混凝土应用效率也能够得到提升,这样能够更好地发挥材料性能。

(3)本试验中HRB500级钢筋的设计强度为400MPa,通过试验结果的分析,还可以适当增大其设计强度,这样可以进一步减少钢筋用量,使得钢筋性能得以更好地发挥。

4.4　配置HRB500级钢筋的节材效益分析

4.4.1　情况

在本桥梁工程中,右幅所用的下层受拉钢筋为HRB500钢筋,比左幅所用的HRB400钢筋的屈服强度提高了20%左右,而相应的设计强度也有所提升,因此右幅能够在保证桥梁设计强度的前提下减少钢筋用量。在设计中,为便于进行对比分析,左右两幅的钢筋数量以及配筋布置情况一致,仅仅是减细了右幅的受力筋直径,如此非常有效地降低了桥梁内部钢筋拥挤的现象,提高了浇筑速度以及振捣效率,为提高桥梁质量创造了非常有利的条件,直接提高了结构的安全性能。经计算,右幅桥梁相较于左幅桥梁,节省钢筋约 877kg,约合总受拉钢筋量的 14.2%。

4.4.2 经济效益分析

在桥梁工程中采用高强度钢筋最显著的效果就是在相同的结构设计强度以及使用效果的前提下能够显著地减少配筋率,进而减少钢筋用量,从而从根本上解决了结构中钢筋拥挤的这一现象,这就为结构混凝土振捣密实提供了有利的条件,能够显著地提高混凝土的浇筑质量,同时也能够提升混凝土的使用效率,有利于提升结构安全系数以及抗震性能。

在本工程中,在左右幅桥梁的设计强度、使用效率以及构造钢筋用量相同的前提下,右幅桥梁受拉区共使用 HRB500 钢筋 5 281kg,而左幅桥梁受拉区共使用 HRB400 钢筋 6 158kg,节省钢筋约 0.877t。按成品钢材的市场定价为每吨 4 000 元来计算,配置高强钢筋的右幅桥梁可以节约经费 3 508 元。

4.4.3 社会效益

现暂按冶炼一吨成品钢材,需要使用 1.6t 铁矿石并且还要消耗 0.669t 标准煤计算,则在本次的试验桥梁中,对比左右两幅钢筋用量情况,配置了 HRB500 级钢筋的右幅可比配置了 HRB400 级钢筋的左幅节约铁矿石 1.4t,节约标准煤 0.59t;按 1t 标准煤的燃烧过程将会产生二氧化碳 2.2t,二氧化硫 0.001 4t,氮氧化物 0.009t,粉尘 0.011t 来计算,本工程中相对于左幅,右幅配置 HRB500 级钢筋可以减少 1.298t 二氧化碳的排放量,减少 0.826kg 二氧化硫的排放量,减少 5.31kg 氮氧化合物的排放量,还能够减少 6.49kg 粉尘排放量。通过这些数据可以表明配置高强钢筋确实能够实现节能减排。

4.5 本章小结

通过对本章的分析,可以得到以下结论:

(1)HRB500 级钢筋可以应用于实际桥梁工程之中,其计算规范可以采用现行的《公路钢筋混凝土及预应力混凝土桥涵设计规范》(JTG D62—2004)中相关公式进行计算。

(2)HRB500级钢筋布置在实际桥梁中能够起到减少配筋率的效果,这可以很大地提高施工的便利性。

(3)在桥梁工程中配置高强钢筋能够提高钢筋以及混凝土的使用效率。

在桥梁工程设计之中,HRB500级钢筋的设计强度宜采用的为400MPa,这样既可以保证钢筋的使用效率,并有足够的安全储备。

第二部分

空心板梁桥设计新方法研究

第5章 绪 论

5.1 研究背景

我国综合国力的不断提高,离不开交通运输的高速发展。交通运输在我国国民经济高速发展的今天,发挥着日益凸显的作用。在公路交通枢纽中,桥梁的作用也得到了广泛关注,越来越被人们重视。据中华人民共和国交通部统计,到2000年底,我国大陆地区公路桥梁总数达27.88万座,总里程1 031.1万延米,其中特大桥梁1 457座,大桥13 783座,中桥5.4万座,小桥20.9万座。2006年之前止,我国特大桥达876座,大桥2 390座,中小型桥梁31.24座,总长度达1 474.7万m。可见短短四年时间我国桥梁总数增加了5.72万座,里程增加了443.6万延米。通过以上统计可以看出桥梁在交通运输中发挥了重要作用。

在我国公路交通事业随着国民经济的增长蓬勃发展的同时也出现了一些严峻的问题,国家各级公路的交通量逐渐加大、车辆的吨位与载重量逐渐增加以及超载车辆数量近年来急剧增长。在我国公路上现有旧桥数量巨大,特别是20世纪80年代以前修建的桥梁,已经运行超过20年,有的甚至已经超过30年。上述旧桥中,多数采用的是早期的设计规范设计施工,再加上上述原因使得设计标准降低、承载能力不足,加之年久失修维护不及时,使得这些桥梁绝大多数多属于带病工作,正逐步转化为危桥,成为极大的安全隐患,严重威胁人民的生命财产安全。

在过去70、80年代中,针对当时的交通量和车辆载重情况而言,空心板桥的连接中较多为小铰缝为设计形式就基本可以满足。然而,如今的经济高速发展,这无疑来自于交通的蓬勃发展,必然在交通量和车辆形式上出现了增长和发展。重车、超载现象已并不少见,其对于这种空心板梁桥而言无疑带来了很大的损伤。当今的交通量和车载形式已经远远超过了20世纪的板桥设计承载极限。车辆超载使得企口缝发生破坏,破坏了板间的联系,导致荷载横向传递不畅,造成单板受力等不利病害。轻则危机交通,重则造成严重的交通事故。例如河南省许深高速上的空心板桥破坏,严重影响了整条道路的运营。空心板桥单板受力病害较为多见,如图 5.1 所示。

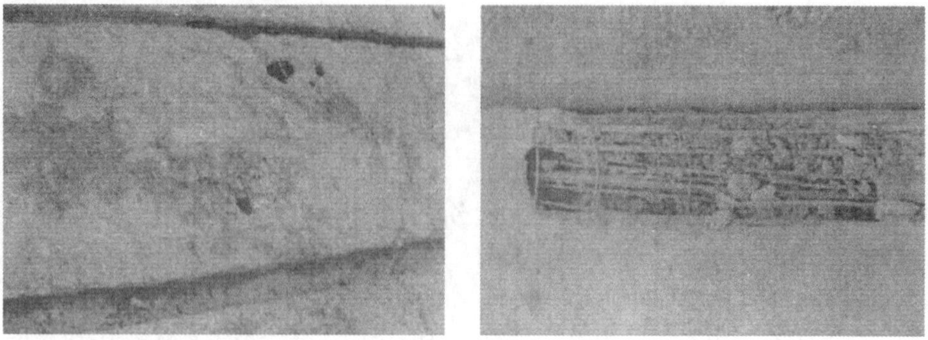

a)　　　　b)

图 5.1　企口缝混凝土剥落

所谓的"单板受力"是指,桥梁在车辆等荷载的长期作用下,铰缝损伤程度不断加重,桥梁不再像最初那样各板协同受力,而变成全部的车辆荷载仅由车辆荷载直接作用的 1 片和几片梁板来承担,也就是不能再进行横向传递,只能依靠单一梁板来达到承担上部荷载的受力形式。这种病害对于桥梁承载能力的下降影响力很大,病害的继续发展势必会造成交通事故的惨剧发生。

5.2　问题提出

在我国中小跨径的公路桥梁建设中,较多采用装配式铰接板梁结构形式。这种桥梁形式的制作原理较为简便:各板间预留企口缝,拼装式将分离的多片梁通过铰缝浇筑混凝土将其连接成为一个整体,采用铰缝这种连接形式能够较大程度地减小单独板梁的不利受力状态,基本可以达到多板协同受力的目的。然而,各板之间的连接只有铰缝,一旦铰缝发生破坏,各板间的连接性能大为降低,桥面荷载的横向传递将受到严重阻碍。尤其是当车辆作用于某一发生铰缝破坏的板梁上是,荷载几乎完全作用于该单板上,随即形成桥面的单板受力,这种受力状态对于结构异常不利。

如果横向连接两块板的铰缝或是其他构件发生破坏,桥上的车辆荷载全部由车轮作用的这一块梁板单独承受,就会形成"单板受力"状态。单板受力状况的出现,使预制板的承载能力大大降低、挠度增大,这意味着在正常荷载作用下预制板超出了极限状态,正弯矩处将产生裂缝。装配式空心板桥的应用非常广泛，然而近年来“单板受力”为板桥的发展带来了巨大的阻碍。从板桥设计而言，我们多沿用前人经验——认为板间铰接，即铰缝不传递板间剪力，然而，随着我国经济建设步伐的加快和现代交通量的加大，车辆多出现超载，使得企口缝横向传力过大，企口缝混凝土被剪开而出现空心板间横向联系失效和单板受力情况，如图5.2所示，所以对于铰缝的连接形式采用刚接还是铰接，有待我们进行研究。

a)　　　　b)

图5.2　单板受力现象

5.3　桥梁加固方法

空心板梁桥是一种适应中、小跨径的桥梁结构形式，有其存在的必要性。但要适应我国交通事业的快速发展，还需要采用措施，克服其先天缺陷。采用横向预应力就是其中措施之一。现实生活中，我们一般通过两类方法来实现桥梁的加固和补强：一个是通过加大构件的截面尺寸，增加配筋的方式实现加固补强；另一个是考虑经济、施工条件的限制，当不能通过第一种方法实现加固补强时，可以通过改变原始构件的结构体系，进而改变其受力方式，来减轻原来结构的负担，压缩加固补强的工作量。同时也可以采用在拉区加筋和压区加混凝土的方式对结构中相对薄弱的构件进行加固。常见的拉区加筋的方法是在受拉区张拉预应力钢筋或是简单地通过粘贴普通钢筋（或其他高强复合纤维材料）来实现对薄弱构件的加固补强。压区加混凝土类是指采用加厚桥面板的方法，对混凝土受压区进行补强，加厚桥面板使梁的有效高度增加，亦可达到提高构件承载能力的目的。

当然，对薄弱构件加固补强方法并不仅限于以上两种。在实际运用中，往往需要结合实际情况综合考虑，采取综合加固补强措施，选择最优方法。从而实现提高加固补强效率,保证工程质量的最终目的。例如,加固设计中经常遇到桥梁设计荷载标准提高幅度较大的情况,比如桥梁的截面高度很小。在这种情况下,要是单纯地依靠增加受拉区配筋来实行加固的话,可能很难满足设计规范的最新要求。但是,如果双管齐下,在增加受拉区配筋的基础上,同时加大桥梁的截面尺寸,增加桥面板铺装层的厚度就可以达到预期的效果。采用双重加固,不仅能满足设计规范的要求,同时也会使结构承载力实现大幅度提高,安全性更有保障。

用来提高的方法很多,有传统的也有近些年兴起的。现实生活中较常用的方法举例陈述如下。

5.3.1 桥面补强层加固法

如果原主梁具有足够的配筋率且桥梁结构处于良好的工作状态,当需要加强桥梁的承载能力时,我们可以通过先将原桥面铺装层全部凿除或凿毛,再增加铺设一定厚度的补强层的方法,也即桥面补强层加固法来实现提高钢筋混凝土桥梁承载能力的目的。这种方法虽然可以有效改变荷载横向分布的能力,但是由于需要凿除或凿毛平面,这些工作一般均由手工来完成,这就增加了工作量,需要耗费较多的时间,还很有可能对整体结构造成损伤,所以一般在铺装大修工程时才用。

5.3.2 增大截面与配筋加固法

增大截面与配筋加固法是提高钢筋混凝土梁的强度、刚度、稳定性的有效加固方法之一。增大截面法一般是通过增加截面高度进而提高截面的有效高度来实现提高桥梁承载能力的目的。增加配筋的方法主要是在受拉区(一般是在梁底或侧面)增配主筋,或者是增加弯起或架立筋的方式来提高桥梁结构的整体性。该方法不需要养护,而且加固效果明显,在施工质量可靠,经济等条件允许的情况下经常运用于工程实践中。但是由于增大截面和增加配筋率,无疑会在一定程度上会增加工程的成本,再加上此法几乎全部的作业均需在梁底进行,施工难度相对较大,质量也比较难控制,所以主要用于T型截面梁的加固,而很少用于板式桥梁。

5.3.3 体外预应力加固法

体外张拉预应力加固法可以不增加桥梁自重而使桥梁抗弯刚度得以提高,进而提高桥梁结构的承载能力,是所有的加固方法中,加固效果最明显的一个。

空心板横向预应力加固平面图如图 5.3 所示。该方法可以减少对墩台基础受力状况的影响，即使在施工时也不会影响桥上交通的正常运行，近些年来被广泛使用。当然，尽管该加固方法具有上述优越性，也存在着它的弊端，它的施工要求相对复杂，所以在施工时，一定要合理安排它的施工流程，保证施工质量，让其发挥最有效的作用。除此之外，由于外预应力筋裸露在外，极易受到腐蚀，这无疑成为困扰公路养护的最大难题。不仅会降低桥梁的可靠性，也会使后期养护的费用飙升。

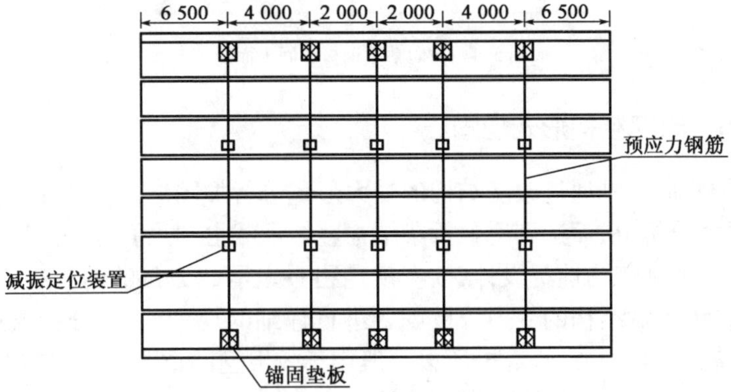

图 5.3　空心板横向预应力加固平面图

5.3.4　粘贴钢板加固法

粘贴钢板（钢筋）加固法可以归为增大截面法的一种，介于增大截面法和体外张拉预应力法之间，是近几年应用最广泛的加固方法。横向粘贴钢板加固平面图如图 5.4 所示。该方法只是将钢板用黏结剂或者螺栓锚固于混凝土桥梁结构的受拉面或是其他薄弱部位即可，施工简单方便，不改变原有结构的尺寸，工艺成熟，技术可靠，可以在短时间内达到增强加固结构整体性，提高结构承载力的目的。不仅如此，它的费用也这几个加固方法中最低的，并且随着技术的改进，仍处于下降趋势，是公路部门加固维修中最常用的一种方法。

然而，同体外张拉预应力法，粘贴的钢板锈蚀问题始终无法避免。即使在表面涂一定的保护层，还是难以控制。锈蚀的钢板一方面会降低加固构件的安全可靠性，另一方面也会增加后期养护的成本支出。所以在易受腐蚀的地区要慎用。同时，由其施工方法我们不难看出，在锚固时，很有可能会挤压原结构，在一定程度上造成原结构的损伤。因此，在对配筋较密或者是配筋较复杂的结构进行加固时，最好不用这种方法。

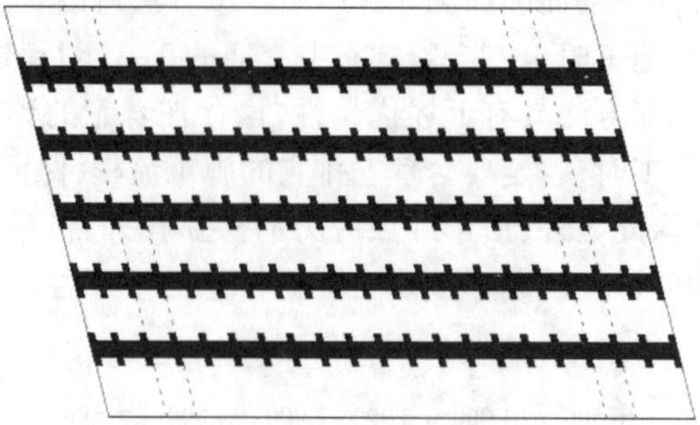

图 5.4　横向粘贴钢板加固平面图

5.3.5　改变结构形式加固法

改变结构形式是通过改变结构的受力形式进行加固法是一种在可行性范围内,通过受力分析,从而达到增强桥梁结构整体承载力的加固方法。该方法是以节省成本,方便施工为前提设计,以实现免租一定承载力目的的方法,应该广泛提倡。只是由于对结构的受力分析需要进行仔细的现场调查,分析结构受力的人必须具备相当高的专业水准,所以一般用于较大型的重要工程实例中,在一般工程中,由于专业人才的缺少,用到的较少。

该方法的应用,关键是要降低最不利截面的内力。桥梁上简支梁桥常用的方法有三种:一是增设支撑(如增设支架或桥墩)来缩短梁桥的跨径或者是增设钢桁架或叠合梁以分担原结构的内力;二是相邻支点进行连接,如横隔梁;三是简支变连续,降低跨中计算弯矩。其中第三种最简单,但也是最具争议的一个。该技术一直被相邻梁端负弯矩区的处理技术所困扰,施工后由于受负弯矩区施工质量的影响较大,常需要对桥面铺装进行再处理,造成更大的经济损失,所以尚待研究,很少使用。

5.3.6　增设主梁加固法

增设主梁加固法一般辅助用于桥梁的拓宽工程。它投资较大,在新旧混凝土的衔接上容易产生问题,而且不好补救,反复的修补只会增加成本,不仅起不到应有的效果,还会影响整个桥梁平面的平整度,降低桥梁的耐久性,对承载能力的提高可以说是事倍功半,所以除了在桥梁拓宽中使用,其他时候基本不用。

5.3.7　锚喷混凝土加固法

锚喷混凝土加固法是一个由隧道工程引用而来的加固方法,主要用于抗弯刚度不足的构件。在一定情况下可以有效地提高结构的耐久性,明显增大桥梁的抗弯刚度,最关键的是它不需要经过后期养护。只是,这种方法对新旧混凝土的衔接性要求较高,施工时要求封闭交通,对环境影响较大。虽然近些年也有成功使用的实例,但要是没有切实掌握它的施工工艺,一般在构件抗弯刚度满足要求的时候,最好选择不用。

5.3.8 增设横梁加固法

增设横梁法是利用增加桥梁结构的横向连接构造来实现上部结构的荷载横向均匀分布,从而达到减小单板受力现象,提高桥梁结构最大承载能力的一种近些年采用较多的加固方法。

5.3.9 粘贴纤维布(板)加固法

粘贴纤维片加固法是一种利用纤维增强复合材料来实现加固目的的方法。这种材料不仅强度高,抗疲劳性能好,而且具有密度小,耐腐蚀的特点,近十年来,在日本、欧美等国家和地区被广泛采用。目前,这项技术已经引起我国高度重视,开始有相关的研究机构对它在公路桥梁中的作用展开相关的研究,有些桥梁也已经用到了此类加固技术。

5.4 加固效果评定指标

本部分以 λ 作为评价加固效果的指标,对各加固方案进行量化评定。但是该评定指标在梁底出现反拱现象较为严重的情况下,说明性较低,故对于各加固方案施加后横向分布系数曲线边梁反拱较大的不做此项分析。

$$\lambda = 1 - \frac{\eta_{pmax} - \eta_{pmin}}{\eta_{max} - \eta_{min}}$$

式中:η_{pmax}为配置横向预应力筋后横向分布系数(实验中为梁底挠度)最大值;η_{pmin}为配置横向预应力筋后横向分布系数(实验中为梁底挠度)最小值;η_{max}为未加固横向分布系数(实验中为梁底挠度)最大值;η_{min}为未加固横向分布系数(实验中为梁底挠度)最小值。

5.5 国内外加固研究现状

众多学者提出了对空心板桥不同的加固方案:

（1）2007 年东南大学魏洋分析了空心板桥常出现“单板受力”现象，在现有加固方法的基础上，提出了采用环氧树脂对出现破坏的铰缝进行加固的方法。通过实桥试验说明了此加固方法的操作过程，并通过加固前后静载试验验证了此方法的有效性。

（2）2007 年郑州大学陈淮采用有限元分析软件 Midas/Civil 对空心板桥进行了体外横向预应力加固进行了模拟，得出施加横向预应力筋是一种有效的加固方法，可以增强板间的横向连接。

（3）2010 年长安大学魏炜提出了预备加固混凝土空心板桥的方法，在空心板制作工程中在梁的截面方向预留预应力筋的孔道，当空心板桥装配完成后在横桥向预留孔道中加入横向预应力筋来增强横向连接。

第6章　空心板桥破坏情况及原因简述

6.1　装配式空心板桥破坏形态

板桥上“单板受力”病害的发生,往往是由于板间连接的破损甚至丧失。横向连接丧失削弱了桥梁结构的整体性,致使结构当前的受力状态极为不利,给交通安全埋下巨大隐患。与此同时,不但大大降低了桥面的承载能力,而且增大了梁底挠度,甚至超过了桥梁设计的限值,梁底便随之产生裂缝。与此同时,许多有害介质将在裂缝产生后随即入侵混凝土内部,促进混凝土结构体内钢筋锈蚀和混凝土材料性能的降低,板梁整体刚度也随之发生变化,这将大大缩短桥梁结构寿命。当病害发展到一定程度,将造成公路无法正常运营,对于经济的发展造成阻碍。

铰缝发生病害后,不仅会引起梁体本身的破坏,而且还会导致桥面铺装、伸缩缝以及支座等的破坏,进而使得桥面凹凸不平、断裂、破碎、剥离等不良现象,破坏现象如图6.1所示。桥面诸如此类的病害严重影响行车舒适性和安全性,而且对于桥梁承载能力的影响也十分不利。交通发达经济发展的今天,重车在交通中所占比重越来越多,而且超载现象频频发生,实际作用板梁上的荷载作用远远超过了当初的承载能力设计值。因此,梁底挠度也较大程度的增加,梁底裂缝在这种车辆荷载的反复作用下出现并发展,严重时会断板坍塌。

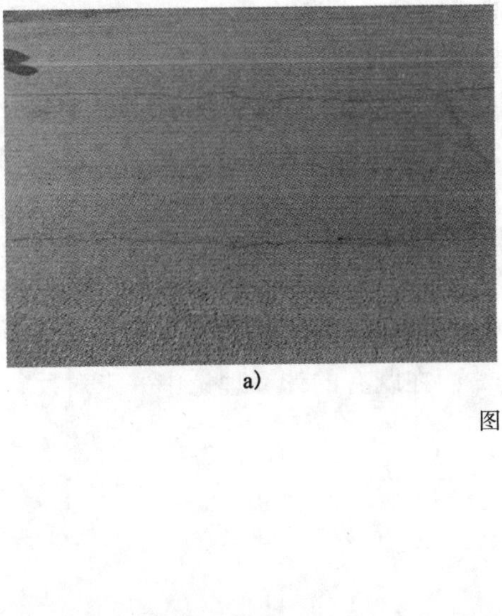

a)

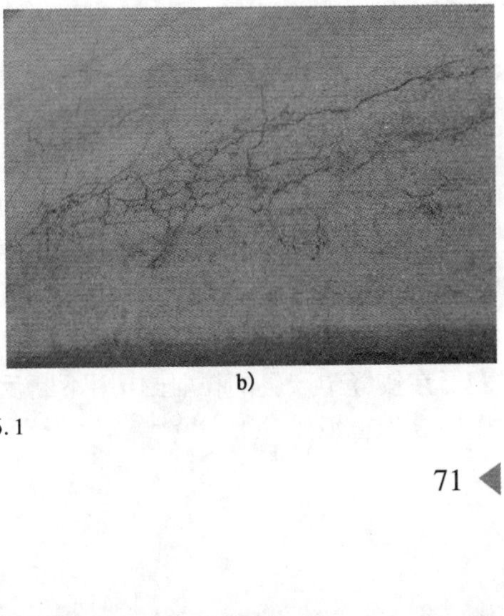

b)

图　6.1

c)

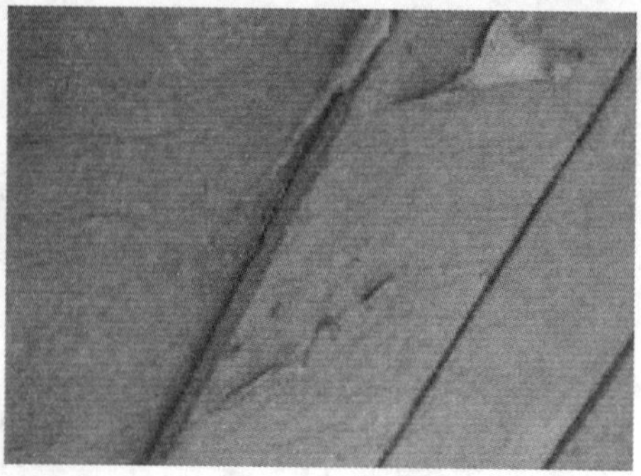

d)

图6.1 单板受力破坏现象

6.2 原因分析

造成空心板桥“单板受力”病害的原因有多个方面,本部分从设计理念、铰缝连接形式以及施工工艺三个方面对其进行分析。

6.2.1 设计理念的偏差

当前桥梁设计中横向分布系数的计算一般采用铰接法理论进行计算,该计算理论建立于在理想铰接之上,即假设横向连接部位只承受竖向剪力,而不考虑其所承受的拉力和纵向扭矩。然而铰接理论与实际的受力状态存在着差异。

铰接法横向分布系数计算理论来源于20世纪60年代的苏联学者乌里茨基。在桥梁纵向刚度和横向刚度之比很大时,该计算理论才具有较为可靠的适用性。然而当今公路桥梁中应用的空心板梁的横向刚度很大,这显然不满足铰接理论的计算前提,加之接缝薄弱,势必造成接缝处的侧向应力过于集中,进而发生破坏。换言之,铰缝结构一旦发生破损,横向连接所用就极力损失甚至丧失,导致梁上的实际受力情况与原假设相背离。此后各梁的受力分配发生突变,加大缝间内力,加速铰缝的破坏,从而使得空心板梁不能够协同承担荷载作用发生“单板受力”,单板承受远大于原设计的荷载。

据相关研究表明:空心板桥的梁上荷载一般偏离其轴线,从而使得板梁在挠曲变形下伴随着转动,而且其相邻梁板也将因此而发生挠曲和转动,邻板也就因此而承接了该梁的剪力和扭矩。在车辆驶离反复作用使得荷载作用下板的挠曲变形在铰缝中产生的拉、压作用不断反复。而在既有的计算理论中并未对反复作用高度重视。

铰接板法认为铰缝结构绕板梁纵向转动是自由的。然而,从实际工程中可以发现:铰缝的一般形式多为多边形。这种设计主要是约束相邻梁板以其为轴的转动,从而可见,作用于铰缝的荷载除了剪力之外还有扭矩作用。在弹性阶段,铰缝的实际受力情况处于刚接与交接之间,因此,完全的按照铰接法计算理论对其进行计算是不合理的。

铰接法横向分布系数计算理论不仅忽略了其承受的拉(压)和扭转作用外,而且铰缝的剪力计算图式也与实际受力情况存在一定差距。在荷载横向分布的计算过程中,铰接理论将半波正弦荷载等效替换车辆的轴载作用,虽然这两种荷载的总效应相近,但是轴载作用处铰缝见的应力要稍大于半波正弦作用。所以,包括车辆荷载在内的多种荷载作用下,铰缝的破坏成为必然。

6.2.2　铰缝施工工艺的影响

在铰缝浇筑制作的过程中,施工方往往对铰缝的结构重要性没有提起高度的重视,其中许多施工工艺的影响导致了铰缝在未投入使用就已经埋下了隐患,为单梁受力病害提供了温床,以至于使得各梁板之间的横向连接性能尤为薄弱,梁底裂缝随之出现。其中铰缝施工原因如下。

(1)施工过程混凝土填料的物理、化学变化

①水泥的水化热作用:钢筋混凝土构件的制作过程一般经过:拌和、运输、振捣、凝结、硬化五个步骤,在此期间,水泥的水化作用过程释放了大量的热能。混凝土构件在水化作用中两次升温,其内部温度会因此而升高,造成与外界温度有较大的差距,从而使得构件内外混凝土收缩不均匀,混凝土体内的拉应力和压应力也就因其收缩和膨胀而随之产生,混凝土强度限值一旦因拉应力或压应力打破,混凝土构件表面便产生裂缝。

②矿物成分的水化反应:混凝土中含有较多矿物成分,这些矿物质在水泥与水接触后也与水发生水化作用,其水化作用的产物的体积大于水泥的1倍多,因此而产生的内部体积膨胀再加上水化作用产生的温差的影响,使得混凝土构件产生裂缝。

③混凝土干缩:在构件成型阶段,混凝土收缩徐变,较少部分水参加水化作用,较大部分的水分随之蒸发,造成混凝土体积干缩。水泥从水泥浆到水泥石的过程中干缩极限为3 000微应变,其产生的拉应力超过混凝土强度时,产生裂缝。

(2)施工过程的其他原因分析

①施工中质量存在一些问题。钢筋混凝土空心板梁结构应用广泛,在我国

高速公路上中、小型跨径桥梁上十分常见。然而,在其施工过程中,施工人员技术的匮乏、机械的简陋加之操作要求松弛,致使空心板桥梁在施工过程中就为日后桥梁损坏埋下了隐患。

②由于混凝土板梁桥的拼装和铺筑铺装层的过程一般在现场完成,而过程中存在着许多未能达到标准的操作。例如浇筑混凝土铰缝时,作业人员为了提高工作效率,将一些建筑废料填充于铰缝之中,继而浇筑混凝土。类此由于施工质量问题造成铰缝破坏并不少见,铰缝是连接各板的关键部位,如此操作对于其牢固性和强度有着很不利的影响。以上种种铰缝结构施工质量问题造成铰缝混凝土普遍存在开裂、脱落现象,尤其是行车道附近的铰缝更容易发生铰缝破坏病害,因此严重影响桥梁上部结构整体受力。

③对破坏桥梁的统计显示,往往同一路线、相同桥型的桥梁,由于铰缝破坏与施工质量密切相关,所以发生铰缝破坏的并不是全部。在空心板的浇筑过程中,往往采用钢模来保证浇筑质量。但是这样浇筑的构件表面过于光滑,并不利于铰缝黏结。根据有关文献介绍表明,新旧混凝土结合面之间的抗拉强度仅为混凝土抗拉强度的 $l/3$,所以预制混凝土空心板与铰缝之间的连接处本身就是薄弱环节,如果结合面光滑则更为不利。

6.2.3 其他因素

从实际交通条件的角度来看,实际存在病害的桥梁的重载车辆超载运输现象较为严重。调查显示,高等级公路桥梁损伤程度比一般公路更为严重。很多重载的车辆违反道路维修相关设置的限制,不问措施仍会选择到窗体在夜间出行。“重车集中、成串通行”对道路与桥梁结构的损害是非常严重的。此外,车辆负载比例远大于大、中、小跨度桥梁,所以严重超载损伤了小型和中型的跨度桥梁。

除超载原因以外,单板受力病害的产生往往是由于行车轨迹。道路对于行车道的划分致使车辆在行驶过程中往往遵循单一的轨道。例如,重车往往靠右侧行驶,这较大程度地提高了某些板块的承荷概率,加之各支座压缩变形不均匀,从而这些板块间的铰缝破坏的也就较其他铰缝超前些。

6.3 本章小结

(1)铰接法的计算原理建立在板间理想“铰接”的假设之上,认为铰缝只传递剪力而不传递弯矩,然而这与实际当中的铰缝是不吻合的,所以,铰接法计算理念对于铰缝的设计缺少重视。

(2)其次研究发现铰缝的深度是影响装配式空心板桥“单板受力”问题的一个重要因素,较浅铰缝病害问题较多。

(3)施工工艺过于粗糙未能达标是造成“单板受力”病害的另一个重要因素,再加之不能避免的混凝土水化作用的影响,铰缝势必会发生破坏。

(4)重载车辆普遍存在超载运输现象,超载是造成“单板受力”的一个重要因素。其重载、慢车速形成的“重车集中,成串通行”的不良交通现状,加速了板间铰缝的破坏,促进了“单板受力”的形成。

第 7 章　现有荷载横向分布系数计算理论分析

7.1 引　　言

实际工程中，梁式桥的结构形式往往为一个空间结构，空间结构较平面结构要复杂得多。所以，通过计算各梁内力或挠度的横向分布规律进而得到桥梁荷载的横向传递系数，即所谓的横向分布理论。横向分布理论将空间三维问题简化为平面为题来解决，这种计算理论方法在空间计算中十分实用。空间内力的计算方法很多，荷载横向分布计算是公路桥梁设计计算的一种高度近似的方法，在桥梁设计过程中占据了重要的位置。

本章基于荷载横向分布计算理论的研究历史，分述了当今应用于实际工程的计算方法，从理论层面对比分析了各种方法的建立原则、适用范围以及计算精度。

7.2 荷载横向分布理论

由于结构的横向的刚度，当某一荷载作用于由铰缝或其他横向连接结构将多片梁连接在一起的梁式板桥时，荷载势必会发生沿横向的传递，使得多片梁协同工作，不同程度的承担梁上荷载。而各板沿横向承担荷载的多少就是所谓的横向荷载的横向分布，求解这种结构的架构受力和变形属于空间结构的计算。从 20 世纪 50 年代至今，国内外许多专家对这一问题进行过许多理论和实践研究，但是由于实际结构的复杂性，完全精确的计算仍很难实现。将这种复杂的三维空间结构问题合理的转变成二维平面问题，是目前一种应用较为广泛的计算理论。首先将结构某点截面的内力影响面用双值函数 $\eta(x,y)$ 来表示，则改截面的内力为：

$$S = P\eta(x,y) \approx P\eta_2(y)\eta_1(x) \tag{7.1}$$

式中：P 为作用在桥面某一位置的荷载值；S 为某跟主梁某一截面的内力值；$\eta_2(y)$ 为单位荷载沿 y 方向作用在不同位置时对某梁分配的荷载比值变化

曲线，也称对于某两的荷载横向分布影响线；$\eta_1(x)$为单梁某一截面的内力影响线。

上述公式中$P\eta_2(y)$就是关于当荷载P作用于$\alpha(x,y)$点时沿横向分布问题的计算，这样就可将空间三维问题转化成平面二维问题，这就是利用荷载横向分布来计算内力的基本原理。

在桥梁横向分布计算方法研究方面，传统的桥梁横向分布理论计算方法包括：

(1)杠杆原理法：横向结构(桥面板和横隔梁)为简支梁。

(2)刚性横梁法(偏心压力法)：假设各横梁之间的横隔梁刚性极大。

(3)铰接板(梁)法：把相邻主梁之间的连接视为只传递剪力的铰接。

(4)刚接梁：把相邻主梁之间的连接机构视为既传递剪力又传递弯矩的刚性连接。

(5)比拟正交异性板法：将主梁和横隔梁的刚度换算成纵横向刚度不同的弹性平板来求解。

以上计算理论均为建立在某些特定的前提下的简化计算，对于实际桥梁结构的计算较为精准的分析是有限元计算理论。有限元计算理论将空间结构分为板、壳或其他形式单元组成的整体结构，对于各个因素的影响考虑的较为全面。

7.3　计算方法

7.3.1　铰接板法

装配式空心板桥各板块之间通常采用混凝土铰式键连接，通过这种连接方式传递内力。简支梁桥具有常截面和等截面的板块或主梁，在计算荷载横向分布时作如下简化假定：

(1)铰缝只传递剪力不传递弯矩

假设空心板间的铰缝构造形式不能够传递弯矩，而实际可能传递的是竖向剪力$g(x)$、纵向剪力$t(x)$、法向力$s(x)$和弯矩$m(x)$，如图7.1所示。后三者是作用于桥面板中平面的内力。有板壳挠曲理论分析表明，当挠度和板(梁)厚比较很小时，板中平面的内力是微小的，可以忽略不计。所以只考虑竖向剪力$g(x)$，即铰接力。

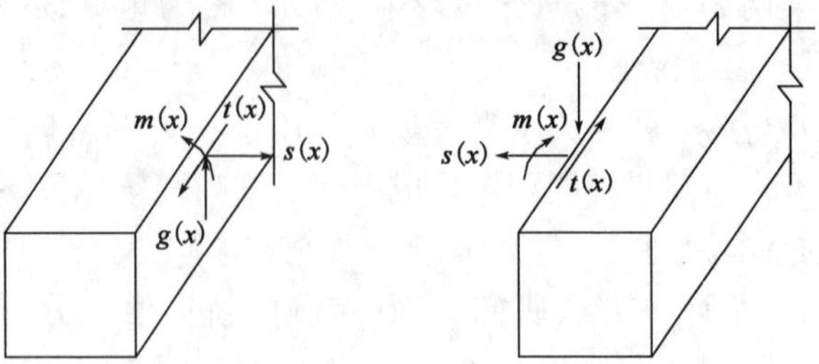

图 7.1　铰缝内力

(2)用一个沿桥垮连续分布的正弦荷载 $p\sin\left(\frac{\pi x}{l}\right)$ 近似等效该桥上作用荷载,荷载沿桥梁轴线作用,这样就可以简化计算铰缝所受竖向力 $g(x)$。

为了介绍荷载横向分布影响线的计算过程,现以一座由四片梁组成的装配式空心板桥为例。图 7.2 表示作用在 1 号梁轴线上的单位正弦荷载 $p(x)=1\cdot\sin\left(\frac{\pi x}{l}\right)$,对各个主梁的荷载分配状态图即为 1 号梁的荷载横向分布影响线。由于外荷载时正弦荷载,铰接力 $g_1(x)$、$g_2(x)$、$g_3(x)$ 以及各主梁受到的力也都是正弦荷载。故可以简单地以正弦曲线的峰值来表示单位正弦荷载的横向分配:

$$\begin{cases}\eta_{11}=1-g_1\\ \eta_{12}=g_2-g_1\\ \eta_{13}=g_3-g_2\\ \eta_{14}=g_3\end{cases} \tag{7.2}$$

以上就是 1 号梁的荷载横向分布影响线在 1、2…号梁轴线下的竖向坐标。可见计算铰接力 g_1、g_2、g_3 是关键。图 7.3 中的铰接力 g_1、g_2、g_3 是超静定未知力,故可以按照结构力学中超静定理论进行求解。则铰接力的正则方程如下所示。

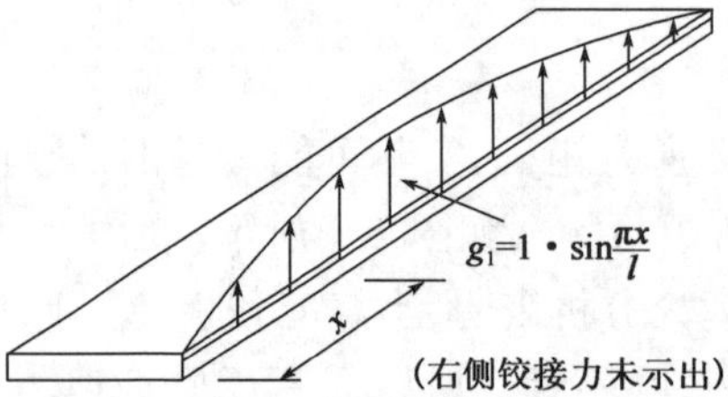

图 7.2　铰缝受力

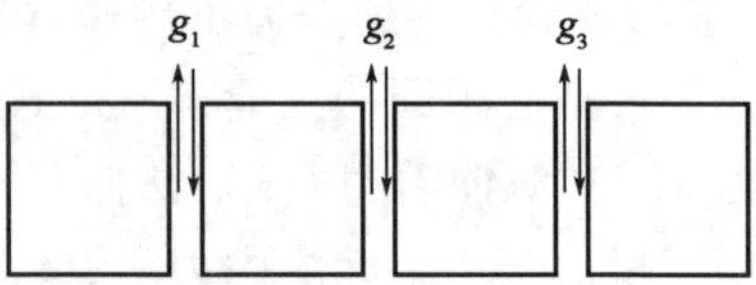

图 7.3　铰接力

$$\begin{cases}\delta_{11}g_1+\delta_{12}g_2+\delta_{13}g_3+\delta_{1p}=0\\ \delta_{21}g_1+\delta_{22}g_2+\delta_{23}g_3+\delta_{2p}=0\\ \delta_{31}g_1+\delta_{32}g_2+\delta_{33}g_3+\delta_{3p}=0\end{cases} \tag{7.3}$$

其中 g_i、δ_{ik} 和 δ_{ip} 是沿桥跨为正弦 $\sin\left(\frac{\pi x}{l}\right)$ 的铰接力和变形在桥跨中的峰值。

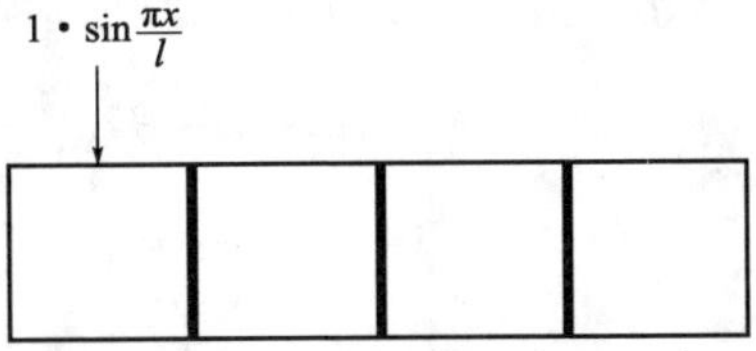

图 7.4　正弦荷载施加

δ_i 表示 $g_1(x)=1\cdot\sin\left(\frac{\pi x}{l}\right)$（图 7.4）在铰接力 g_1、g_2、g_3 方向的位移：

$$\begin{cases}\delta_{11}=2\left(\omega+\varphi\frac{b_1}{2}+f\right)\\ \delta_{21}=-\left(-\omega-\varphi\frac{b_1}{2}\right)\\ \delta_{31}=0\end{cases} \tag{7.4}$$

式中：ω 为主梁的竖向挠度；b_1 为主梁宽度；$\varphi\frac{b_1}{2}$ 为扭转角 φ 引起的位移；f 为板（梁）上缘的挠度。负号表示 δ、g 方向相反。由于主梁的截面是相同的，故有：

$$\delta_{22}=\delta_{33}=\delta_{11}\delta_{23}=\delta_{21} \tag{7.5}$$

按照弹性变形互等定理，还有：

$$\delta_{12}=\delta_{21}=\delta_{23}=\delta_{32}\delta_{13}=\delta_{31}=0 \tag{7.6}$$

另外，作用于 1 号梁轴的外荷载 $1\cdot\sin\left(\frac{\pi x}{l}\right)$ 产生的位移为：

$$\delta_{1p}=-\omega\,\delta_{2p}=0\,\delta_{3p}=0 \tag{7.7}$$

上式中由单位正弦偏心荷载产生的梁跨中央挠度 ω、扭转角度 φ 和板（梁）上缘的挠度 f 可通过下式计算：

$$\omega=\frac{l^4}{\pi^4EI}\quad\varphi=\frac{l^2}{\pi^2GI_T}\frac{b_1}{2}\quad f=\frac{d_1^3}{3EI_1}=\frac{4d_1^3}{Eh_1^3} \tag{7.8}$$

为了运算的方便利用上式，引入以下两个系数。

扭转位与主梁挠度之比：

$$\gamma=\frac{\varphi\frac{b_1}{2}}{\omega}=\frac{\pi^2EI}{4GI_1}\left(\frac{b_1}{l}\right)^2=5.8\frac{I}{I_1}\left(\frac{b_1}{l}\right)^2 \tag{7.9}$$

悬臂板挠度与主梁挠度之比：

$$\beta = \frac{f}{\omega} = \frac{\pi^4 I d_1^3}{3l^4 I_1} = 390\frac{Id_1^3}{l^4 h_1^3} \tag{7.10}$$

将式(7.4)～式(7.7)带入式(7.3)，全部除以 ω，就可以得到正则方程可以用系数 γ、β 表示，铰接板法的正则方程为：

$$\begin{cases} 2(1+\gamma+\beta)g_1 - (1-\gamma)g_2 = 1 \\ -(1-\gamma)g_1 + 2(1+\gamma+\beta)g_2 - (1-\gamma)g_3 = 0 \\ -(1-\gamma)g_2 + 2(1+\gamma+\beta)g_3 = 0 \end{cases} \tag{7.11}$$

通过构件的截面性质能够求出 γ、β 的值，带入式(7.11)就可以算出铰接力 g_1、g_2、g_3，然后将算出的铰接力带入式(7.2)就能够得出荷载横向分布影响线。在实际的铰接空心板桥计算过程中往往忽略 β 值，只计算 γ 值即可，这是因为在铰接板桥中 β 的值接近于零，将其按零进行计算即使得计算过程简便，同时也不会影响计算精度。

铰接板理论假设中忽略铰缝中可能存在的纵向剪力、法向力以及横向弯矩，认为铰缝只传递竖向剪力。通过有限元软件建立的模型的荷载横向分布系数计算结果与铰接法计算结果进行对比分析，验证二者的准确性和可靠性。铰接板理论计算荷载横向分布系数具体的计算步骤为：

①板截面的抗弯惯矩 I。

②板截面的抗扭惯矩 I_T。

③刚度参数。

$$\gamma = \frac{\pi^2 EI}{4GI_{\mathrm{T}}}\left(\frac{b}{l}\right)^2 \approx 5.8\frac{I}{I_{\mathrm{T}}}\left(\frac{b}{l}\right)^2 \tag{7.12}$$

式中：b 为桥面板计算宽度；l 为桥面板计算跨径；E 为混凝土弹性模量；G 为混凝土剪切模量，一般取 $G=0.425E$；I 为桥面板截面的抗弯惯矩；I_{T} 为桥面板截面的抗扭惯矩。

④通过铰接法计算用表绘制跨中荷载横向分布系数影响。

⑤进行最不利荷载的横向布载组合，计算各种荷载下的横向分布系数。

7.3.2 刚接板法

由于桥面板为刚接，所以，在主梁翼板上的作用除了剪力 g_1、g_2、g_3 外，还有横向弯矩 M_4、M_5、M_6。

把作用在主梁上的外荷载和竖向剪力的代数和作为主梁受到的竖向荷载进行计算。例如,在图7.5~图7.6中,1号梁受力$(1-g_1)\sin\frac{\pi x}{l}$,2号梁受力$(g_1-g_2)\sin\frac{\pi x}{l}$,3号梁受力$(g_2-g_3)\sin\frac{\pi x}{l}$,4号梁受力$g_3\sin\frac{\pi x}{l}$。

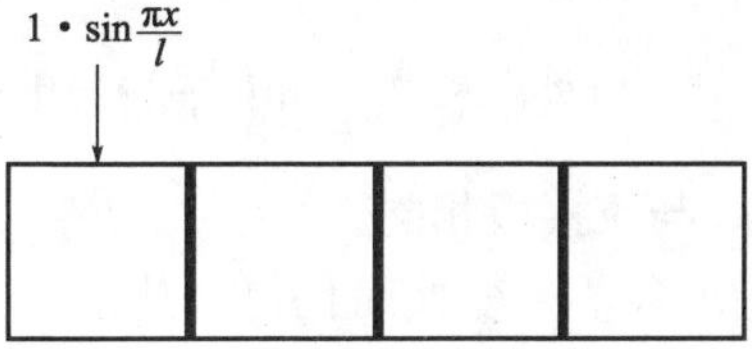

图7.5　空心板受力模拟

其计算方法和铰接板法相同,只是这里g_1、g_2、g_3与其不同,其原因就在于刚接板在计算过程中考虑的横向弯矩的作用。

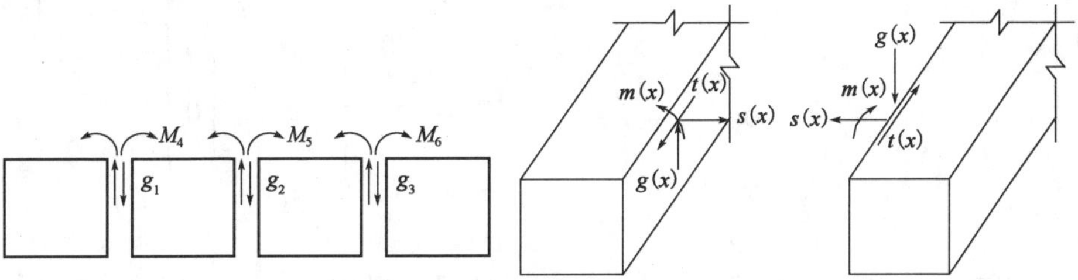

图7.6　刚接法受力情况

为了计算荷载的横向分布系数,求解g_1、g_2、g_3,然而弯矩作用M_4、M_5、M_6与剪力的计算相互联系相互影响,所以,在计算剪力时不能像铰接板法那样只列出g的正则方程,而是要列出包括g和M的正则方程。可以简写成:

$$\sum_{m=1,2,3}\delta_{im}g_m+\sum_{n=4,5,6}\delta_{in}M_n+\delta_{ip}=0\quad(i=1,2,\cdots,6)\qquad(7.13)$$

其中的δ_{im}、δ_{in}、δ_{ip}如下:

(1)δ_{im}当$i=1,2,3$时,和铰接板法完全一样。

(2)$\delta_{14}=\delta_{41}=\delta_{25}=\delta_{52}=\delta_{36}=\delta_{63}=0$,在同一片梁左右两边的$M$是对称的,而$g$是反对称的。

(3)$\delta_{13}=\delta_{31}=\delta_{16}=\delta_{61}=\delta_{34}=\delta_{43}=\delta_{64}=0$,截面1的超静定力对于截面3不产生变形位移和转角,反之亦然。

(4)$\delta_{15}=\delta_{51}=\delta_{26}=\delta_{62}=-\delta_{24}=-\delta_{42}=-\delta_{35}=-\delta_{53}=\varphi$,其中$\varphi$是单位弯矩作用下产生的角位移。

(5)$\delta_{45}=\delta_{54}=\delta_{56}=\delta_{65}=-\varphi'=-\frac{2}{b_1}\varphi$。

(6)$\delta_{44}=\delta_{55}=\delta_{66}=2(\varphi'+\tau)$,$\tau=\frac{1\cdot d_1}{EI_1}=\frac{12d_1}{Eh_1^3}$,其中,$d_1$为桥面净跨的一

半，h_1 为桥面板的等值厚度。

(7)外荷载 $1 \cdot \sin\left(\frac{\pi x}{l}\right)$ 作用于1号梁轴时产生的位移为：$\delta_{1p} = -\omega$，其他为零，与铰接板相同。

经等价变换简化得到其正则方程为：

$$\begin{pmatrix} \delta_g & \gamma-1 & 0 & 0 & \gamma & 0 \\ \gamma-1 & \delta_g & \gamma-1 & -\gamma & 0 & \gamma \\ 0 & \gamma-1 & \delta_g & 0 & -\gamma & 0 \\ 0 & -\gamma & 0 & \delta_g & -\gamma & 0 \\ \gamma & 0 & -\gamma & -\gamma & \delta_g & -\gamma \\ 0 & \gamma & 0 & 0 & -\gamma & \delta_g \end{pmatrix} \cdot \begin{pmatrix} g_1 \\ g_2 \\ g_3 \\ x_4 \\ x_5 \\ x_6 \end{pmatrix} = \begin{pmatrix} 1 \\ 0 \\ 0 \\ 0 \\ 0 \\ 0 \end{pmatrix} \tag{7.14}$$

式中：$\delta_g = 2(1+\gamma+\beta)$；$\delta_x = 2(\gamma+3\beta')$，其中 $\beta' = \left(\frac{b_1}{2d_1}\right)^2\beta$。与铰接板法相似，通过构件的截面性质能够求出 γ、β 的值，带入式(7.11)就可以算出铰接力 g_1、g_2、g_3 以及 x_1、x_2、x_3，但此处 x 值与本部分研究内容无关，不再赘述。为得到荷载的横向分布影响线，只要将算出的铰接力值带入式(7.2)就可以。通过计算可以发现，通过刚接法计算得出的横向分布系数计算值较铰接法平直，即在刚接法的计算下荷载分布较为均匀。

7.3.3 有限单元法

对于非均质、非线性和边界问题较为复杂的结构问题，有限元法具有很强的适用性，它是一种将微分方程简化为线性方程的数值求解分析理论。有限元法计算方法精确优良，主要优点如下：

(1)可以解决非均质问题，例如多种土和材料、复杂区域。

(2)能够解决材料的非线性、各向异性等问题。

(3)能够解决边界条件十分复杂的问题。

(4)能够解决应力变形、渗流、流变以及动力和温度等问题的模拟计算。

对于有限元法的概念，用一种科学的解释为：首先将一种连续的结构体拆散成一定数量的离散个体，进而来取代这种连续的结构。接下来，需要我们把约束和荷载等这些因素的临界要求进行简单的处理，也可以用等效条件代替，而后根据本构关系和应变位移关系这两个控制条件的要求，用线性方程组替代平衡方程来计算结构体的相关性能。通常我们所说的结构离散化，就是把一个完整的结构体转化成一定数量的单元体，另外还应把这些单元体中的关键位置处理成节点，这些节点把其中相邻的单元体衔接起来。相比于原结构来说，离散以后的结构在形状、荷载、边界条件和材料性质这些方面的特性是一样的。

ANSYS 对于空间桥梁结构的计算模拟主要有梁格体系和空间块体两种有限元计算模型。在建立分析模型是应以反映结构真实受力和变形为宜，所以鉴于本部分意在考虑荷载的横向分布与各主梁之间的联系，而且研究问题与桥面板断面的抗弯刚度和抗扭刚度存在一定关联，本部分在建立 ANSYS 空间结构模型时选用 Solid65 单元进行梁体的建模模拟，此类单元为空间 8 节点的 6 面体块体，每个节点有 3 个平动方向的自由度。

7.3.4　计算方法对比

对于简支板桥横向分布系数的上述计算方法中，铰接板法对于板间铰缝的受力考略颇为粗略，该理论忽略了板间铰缝承受的弯矩作用，所以以该理论计算得出的横向分布系数精度较低。本部分的计算模型中通过 ANSYS 的模拟计算，证实了板间铰缝承受的弯矩并非可以忽略。同济大学李国豪编写的《横向分布系数》一书中，对于此类结构横向分布系数的介绍中对于各类计算理论进行了较为详细的分析。对于铰接板法计算理论中，由薄板挠曲理论分析表明，承受竖向荷载的板，当挠度和板厚比较小时，板中平面的内力是很微小的，桥面板的情形也如此。所以对于该计算理论中由较传递的主要内力就是竖向剪力。并且，《横向分布系数》一书中编制了按照铰接法计算的横向分布系数影响线表。然而简支板桥通过铰缝建立的横向联系并非是完全的铰接，所以，按照铰接法进行横向分布系数的计算降低了结构计算精度。而且，对于由十块以上的板铰接而成的宽板，为了横向分布系数表的不足，将两块板视为一组板进行查表计算，此后在计算组板中各板的横向分布系数再进行分配。由此，铰接法计算的精度再次被降低。

刚接板法计算理论不仅考虑了铰缝承担的剪力作用，而且也将横向弯矩进行了分析验算。计算过程中竖向剪力由于受到了横向弯矩的作用，较铰接法计算结果有所降低。由于该理论较铰接法考虑了横向弯矩，所以其正则方程也复杂了许多，同时也提高了计算精度。然而，以铰缝进行横向连接的装配式空心板梁桥而言，铰缝也并非处于绝对的刚接，所以，对于此类结构而言，按照刚接板来进行横向分布系数的计算虽然精度较铰接板法提高了，但绝非完全精确。

有限元计算理论中将连续结构划分为离散个体,考虑其本构关系,建立计算方程进行结构的验算和分析可以更接近的模拟复杂结构的工作情况。尤其是对于类似铰缝这种结构,处于铰接和刚接之间的构造,能够更为精确进行模拟和计算。再加之当今有限元软件的高速发展,有限元的计算精度已经可以满足相关标准。而且有限元软件对多种工况下的结构进行模拟和计算,这具有其他计算理论无法比拟的实用性和准确性。

图7.7为以上计算理论对于本部分装配式空心板简支梁桥有机玻璃横向分布系数的计算结果,从中可以发现,有限元软件的模拟计算结果更加接近试验的真实情况。为了模拟绝对铰接,所以该模型板间采用合页进行连接,故铰接法的计算结果较刚接法更精确一些。

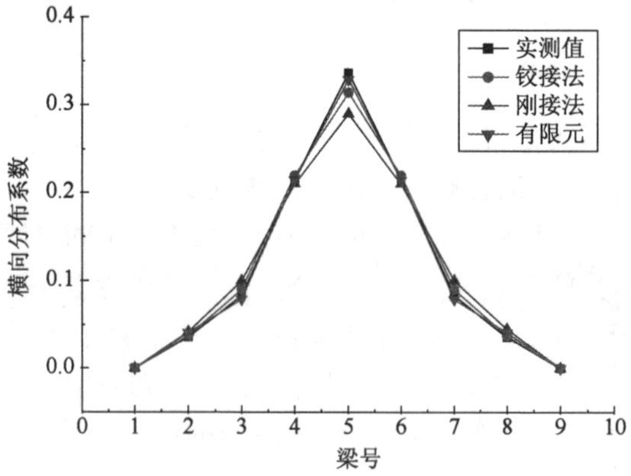

图7.7　横向分布系数计算结果对比

为了研究配置体外预应力筋对于空心板桥整体性能的影响,在试验模拟中在梁底张拉横向预应力钢筋,假设预应力筋后荷载的横向分布系数曲线发生了十分明显的变化,偏离了原来的铰接板法和刚接板法的计算结果。某加固情况下模型横向分布系数ANSYS模拟计算结果、试验实测值推理和铰接法计算得到的横向分布系数曲线如图7.8所示。可以发现,体外预应力筋对于拼装式空心板的荷载横向分布系数较加固前发生了较大的变化,再按照之前的铰接板法得到的计算结果已经较大程度的失真,而ANSYS有限元软件模拟计算得到的横向分布系数曲线与试验测量推理得到的结果较为接近,故:装配式空心板简支梁桥进行体外预应力加固后,不能再按照原来的铰接法或者刚接法进行横向分布系数的计算,运用有限元对其进行计算可以提高工作精度。

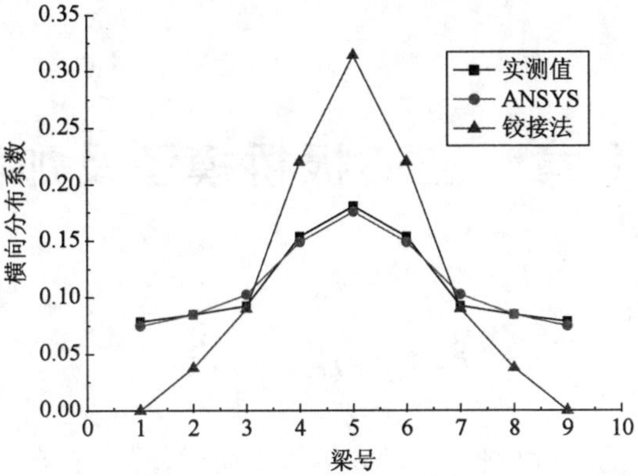

图7.8　加固情况下横向分布系数

7.4　本章小结

本章基于荷载横向分布理论,总结分析了对于铰接板法、刚接板法和有限元法三种计算荷载横向分布系数的计算方案,其中有限单元法计算精度最高,与实际情况最为吻合。并且本节对比分析了各种计算横向分布系数理论的计算精度,通过有限元软件对装配式空心板梁桥试验进行了模拟计算,将荷载横向分布系数的铰接法理论计算值、有限元计算值和试验实测值进行了对比分析。证实有限元计算方法对于荷载横向分布系数的计算精度最高。

此外,本章对于进行体外预应力加固的板桥试验进行了有限元软件计算和理论计算,并与试验实测值进行了对比分析,发现以铰接法(或刚接法)计算理论对于设置体外预应力筋的空心板梁桥荷载横向分布系数的计算偏差较大,而有限元计算值保持了高度的保真。所以,对于配置横向预应力筋的空心板梁桥荷载的横向分布系数的计算,采用有限元软件进行计算较为合理。

第 8 章　空心板桥模型及加固

8.1 引　　言

本章首先对于有限元软件 ANSYS 进行了简述，阐述了该软件具有优良的计算进度，继而阐述了施加横向体外预应力加固法的原理，并以一座 13m 跨径（计算跨径 12.6m）的装配式简支预应力混凝土空心板桥为基本工程实例，空心板桥横向由 9 块宽 1m 的板组成，板与板之间采用小铰缝连接建立有限元计算模型。并从预应力大小、预应力加固筋顺桥向布置、预应力筋布设位置距梁底距离、铺装层厚度、铰缝深度以及桥梁跨径对于体外预应力加固效果的影响。对比分析了装配式空心板桥在体外横向预应力加固前、后荷载横向分布系数影响的变化，定性定量的分析了各种加固方案对于减缓“单板受力”病害的影响。

8.2 基于 ANSYS 的有限元分析

8.2.1 有限元模型建立

8.2.1.1 单元选择和网格划分

在有限元分析中，对于钢筋混凝土结构的模拟通常有分离式模型、组合式模型和整体式模型三种单元模式。

在使用荷载作用下，空心板桥结构处于弹性工作阶段，鉴于本部分研究的是体外预应力对于空心板桥的结构稳定性能研究，与桥体内部构成无关，故可以建模以及计算过程中采用素混凝土模型。对于考虑体内钢筋作用时可采用整体式单元模型，此时将均化钢筋混凝土折算弹性模量，弹性模量的折算公式：

$$\overline{E}_R = E_c\left(1 + \mu\frac{E_s - E_c}{E_c}\right)$$

式中：$\overline{E}_R$为钢筋混凝土弹性模量的折算值；E_c 为混凝土弹性模量；E_s 为钢筋弹性模量；μ 为配筋率。

8.2.1.2　单元选择和网格划分

ANSYS 软件中设定了对于混凝土材料进行模拟的专业性计算单元——Solid65。Solid65 单元由 8 节点组成,每个节点具有 3 个方向的自由度(UX,UY,UZ)。这种单元和普通的 8 节点线弹性单元比较,除具有特殊的开裂、压碎性能之外,最为重要的是该单元可定义非线性的材料性能。因此,根据构件的实际特性以及 ANSYS 单元库中混凝土单元(SOLID65)的特点,本部分选用该种单元来模拟混凝土。

其次,在有限元模型中钢筋采用 Link8 单元。这种单元可用于三维空间桁架、绳索、铰链以及弹簧的模拟,在工程中应用十分普遍。Link8 单元每个节点有 3 个自由度,能够承受单轴方向的拉压作用。Link8 单元模拟的多为均值直杆,且只在轴向承受荷载的材料。

该桥纵向跨径为 13m,计算跨径为 12.6m,横向由 9 块板拼装而成,每板的宽度为 0.99m,高为 0.6m,各板间留有 1cm 的施工安装缝,横向由小企口混凝土铰缝进行连接,有 8cm 混凝土铺装层。板桥各部分所用材料参数如表 8.1 所示,全桥横截面、板的横截面和铰缝的形式分别如图 8.1、图 8.2 所示。

材料用料表　　表 8.1

材　料	弹性模量(MPa)	泊　松　比
桥面板	3.25×10^4	0.1667
企口缝混凝土	3.25×10^4	0.1667
混凝土铺装层	3.0×10^4	0.1667
预应力钢筋	3.35×10^4	0.3

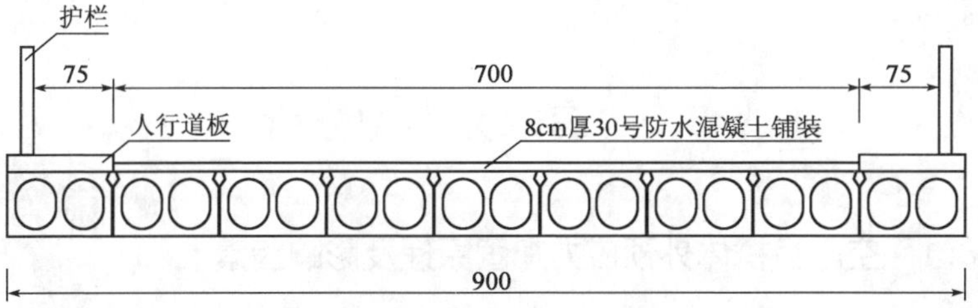

图 8.1　全桥截面图(尺寸单位:cm)

本部分在建立模型时,用 Solid65 号单元模拟混凝土单元,用 link8 杆单元模拟预应力钢筋。全桥共 50 592 个体单元,3 个线单元,69 747 个节点,桥梁两端简支。全桥及细部模型如图 8.3 所示。

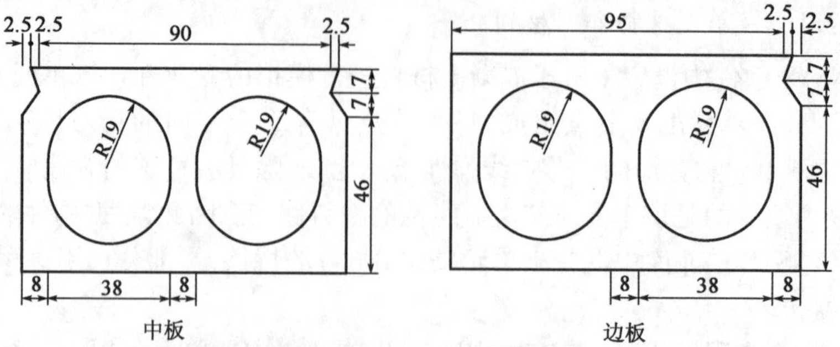

图 8.2　板的截面形式(尺寸单位:cm)

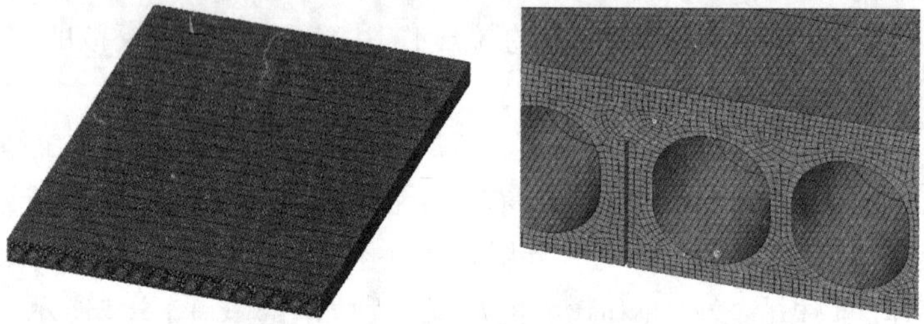

图 8.3　ANSYS 模型

8.2.2　荷载处理与边界条件

空心板两端简支,通过将杆体端部节点与附近实体单元节点自由度耦合来实现预应力钢筋的锚固,预应力荷载采用等效温度荷载来模拟。为求得荷载横向分布影响线,分别在空心板纵向跨中处 1 ~9 号板的各板跨中位置分别施加竖向单位荷载。

8.3　有限元模型分析

8.3.1　空心板桥体外预应力加固原理及影响因素

装配式空心板桥铰缝大多出现顺桥向裂缝,主要是因为铰缝的抗剪强度不足,加之铰缝混凝土和预制空心板混凝土之间新旧差异影响了它们之间的黏结力和摩阻力,即降低了之间的摩阻系数,从而降低了铰缝与主梁的连接能力。所以,同个增大铰缝和主梁之间的垂直压力来克服摩阻系数的降低,从而增强铰缝的抗剪强度。加固理论即:摩阻力 = 垂直力 × 摩阻系数。

空心板梁桥中增设横向预应力钢筋，提高了板间的垂直力，从而提高了板间的摩阻力，也就提高了桥梁总体承载能力，设置横向预应力可以从根本上解决单板受力问题。

增设横向体外预应力加固不仅能够增加铰缝与主梁之间的压力，而且可以平衡横向弯矩，改变其受力状态。将铰接板更多地向刚接板发展，改善荷载的横向分布，对于空心板的横向连接起到了一定的保护作用，从而能够提高装配式预应力混凝土空心板桥的承载能力。

本部分主要从横向预应力筋、铺装层、铰缝深度以及跨宽比三个方面探究其对装配式空心板主梁间联系的影响。体外预应力钢筋方面可以从预应力的大小、钢筋沿桥长方向的布置以及加固钢筋距梁底埋深三个方向进行模型的对比分析计算，以期寻求最佳的加固方案，继而在此基础上探索在实体桥梁上的应用。体外预应力加固筋布置图如图 8.4 所示。

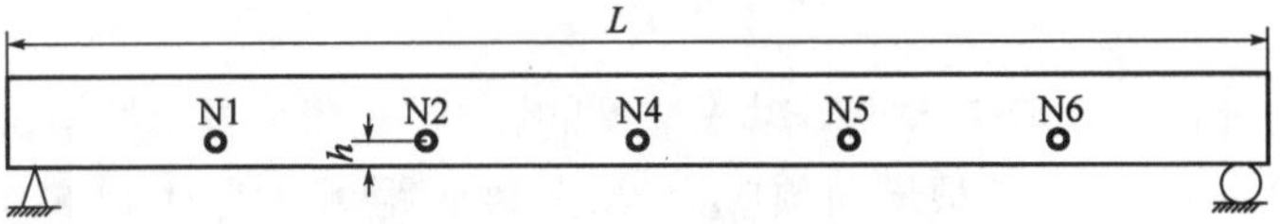

图 8.4　体外预应力加固筋布置图

8.3.2　模拟计算工况

本部分考虑影响体外预应力加固效果的因素主要有：加固筋预应力大小、加固筋顺桥向布置情况、加固筋距梁底距离、铺装层厚度、铰缝深度以及桥梁跨径六个方面。在模拟计算过程中采用单一变量法进行分析计算。模拟计算工况如表 8.2 和表 8.3 所示。

第一组模拟计算工况　　表 8.2

铰缝深度为 1/3 梁高，计算跨径为 12.6m，未加设铺装层										
预应力大小 / 距梁底距离	未加固	100kN/根			150kN/根			200kN/根		
		WZ1	WZ2	WZ3	WZ1	WZ2	WZ3	WZ1	WZ2	WZ3
	√									
15cm		√	√	√	√			√		
30cm		√								
45cm		√								

注：WZ1：张拉 N2 + N3 + N4 加固筋；WZ2：张拉 N1 + N3 + N5 加固筋；WZ3：张拉 N1 ~ N55 根加固筋。

第二组模拟计算工况 表 8.3

桥面宽 9m										
铺装层厚度 / 桥梁跨跨比	未加固	加固筋顺桥向 WZ1,150kN/根,距梁底 15cm								
		5cm			10cm			15cm		
		1/3h	1/2h	2/3h	1/3h	1/2h	2/3h	1/3h	1/2h	2/3h
0.9	√	√								
0.72	√	√	√	√	√			√		
0.6	√	√								

注:1/3h:铰缝深度为 1/3 梁深;1/2h:铰缝深度为 1/2 梁深;2/3h:铰缝深度为 2/3 梁深。

8.3.3 因素一:体外预应力大小

为了研究体外预应力大小对梁底挠度的影响,故在计算模型中,在顺桥方向上,张拉 N2 + N3 + N4 三根横向预应力筋,距梁底距离 h 为 0.15m,并通过钢筋两端节点与附近的梁体节点进行自由度耦合。对横向预应力筋,设置 3 种不同预应力大小的加固筋进行加固,即 100kN/根、150kN/根、200kN/根。梁上荷载为 1 ~9 号梁板跨中依次作用单位荷载,计算 9 种荷载作用下的梁底挠度,继而得到荷载的横向分布。该节考虑预应力大小对于加固效果的影响,故设计计算工况如下:①仅单位荷载;②单位荷载 +100kN/根的横向预应力筋荷载;③单位荷载 +150kN/根的横向预应力筋荷载;④单位荷载 +200kN/根的横向预应力筋荷载。全桥共设有 36 种荷载组合。

求荷载横向分布影响线的具体步骤如下:

(1)在 j 号板跨中位置的宽度中心处作用一个单位集中荷载。

(2)计算在此荷载作用下跨中处 i 号板宽度中点的竖向位移($i=1,2,\cdots,n$)。

(3)计算跨中处各板中点的竖向位移值,把各板的竖向位移除以竖向位移的总和,即可得到单位荷载作用于 j 板时 i 板的荷载横向分布影响线值,以此类推,可得到荷载作用于各个板时 i 板的荷载横向分布影响线。未加固情况下模型计算分析结果如表 8.4 所示,加固情况下空心板有限元模型计算分析结果如表 8.5 ~表 8.7 所示。

1～9号板横向分布系数——未加横向预应力　　表8.4

荷载位置		1板	2板	3板	4板	5板	6板	7板	8板	9板	Σ
板号	1	0.211	0.174	0.142	0.115	0.098	0.0798	0.0685	0.0604	0.0548	1.00
	2	0.184	0.171	0.144	0.120	0.100	0.0844	0.0728	0.0646	0.0590	1.00
	3	0.141	0.144	0.146	0.131	0.110	0.0966	0.0842	0.0754	0.0695	1.00
	4	0.115	0.121	0.130	0.135	0.124	0.110	0.0968	0.0873	0.0810	1.00
	5	0.095	0.102	0.111	0.123	0.132	0.124	0.113	0.103	0.0967	1.00
	6	0.0810	0.0873	0.0968	0.110	0.124	0.135	0.130	0.121	0.115	1.00
	7	0.0695	0.0754	0.0842	0.0966	0.110	0.131	0.146	0.144	0.141	1.00
	8	0.0590	0.0646	0.0728	0.0844	0.100	0.120	0.144	0.171	0.184	1.00
	9	0.0548	0.0604	0.0685	0.0798	0.098	0.115	0.142	0.174	0.211	1.00

同比分析，在相同模型，相同荷载作用下，梁底提供横向预应力加固，现将分析计算结果列于表8.5～表8.7。

1～9号板横向分布系数——横向预应力100kN/根　　表8.5

荷载位置		1板	2板	3板	4板	5板	6板	7板	8板	9板	Σ
板号	1	0.200	0.164	0.135	0.114	0.0978	0.0843	0.0735	0.0669	0.066	1.00
	2	0.190	0.172	0.142	0.117	0.0969	0.0815	0.0707	0.0649	0.0651	1.00
	3	0.1433	0.141	0.139	0.1242	0.1096	0.0978	0.0862	0.0798	0.0797	1.00
	4	0.120	0.120	0.126	0.133	0.122	0.107	0.0945	0.0884	0.0879	1.00
	5	0.101	0.102	0.109	0.120	0.129	0.121	0.111	0.104	0.103	1.00
	6	0.0879	0.0884	0.0945	0.107	0.122	0.133	0.126	0.120	0.120	1.00
	7	0.0798	0.0798	0.0862	0.0978	0.1096	0.1222	0.139	0.141	0.1433	1.00
	8	0.0651	0.0649	0.0707	0.0815	0.0969	0.117	0.142	0.172	0.190	1.00
	9	0.066	0.0669	0.0735	0.0843	0.0978	0.114	0.135	0.164	0.200	1.00

1～9号板横向分布系数——横向预应力150kN/根　　表8.6

荷载位置		1板	2板	3板	4板	5板	6板	7板	8板	9板	Σ
板号	1	0.2277	0.1884	0.1452	0.1195	0.1038	0.0853	0.0735	0.0661	0.0595	1.00
	2	0.1785	0.1726	0.1466	0.1244	0.0999	0.0878	0.0760	0.0661	0.0595	1.00
	3	0.1387	0.1440	0.1482	0.129	0.1095	0.0935	0.0804	0.0705	0.0632	1.00
	4	0.1106	0.1176	0.1292	0.1348	0.1212	0.1047	0.0920	0.0805	0.0733	1.00
	5	0.105	0.103	0.1087	0.12	0.128	0.12	0.1080	0.103	0.105	1.00
	6	0.0733	0.0805	0.0920	0.1047	0.1212	0.1348	0.1292	0.1176	0.1106	1.00

续上表

荷载位置		1板	2板	3板	4板	5板	6板	7板	8板	9板	Σ
板号	7	0.063 2	0.070 5	0.080 4	0.093 5	0.109 5	0.129	0.148 2	0.144 0	0.138 7	1.00
	8	0.059 5	0.066 1	0.076 0	0.087 8	0.099 9	0.124 4	0.146 6	0.172 6	0.178 5	1.00
	9	0.059 5	0.066 1	0.073 5	0.085 3	0.103 8	0.119 5	0.145 2	0.188 4	0.227 7	1.00

1～9号板横向分布系数——横向预应力200kN/根 表8.7

荷载位置		1板	2板	3板	4板	5板	6板	7板	8板	9板	Σ
板号	1	0.231 5	0.194 2	0.146 6	0.121 6	0.108 5	0.085 8	0.074 7	0.066 2	0.060 2	1.00
	2	0.179 4	0.172 3	0.148	0.125 4	0.101 6	0.088 3	0.076 3	0.066 2	0.060 2	1.00
	3	0.138 7	0.142 7	0.149 1	0.129	0.108 9	0.092 4	0.079 6	0.068 9	0.062 4	1.00
	4	0.108 8	0.116 1	0.127 8	0.133 7	0.119	0.104	0.090 7	0.078 7	0.071 6	1.00
	5	0.108	0.102 9	0.106 3	0.119 5	0.130	0.119 5	0.106 3	0.102 9	0.108	1.00
	6	0.071 6	0.078 7	0.090 7	0.104	0.120	0.133 7	0.127 8	0.116 1	0.108 8	1.00
	7	0.062 4	0.068 9	0.079 6	0.092 4	0.109 2	0.129	0.149 1	0.142 7	0.138 7	1.00
	8	0.060 2	0.066 2	0.076 3	0.088 3	0.101 6	0.125 4	0.148	0.172 3	0.179 4	1.00
	9	0.060 2	0.066 2	0.074 7	0.085 8	0.108 5	0.121 6	0.146 6	0.194 2	0.231 5	1.00

加固前后横向分布系数具体数据如图8.5～图8.7所示，对比未加固板桥荷载横向分布系数曲线可以得出：施加横向预应力钢筋后荷载的横向分布系数曲线变得均匀，也就是说，横向预应力提高了拼装板桥的横向联结性，从而提高了桥梁的整体结构的稳定，这对于解决“单板受力”问题显得十分有利。但是，随着横向预应力钢筋预应力的增长，中梁横向分布系数曲线越来越平缓，然而边梁处出现较大的反拱现象，这对于本就不甚牢固的铰缝有着较为不利的影响，这在图8.5～图8.7中体现得尤为明显。5号板的荷载作用效果如表8.8所示。

5号板荷载作用加固效果 表8.8

预应力大小	未加固	100kN/根	150kN/根	200kN/根
加固效率	0	15.23%	18.9%	17.9%

表明随着预应力大小的提升，加固效果逐步提升，且提升速率逐渐降低。当预应力大小为200kN/根时，加固效率增长已非常缓慢，且此时边梁的反拱现象较为明显，不利于边梁铰缝安全。所以，本部分以预应力大小为150kN/根为最宜加固方案。通过有限元软件ANSYS模拟得到梁底挠度云图也验证了上文的结论，如图8.8～图8.10所示。

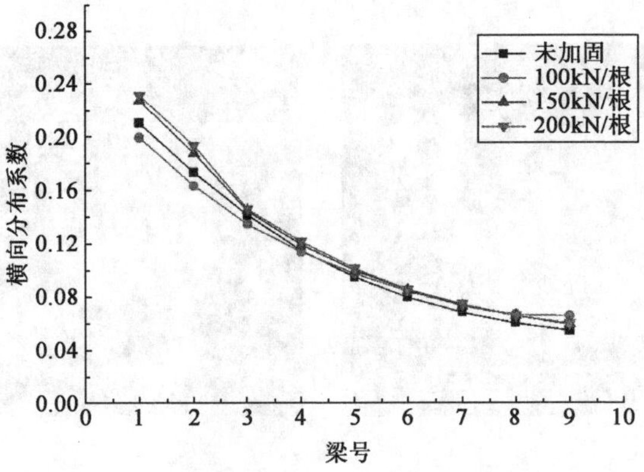

图8.5　加固前后横向分布系数(1号板加载)

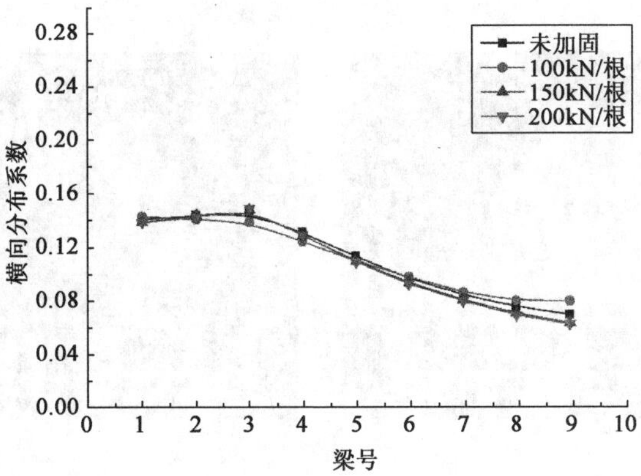

图8.6　加固前后横向分布系数(3号板加载)

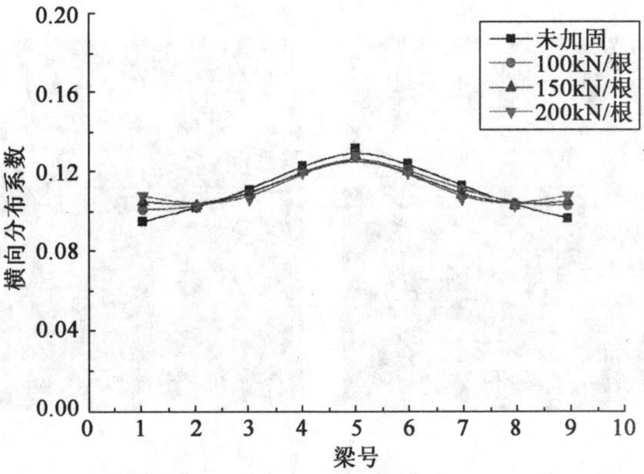

图8.7　加固前后横向分布系数(5号板加载)

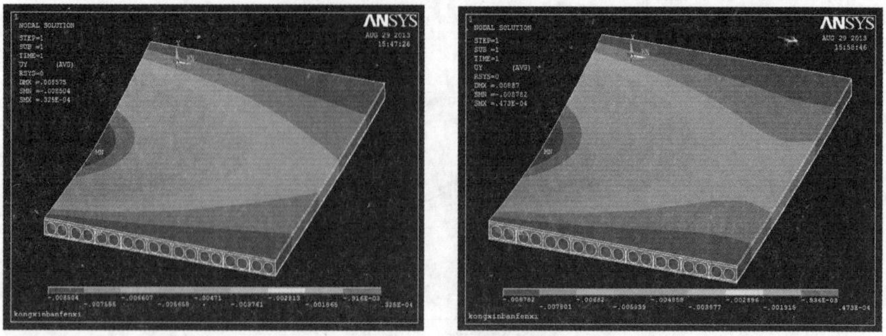

图 8.8　加固前后位移云图(1 号板荷载)

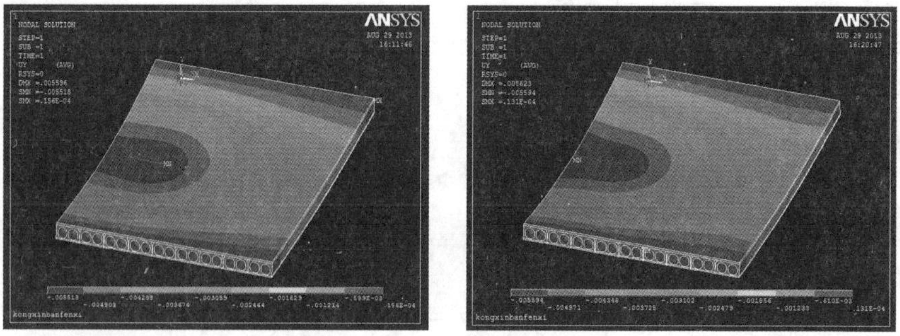

图 8.9　加固前后位移云图(3 号板荷载)

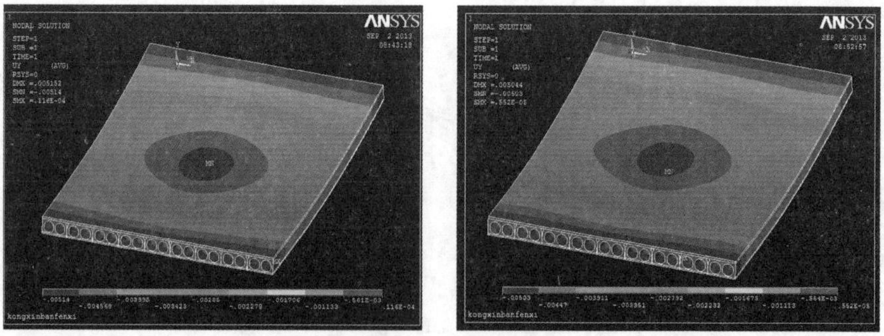

图 8.10　加固前后位移云图(5 号板荷载)

在实际桥梁加固中，只要按照混凝土结构设计规范（GB 50010—2002）和公路钢筋混凝土及预应力混凝土桥涵设计规范（JTG D62—2004）的规定，为保证锚具不松弛，预应力张拉时实际应力应不小于钢绞线标准强度的40%即可。

8.3.4　因素二：体外预应力钢筋桥长方向布置

为了研究预应力了的布置形式对于空心板桥荷载横向分布的影响，建立四种模型进行对比分析：①无横向筋；②N2 + N3 + N4；③N1 + N3 + N5；④N1 ~ N5无根。横向预应力大小为150kN/根，加固筋设与距梁底15cm处。以前文中提供的桥梁资料建立有限元模型，计算温降值是利用温度产生的线应变与轴力产生的相等的原则建立。5号梁荷载作用荷载横向分布系数及曲线（顺桥向布置位置）如表8.9和图8.11所示。

5号梁荷载作用荷载横向分布系数（顺桥向布置位置）　　表8.9

梁号 \ 顺桥向布置位置	未加固	N2 + N3 + N4	N1 + N3 + N5	N1 ~ N5
1	0.095	0.105 25	0.102 72	0.108 27
2	0.102	0.104 7	0.103 29	0.105 98
3	0.111	0.109 25	0.110 12	0.108 39
4	0.123	0.118 96	0.120 47	0.117 51
5	0.132	0.123 82	0.127 59	0.122 22
6	0.124	0.118 89	0.120 41	0.117 46
7	0.113	0.109 2	0.110 07	0.108 37
8	0.103	0.104 64	0.103 29	0.105 11
9	0.0967	0.105 32	0.102 72	0.108 45

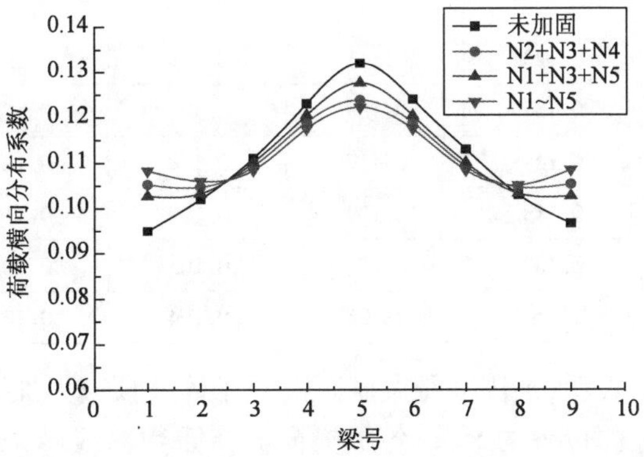

图8.11　5号梁荷载作用荷载横向分布系数曲线（顺桥向布置位置）

综上,通过加固效率评定指标表 8.10,以及上文的数据图表可以发现,梁底张拉 N2 + N3 + N4 三根预应力筋的加固效果较张拉 N1 + N3 + N5 三根预应力筋要高很多,说明跨中部位设置横向预应力筋对简支板桥的加固效果明显。梁底张拉 N1 ~ N5 无根横向预应力筋加固,加固效果较跨中三根提高不是很多,而且边梁出现十分明显的反拱趋势,这对于边梁的破坏有十分不利的影响。所以,进行体外预应力加固时,接近跨中部位设置加固筋加固效果体现得最为直接也最为明显。

5 号梁荷载作用加固效率——加固筋顺桥向布置情况 表 8.10

顺桥向布置情况	未加固	N2 + N3 + N4	N1 + N3 + N5	N1 ~ N5
$\Delta\lambda$	0	55.81%	32.78%	60.29%

8.3.5 因素三:体外预应力钢筋桥深方向位置

对于空心板桥体外预应力加固而言,其影响因素很多,本部分通过有限元软件的模拟,就预应力钢筋梁底埋深对加固效果的影响进行了建模分析,并得到了较好的分析结果。设置横向预应力筋 N2 + N3 + N4,预应力大小为 150kN/根。横向分布系数如表 8.11 所示。5 号梁荷载作用横向分布系数曲线如图 8.12 所示。

横向分布系数——加固筋距梁底距离 表 8.11

梁号 \ 距梁底距离	未加固	0cm	15cm	30cm	45cm
1	0.095	0.105	0.104	0.102	0.099
2	0.102	0.107	0.105	0.102	0.103
3	0.111	0.109	0.109	0.110	0.111
4	0.123	0.117	0.119	0.121	0.122
5	0.132	0.123	0.125	0.128	0.130
6	0.124	0.117	0.119	0.121	0.122
7	0.113	0.109	0.109	0.110	0.111
8	0.103	0.107	0.105	0.103	0.103
9	0.0967	0.105	0.104	0.102	0.099

以上图表显示表明,加固筋距梁底距离对于体外预应力加固有一定的影响。随着梁底加固筋埋深位置的上移,各板横向分布系数曲线越来越接近未加固时各板的横向分布系数曲线,说明:加固筋上移对于体外预应力钢筋加固效果的发

挥有着不利的影响，换言之：加固筋位置越接近梁底加固效果越好，但是距梁底距离越小边梁的反拱趋势也就越明显。综合考虑钢筋锈蚀的影响，故在实际工程中体外预应力钢筋加固时可以设置在距梁底 15cm 左右位置。5 号梁荷载作用加固效率如表 8.12 所示。

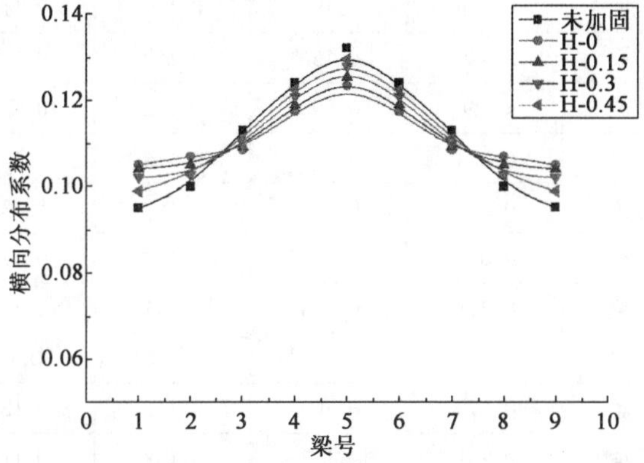

图 8.12　5 号梁荷载作用横向分布系数曲线

5 号梁荷载作用加固效率——加固筋埋深　　表 8.12

距梁底距离	未加固	0cm	15cm	30cm	45cm
$\Delta\lambda$	0	47.059%	38.235%	29.529%	23.824%

8.3.6　因素四：铺装层厚度

在桥梁设计的传统设计计算中，往往只是进行了桥梁本身的受力情况的计算和分析。忽视对于铺装层进行力学分析，这对于桥梁整体的安全考虑的不是很全面。各国对于铺装层的研究往往着眼于材料特性的研究，力在对材料性能的改良，也较少的从受力方面对其进行分析研究。

本节有限元计算中就考虑铺装层厚度对荷载横向分布的影响进行了建模分析和研究，并与不考虑铺装层对荷载横向分布情况进行了对比，以跨中挠度横向分布为标尺，对比各铺装层厚度计算结果，来分析铺装层这一影响荷载横向分布的因素的敏感性。

从表 8.13 和图 8.13 可以看出，在桥梁上部结构受力分析考虑铺装层的影响时，各主梁跨中挠度横向分布较不考虑铺装层的影响时均匀；由表 8.14 可知，铺装层厚度为 5cm 和 15cm 对比无铺装层空心板梁桥而言，结构整体性提高程度近相差 12.5%。由此可见：虑铺装层对计算结果有一定的影响，但影响不大。

因此实际工程中鉴于铺装层对于板桥荷载的横向传递影响较小，故只要满足构造及相关要求即可。

各主梁跨中挠度横向分布影响线竖标值 表8.13

加固方案	荷载位置	1	2	3	4	5
无铺装层	1号梁	0.239	0.191	0.149	0.115	0.089
	3号梁	0.149	0.156	0.159	0.138	0.113
	5号梁	0.09	0.098	0.112	0.129	0.142
5cm	1号梁	0.223	0.181	0.114	0.115	0.092
	3号梁	0.145	0.149	0.152	0.133	0.112
	5号梁	0.093	0.1	0.112	0.126	0.137
10cm	1号梁	0.211	0.174	0.141	0.115	0.095
	3号梁	0.141	0.144	0.146	0.13	0.112
	5号梁	0.095	0.102	0.112	0.124	0.133
15cm	1号梁	0.201	0.167	0.138	0.115	0.097
	3号梁	0.137	0.14	0.143	0.127	0.111
	5号梁	0.098	0.104	0.112	0.122	0.129

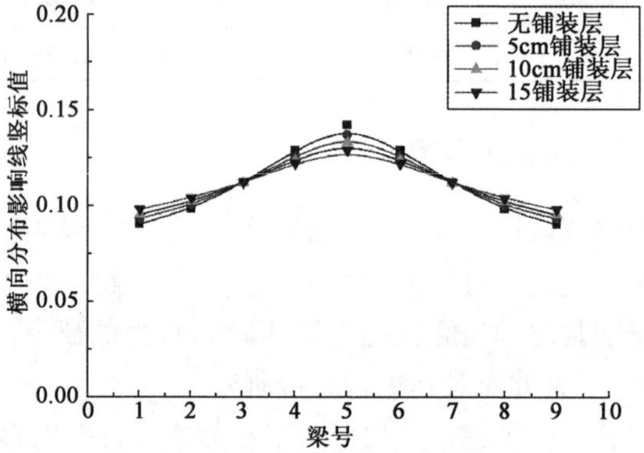

图8.13　跨中挠度横向分布影响线

加固效率(铺装层厚度) 表8.14

铺装层厚度	未加固	5cm	10cm	15cm
$\Delta\lambda$	0	15.1%	21.3%	27.6%

8.3.7　因素五：铰缝深度

为了分析三种铰缝在实际的桥梁运行过程中对桥板间的横向传力的影响以

及本身的受力状况,选择三种铰缝深度:1/3 梁高、1/2 梁高和 2/3 梁高建立有限元模型进行分析。

建立三种不同铰缝深度的有限元模型经行分析。此次的分析目的只是铰缝深度对横向传力的影响,故在建立的模型中不考虑铺装层的作用。各铰缝深度荷载横向分布影响线对比分析图,如图 8.14 所示。

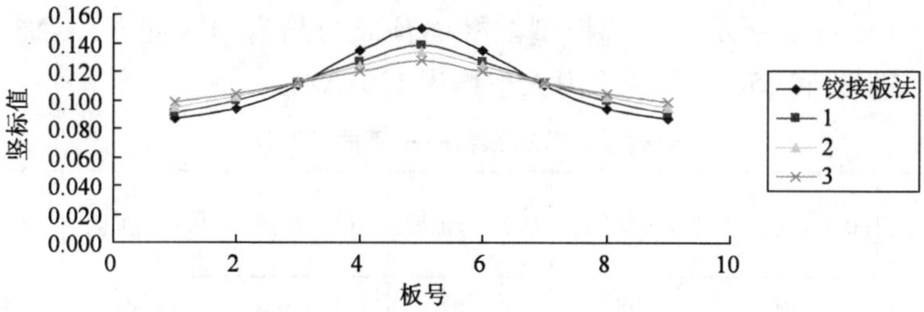

1-1/3 梁高铰缝深度;2-1/2 梁高铰缝深度;3-2/3 梁高铰缝深度

图 8.14　荷载横向分布影响线

可见随着铰缝深度的加大,板的横向连接也在加强,荷载横向分布影响线变得更加均匀。以前采用的多为小企口缝连接形式(铰缝深度都在 1/3 梁高范围以内),经过计算虽然也能够满足横向传力要求,但是在实际的运行过程中却很容易发生破坏。这主要是因为小铰缝的整体刚度与板的整体刚度相比相差甚远,小铰缝连接方式铰缝尺寸较小,无法布置或者只能布置较少的铰缝钢筋,同时由于铰缝尺寸太小施工困难难以振捣只能插捣,使得质量难以保证。深企口缝能够加强横向传力能力、加大抗剪面积,增强各板间的横向联结性能;另一方面企口缝加深、企口变大使得施工方便能够保证施工质量,铰缝病害得到一定程度的缓解。但在实际调研中发现铰缝病害仍然常见,可见采用深企口缝的连接方式发生铰缝病害的概率虽然要小于小企口缝的连接方式,但并不能从根本上解决单板受力现象的发生。

8.4　不同跨径桥梁加固方案探究

据相关研究表明,桥梁荷载的横向分布与桥梁跨径有关。等荷载同位置作用于不同跨径的空心板桥上时,荷载的横向分布系数也不尽相同。例如:跨径为 6m 的空心板桥,荷载作用于其跨中位置时,其荷载的横向分布系数在 0.25 ~ 0.41范围;而跨径为 20m 的空心板桥,横向分布系数在 0.33 ~ 0.34 范围。由此可以得出,跨径对于桥梁荷载的横向分布有一定影响,跨径越大,横向分布系数最大偏离值越小,荷载的横向分布越均匀。这也体现在了现实工程中,实际调研中发现:发生铰缝破坏的空心板桥大多为中小跨径桥梁,而在跨径较大的桥梁中较为少见。

本部分分别建立跨宽比分别为0.9、0.72和0.6三个空心板桥模型,于同一位置(跨中)施加同等大小荷载。以梁底挠度为研究对象进行分析,进而得到荷载的横向分布系数,并与梁底设置横向预应力钢筋后荷载横向分布系数进行对比分析,如表8.15所示。所选模型配横向预应力筋为顺桥向N2+N3+N4三根,加固筋距梁底15cm,且预应力大小均为150kN/根。

荷载横向分布系数——不同跨宽比 表8.15

宽跨比 / 梁号	0.9未加固	0.9加固	0.72未加固	0.72加固	0.6未加固	0.6加固
1	0.086	0.097	0.095	0.100	0.102	0.106
2	0.096	0.102	0.100	0.104	0.104	0.107
3	0.112	0.107	0.113	0.110	0.112	0.110
4	0.133	0.125	0.124	0.121	0.119	0.116
5	0.146	0.138	0.132	0.128	0.123	0.122
6	0.133	0.125	0.124	0.121	0.119	0.116
7	0.112	0.107	0.113	0.110	0.112	0.110
8	0.096	0.102	0.100	0.104	0.105	0.107
9	0.086	0.097	0.095	0.100	0.102	0.106

将上文展现于横向分布曲线图中,如图8.15所示。

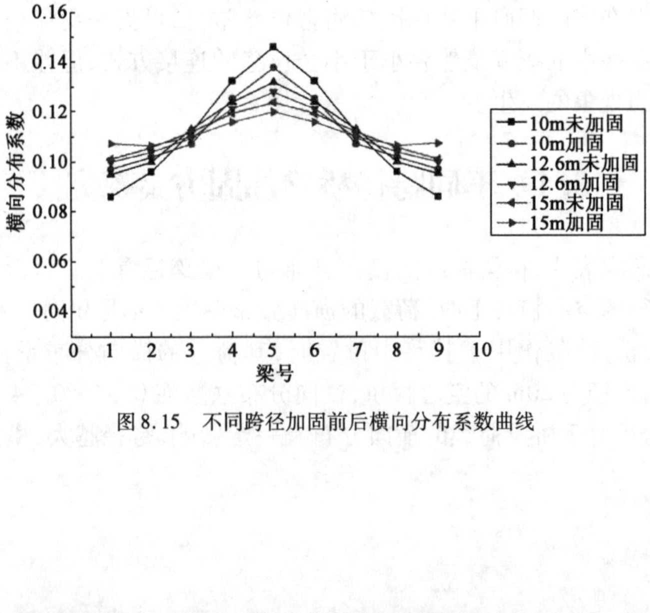

图8.15 不同跨径加固前后横向分布系数曲线

随着空心板桥宽跨比的减小,在同等横向预应力水平下,处于纵向同等位置的同号板其荷载横向分布系数越均匀。各板间的横向联系和整体性随着空心板桥越窄长而增强,其原因是:横线预应力钢筋对各板的挤压作用在窄桥上效果越明显,这样对于各板间的横向联系和板桥的整体性十分有利。该结果也符合物理概念:板桥越窄,在相同的横向预应力作用下,其横向挤压的效果越好。所以,对于小跨径桥梁在设计时应尽量设计成整体现浇结构。

表 8.16 表明:在相同荷载和相同荷载作用位置时,跨径越大,荷载横向分布系数越均匀,相同荷载作用下,桥面板分担的荷载越大,并且跨径越大,桥面板的自重越大,所以在顺桥向应力分量越大,即纵向正应力越大,其余应力也基本符合此规律,但应力最大值相差不多,故未列出。

荷载横向分布系数——不同跨宽比　　表 8.16

桥跨宽比	0.9		0.72		0.6	
加固前后 $\Delta\lambda$	0.06	0.041	0.037	0.028	0.021	0.016
加固效率	31.67%		24.32%		23.81%	

8.5　本 章 小 结

本章对于空心板梁式桥加固进行了多种方案的建模研究分析,并论述了其加固机理。建立了空心板桥的计算模型,对其进行了多种方案的加固,并改变了桥梁的跨宽比,将软件的计算结果进行了总结分析。

(1)对比施加横向预应力加固前、后的各类位移云图、应力云图和横向影响线图可知:体外预应力加固对于装配式预应力混凝土空心板桥而言,能够改善荷载横向分布,增加空心板结构横向联系,有效避免“单板受力”现象。

(2)横向预应力筋预应力大小对于荷载的横向分布影响不大,而且随着预应力的逐步增加,板桥边梁反拱现象越来越明显,这对于本就不甚牢固的铰缝影响十分不利,对于该桥而言预应力大小控制于 150kN/根左右较为适宜。

(3)在体外预应力加固筋沿桥方向布置方面,体外预应力加固筋在顺桥向布置跨中部位加固效果最为明显。

(4)加固筋距梁底距离对于体外预应力加固有一定的影响。梁底布置加固效果最大,位置上移,加固效果逐步减小。但为了避免钢筋锈蚀问题,可在距梁底 15cm 左右位置设置横向预应力加固筋。

(5)铺装层厚度和铰缝深度对于改善“单板受力”病害的影响较小,铺装层厚度为5cm和15cm两种情况下，对于荷载横向分布系数影响很小，为12.5%左右，故满足相关规定即可。

(6)随着空心板桥宽跨比的减小，在同等横向预应力水平下，处于纵向同等位置的同号板其荷载横向分布系数越均匀。各板间的横向联系和整体性随着空心板桥越窄长而增强。

第9章　空心板梁桥试验模拟分析

9.1　引　　言

对于钢筋混凝土梁式路桥的空间力学性能，国内外诸多学者做了许多现场测试和模型试验，并得到了丰富是研究经验和大量具有参考意义的卓越成果。但是，在分析讨论荷载横向分布计算为主关于主梁挠度、弯矩和横向弯矩的影响面的研究很少，即便有也不是很系统。因此，本部分为了研究荷载的横向分布问题以及施加横向预应力加固方案的可行性，做了这方面的有机玻璃板桥模型试验，以单一变量法进行试验研究，并将试验结果介绍于后。

9.2　板桥模型试验简况及加载工况

9.2.1　模型试验简况

本部分以有机玻璃模型作为真实桥梁的模拟对照，该模型在设计过程中综合考虑了横向加固钢筋预应力大小、加固筋纵向布置以及加固筋沿桥深方向的布设等因素，并通过两端螺母提供横向预应力，对于考虑加设横向预应力筋的影响因素分析具有真实桥梁模型不可比拟的实用性。但由于有机玻璃模型与真实模型不可避免的客观影响因素，该试验所得梁底挠度与真实板桥有一定的差异，然而各种加固方案对于荷载于板间的横向传递的影响规律可以引用到有限元工程软件 ANSYS 模型中，从而佐证有限元分析所得结论。试验材料及仪器型号如表9.1所示。

试验材料及仪器型号　表9.1

材　料	泊松比	弹性模量 E(MPa)	试验仪器	型　号
有机玻璃	0.5	530	传感器	MGH
钢筋(R235)	0.3	2.1×10^5	位移计	YHD—50
合页	—	—	数据采集箱	DH3815N
—	—	—	振弦锚索测力计	GSJ—2

本部分以一座实体板桥为研究对象，做了 1/4 的有机玻璃模型，如图 9.1 所示，细部构造及器械如图 9.2 所示。原桥计算跨径为 12.6m，桥宽净为 7 + 2 × 1m，有 9 块板拼装而成，每块板板宽 1.0m。模型跨度 3.15m，宽 2.25m，板厚 0.15m。

图 9.1　有机玻璃模型

图 9.2　细部构造及器械

在模型上，跨中位置各点依次施加一个集中荷载 $P = 4\,200\text{N}$，如图 9.3 所示，测量各板下缘在跨中央和四分点的纵向挠度。并且，本试验为了研究横向预应力钢筋加固对于拼装板桥荷载横向分布的影响，在模型体内穿入Φ12 钢筋，通过两端螺母提供横向预应力，并用锚索测力计对其进行监控。

9.2.2　试验工况

试验应首先测量未加固板桥挠度，然后进行以下工况：

(1)分析横向预应力沿梁深方向实施对于加固效果的影响

①$1/4h + 3 \times 50\text{kN}$/根 + 中梁荷载 G

②$2/4h + 3 \times 50\text{kN}$/根 + 中梁荷载 G

③$3/4h + 3 \times 50\text{kN}$/根 + 中梁荷载 G

图9.3　施加荷载

说明：1/4h +3 ×50kN/根 + 中梁荷载 G 表示在梁深 1/4h 处，沿纵向方向均匀布置 3 根张拉 50kN/根大小预应力钢筋，记录中梁荷载 G 作用下各位移计数据，其他以此类推。

(2)分析预应力大小对于提高加固效果的影响

①1/4h +0P + 中梁荷载 G

②1/4h +3 ×30kN/根 + 中梁荷载 G

③1/4h +3 ×50kN/根 + 中梁荷载 G

④1/4h +3 ×70kN/根 + 中梁荷载 G

(3)分析预应力钢筋布置情况对于加固效果的影响

①1/4h +1 ×50kN/根 + 中梁荷载 G

②1/4h +3 ×50kN/根 + 中梁荷载 G

③1/4h +5 ×50kN/根 + 中梁荷载 G

(4)分析荷载横向分布实际值与计算值对比

①1/4h +1 ×50kN/根 +1 号梁荷载 G

②1/4h +1 ×50kN/根 +3 号梁荷载 G

③1/4h +1 ×50kN/根 +5 号梁荷载 G

注：每组试验重复三次，取平均值。

9.3　试验测试内容和方法

9.3.1　试验测试内容

本试验主要研究正常使用荷载下，拼装式空心板桥各梁底的挠度变化，从而体现荷载的横向分布，进而得出荷载的横向传递过程。主要测试内容包括跨中、

1/4 截面、支点截面挠度情况。为消除温度对试验材料的影响,加载测试在温度变化较小时进行。

9.3.2 测点布置和测试方法

空心板桥试验模型梁底共布置 10 个挠度测点,如图 9.4 所示,每个测点布置一块位移计,试验采用 DH3815 数据采集箱进行数据采集,待荷载稳定后先后共采集 3 次数据,取其平均值将其汇总于后。

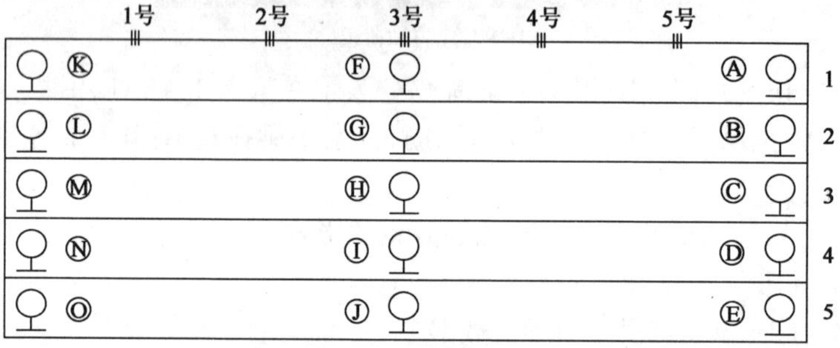

图 9.4 挠度测点布设图

9.4 静载试验结果及分析

本节对比了通过试验测量值推理和 ANSYS 模拟计算得到的荷载横向分布系数曲线,如图 9.5 所示。下图记录的是在某种加固情况下荷载作用于 5 号梁跨中位置时,荷载的横向分布系数曲线,从图形对比中可以发现:有限元软件对于该空心板梁的荷载试验具有十分精确的保真性能,同时也验证了上文有限元计算得出的结论可以应用于实际工程中。

9.4.1 预应力大小改变对挠度的影响

在本节中,主要考察的是横向预应力大小对于梁底挠度的影响,故试验中设置了均匀布置 5 根预应力筋并编号 1 ~ 5 号,预应力加固钢筋预应力等级为:0kN、30kN、50kN、70kN,荷载 $P = 4\ 200\text{N}$ 作用位置为 1 ~ 5 号梁跨中位置。表 9.2为各梁挠度,图 9.6 ~ 图 9.8 为梁荷载作用梁底挠度曲线,表 9.3 为加固效率。

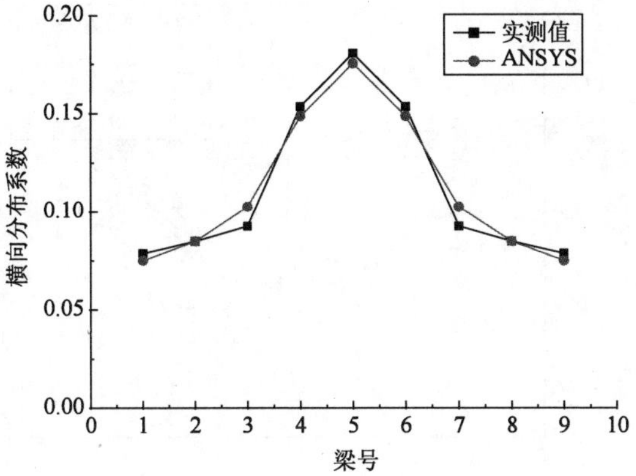

图9.5　5号梁跨中荷载横向分布系数

全预应力加固梁底挠度(预应力大小)/**0.01mm**　　表9.2

加固方案	荷载位置	1	2	3	4	5
未加固(0)	1号梁	-1 074.242	-605.528	-266.162	-94.898	-36.364
	3号梁	-272.727	-584.925	-763.131	-521.429	-264.646
	5号梁	-1.010	-85.930	-180.808	-494.388	-773.737
30kN/根	1号梁	-923.737	-625.628	-397.980	-220.408	-118.687
	3号梁	-396.465	-453.769	-543.434	-467.857	-273.232
	5号梁	-193.434	-192.462	-245.455	-432.143	-506.061
50kN/根	1号梁	-980.808	-657.789	-402.525	-217.857	-116.667
	3号梁	-478.788	-529.146	-563.636	-446.939	-280.303
	5号梁	-235.354	-218.090	-256.566	-426.020	-500.505
70kN/根	1号梁	-884.848	-617.085	-400.000	-231.633	-137.374
	3号梁	-446.970	-522.613	-564.646	-412.755	-251.515
	5号梁	-186.364	-194.975	-247.980	-413.776	-503.535

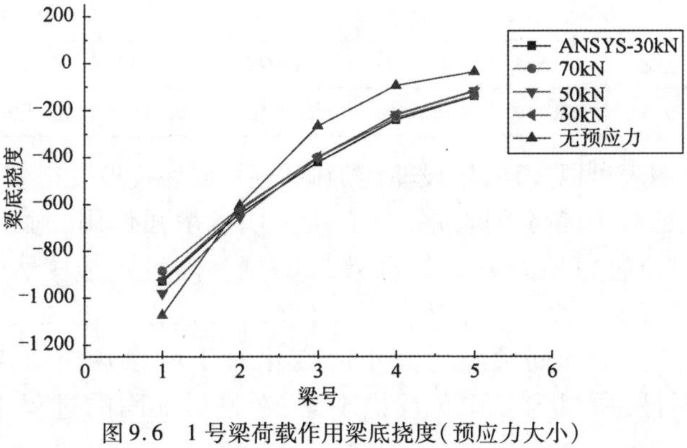

图9.6　1号梁荷载作用梁底挠度(预应力大小)

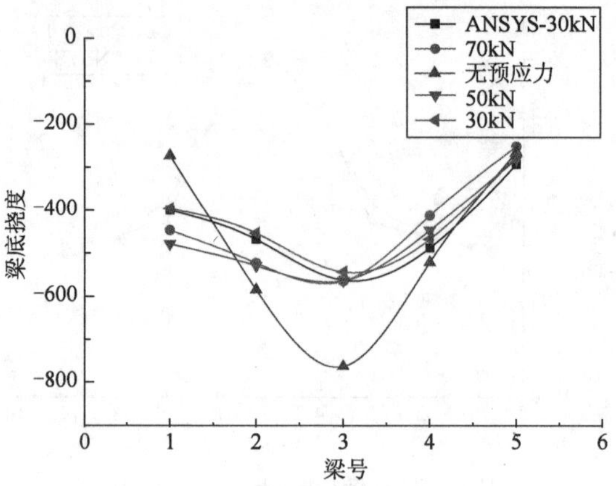

图9.7　3号梁荷载作用梁底挠度(预应力大小)

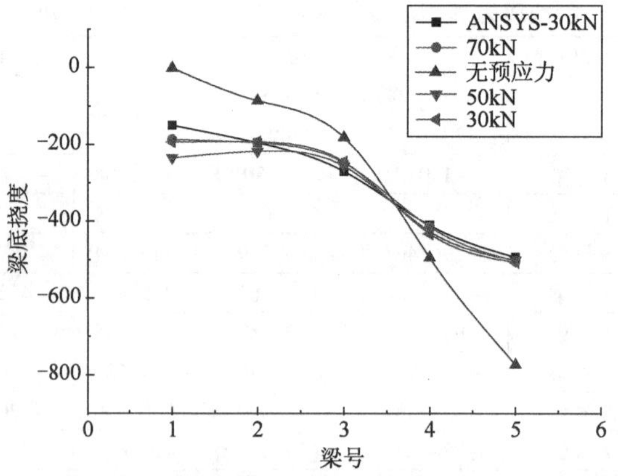

图9.8　5号梁荷载作用梁底挠度(预应力大小)

加固效率(预应力大小)　　表9.3

荷载作用位置		1号梁荷载作用			5号梁荷载作用		
预应力	未加固	30kN/根	50kN/根	70kN/根	30kN/根	50kN/根	70kN/根
$\lambda_{\Delta\eta}$	0	22.43%	16.74%	25.04%	59.41%	62.12%	62.14%

对比以上图表可以发现,增设横向加固筋后,梁底挠度变得较为平缓,说明:横向预应力钢筋对于提高板间联系具有十分明显增强作用,对于装配式空心板桥而言横向预应力加固方案加固效果明显。随着预应力大小的增加,中梁梁底挠度没有太大变化,边梁挠度变化较大,且板桥出现反拱现象,并随之加剧。总体上,加固筋预应力大小的变化对于增强各板间横向联系而言效果不是很明显,所以为了避免反拱现象,在进行加固的过程中不宜设置较大的预应力。

9.4.2　梁深位置对挠度的影响

在本节要考察的是横向预应力加固沿梁深方向布置位置对于梁底挠度的影响，故试验中设置了均匀布置5根预应力筋并编号1～5号，从而设置不同工况：无预应力、梁底1/4h处张拉5根50kN/根预应力筋、梁底1/2h处张拉5根50kN/根预应力筋、梁底3/4h处张拉5根50kN/根预应力筋，荷载P=4 200N作用位置为1～5号梁跨中位置。表9.4为各梁挠度，图9.9～图9.11为梁荷载作用梁底挠度曲线，表9.5为加固效率。

全预应力加固梁底挠度（梁深位置）/0.01mm　　表9.4

加固方案	荷载位置	1	2	3	4	5
未加固	1号梁	-1 074.24	-605.53	-266.16	-94.90	-36.36
	3号梁	-272.73	-584.93	-763.13	-521.43	-264.65
	5号梁	-1.01	-85.93	-180.81	-494.39	-773.74
1/4h	1号梁	-980.81	-657.79	-402.53	-217.86	-116.67
	3号梁	-478.79	-529.15	-563.64	-446.94	-280.30
	5号梁	-235.35	-218.09	-256.56	-426.02	-500.51
1/2h	1号梁	-913.64	-639.70	-412.63	-236.22	-139.39
	3号梁	-440.40	-510.05	-559.09	-433.16	-263.64
	5号梁	-203.54	-209.55	-263.13	-408.16	-511.62
3/4h	1号梁	-978.28	-686.93	-444.44	-258.67	-156.57
	3号梁	-466.16	-531.16	-573.74	-451.02	-286.36
	5号梁	-211.11	-217.59	-260.10	-423.47	-518.69

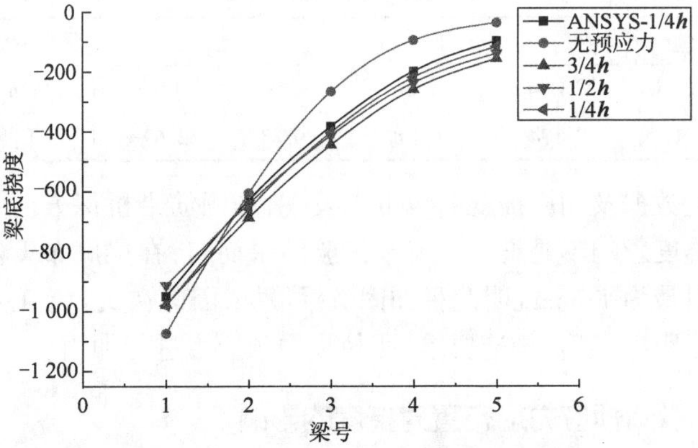

图9.9　1号梁荷载作用梁底挠度（梁深位置）

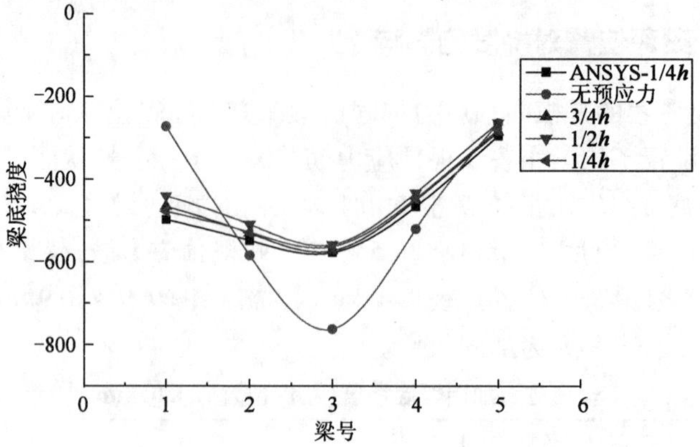

图9.10　3 号梁荷载作用梁底挠度(梁深位置)

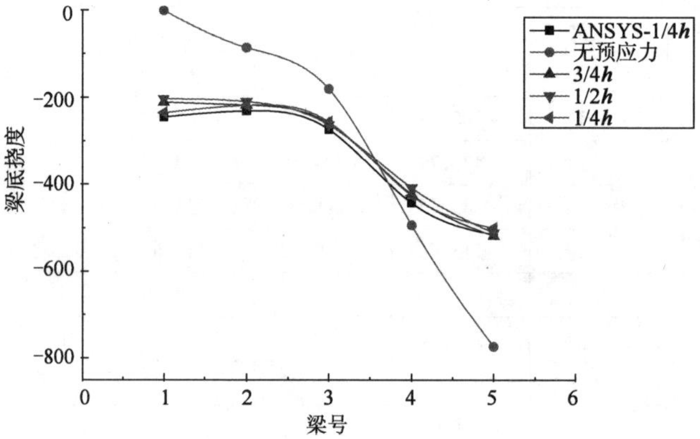

图9.11　5 号梁荷载作用梁底挠度(距梁底距离)

加固效率(距梁底距离)　　表9.5

荷载作用位置		1 号梁荷载作用			5 号梁荷载作用		
预应力	未加固	$1/4h$	$1/2h$	$3/4h$	$1/4h$	$1/2h$	$3/4h$
$\lambda_{\Delta\eta}$	0	23.74%	21.40%	20.83	62.69%	60.13%	59.20%

对比以上数据及相应挠度曲线可以发现:加固筋沿桥深方向上位置上下改变对于梁底挠度影响不是很大。就本试验结果而言,在梁底布设横向预应力时梁底挠度相对最为平缓,说明此种加固效果最好,因此在实际空心板桥加固上可在距梁底一定距离(满足构造要求)张拉横向预应力进行加固。

9.4.3　纵向预应力筋布置对挠度的影响

在本节中,主要考察的是横向预应力加固沿桥跨方向布置位置对于梁底挠度的影响，故试验中设置了均匀布置5根预应力筋并编号1～5号，从而设置不同工况：无预应力、1+3+5号提供5P预应力、2+3+4号提供5P预应力、全部张拉5P预应力加固，荷载P=4 200N作用位置为1～5号梁跨中位置。表9.6为各梁挠度，图9.12～图9.14为梁荷载作用梁底挠度曲线，表9.7为加固效率。

全预应力加固梁底挠度（纵向位置）/0.01mm　　表9.6

加固方案	荷载位置	1	2	3	4	5
0	1号梁	-1 074.24	-605.53	-266.16	-94.90	-36.36
	3号梁	-272.73	-584.93	-763.13	-521.43	-264.65
	5号梁	-1.01	-85.93	-180.81	-494.39	-773.74
135	1号梁	-884.34	-601.51	-388.89	-226.02	-135.35
	3号梁	-377.78	-468.34	-544.95	-445.41	-264.14
	5号梁	-139.39	-164.82	-238.89	-417.35	-508.59
234	1号梁	-927.78	-534.17	-319.19	-155.61	-76.77
	3号梁	-400.51	-424.12	-500.51	-374.49	-201.52
	5号梁	-113.64	-135.68	-156.57	-355.10	-468.69
12345	1号梁	-980.808	-657.789	-402.525	-217.857	-116.667
	3号梁	-478.788	-529.146	-563.636	-446.939	-280.303
	5号梁	-235.354	-218.090	-256.566	-426.020	-500.505

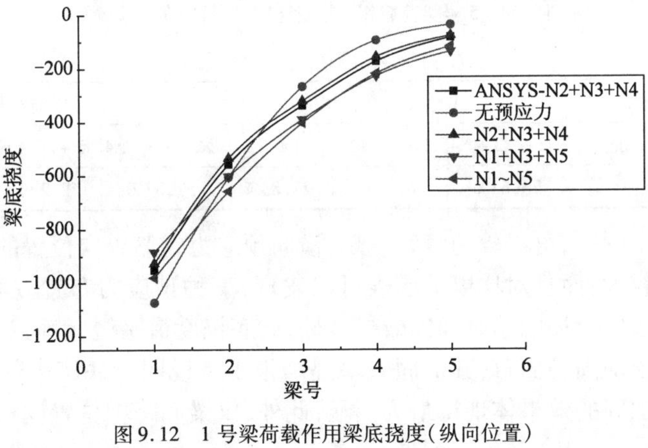

图9.12　1号梁荷载作用梁底挠度（纵向位置）

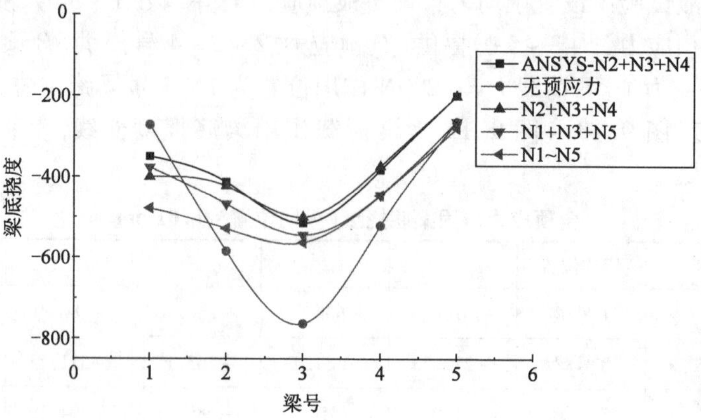

图 9.13　3 号梁荷载作用梁底挠度(纵向位置)

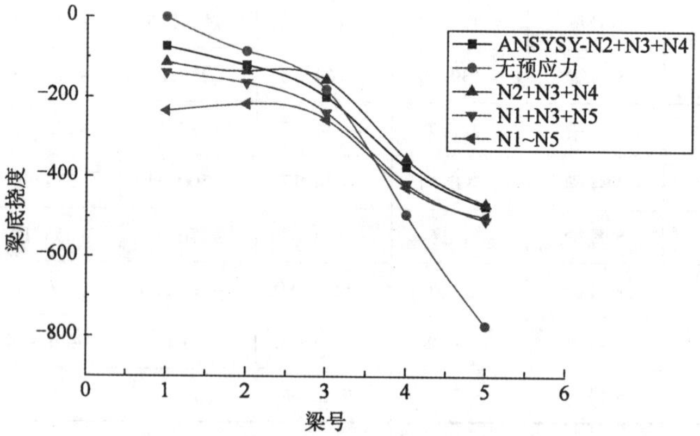

图 9.14　5 号梁荷载作用梁底挠度(顺桥向布置位置)

加固效率(顺桥向布置位置)　　表 9.7

荷载作用位置		1 号梁荷载作用			5 号梁荷载作用		
预应力	未加固	N2 + N3 + N4	N1 + N3 + N5	N1 ~ N5	N2 + N3 + N4	N1 + N3 + N5	N1 ~ N5
$\lambda_{\Delta\eta}$	0	23.63%	16.74%	27.83%	57.37%	52.22%	65.69%

对比以上图表,可以较为清晰发现:横向预应力钢筋纵向位置的改变对于加固效果影响较大,而且对比以上图表可以发现:三种预应力布置方案中,梁底均布张拉 5 根预应力加固筋时加固效果最好,梁底挠度最平缓,然而对比仅在跨中部位张拉 3 根加固筋而言,其加固效率提高很小。说明梁底跨中部位张拉预应力钢筋进行加固的效果体现得最为明显,此外,仅梁底跨中位置设置加固筋降低了工程造价。

9.5 本章小结

本章以实体有机玻璃模型对课题进行了分析和研究，关于预制空心板桥横向预应力加固从有限元模型成功转到了实体模型上，就影响加固效果的几个方面：预应力加固大小、顺桥向加固筋的布置位置以及预应力钢筋埋深问题进行了测量和分析，主要是以梁底挠度为研究对象对其进行分析和对比。通过试验对比得出以下结论：

(1)对于横向预应力加固方案予以肯定，加固效果十分很明显，在结果分析图中能够很直观体现出来，这与前一章有限元模型分析得出的结果十分吻合，同时验证了有限元模型的正确性。

(2)通过实桥现场试验数据，并与理论分析计算结果对比可知：首先，加固筋预应力大小对于拼装式空心板桥加固影响不大，而且随着预应力的增加，会出现反拱的不利影响，这无疑加剧了“单板受力”病害；其次，在满足一定构造要求情况下，桥深方向上加固筋布设位置应在距梁底最小距离处设置，此时加固效果最为明显；再次，加固筋纵向布置以跨中梁底布设为宜，即在跨中张拉加固筋加固效果最佳。

第三部分

预应力梁的破坏机理研究

第10章 绪 论

10.1 概 述

随着我国交通运输事业的迅速发展,桥梁体现越来越重要的作用,并且已经成为各地区经济发展的纽带。近些年,我国建设了许多的铁路桥梁、公路桥梁和立交桥等。以公路桥梁为例,截至2012年底,全国公路桥梁达71.34万座,计3 662.78万m,比2011年末增加2.40万座,计313.34万m。其中,特大桥梁2 688座,计468.86万m,大桥61 735座,计1 518.16万m。

近年来,我国高速铁路与高速公路蓬勃发展,而高速铁路的大部分与高速公路的一部分是由高架桥组成。为了满足高架桥的安全与质量以及充分适应交通运输载重量逐渐增加的需要,对这些桥梁的安全性进行研究是十分有必要的。大量实践证明,桥梁安全性研究不但是在竣工验收时对桥梁工程内在质量进行评定最直接和最有效的方法和手段,而且为设计理论、施工技术积累了经验,为桥梁建设总体水平的提高创造了条件,也为桥梁正常运营养护提供了技术依据。

10.2 桥梁安全性研究的意义

对桥梁的安全性研究不但可以为决策者对桥梁的承载能力做出科学的判断,而且能够提供直观的依据,因此,对桥梁进行安全性研究具有较强的理论意义和广阔的应用前景。对于新建桥梁而言,通过荷载试验以及针对性较强的数值模拟,可为桥梁竣工验收、发展桥梁设计理论和提高施工工艺水平,不断地积累技术数据并提供科学依据;对于已建桥梁而言,通过桥梁安全性研究可以客观地了解桥梁的工作现状,正确地评估桥梁的承载性能,为桥梁的安全运营提供指导。因此,桥梁安全性研究是一项十分重要和具有极大社会价值与经济意义的工作。

10.3 国内外桥梁安全性研究综述

近年来,桥梁检测设备以及检测技术得到了飞速发展,在桥梁安全性研究中更是引进了目前国内外先进的基础研究成果。现将国内外桥梁安全性研究的技术做如下陈述。

(1)荷载试验法在桥梁安全性研究中的应用

桥梁荷载试验指的是将标准设计荷载或标准设计荷载的等效荷载施加于实桥结构的指定位置,对实桥结构的应变分布、变形量进行检测,从而对桥梁结构设计理论和计算方法的合理性、施工质量的优劣、桥梁结构实际的承载等级做出判断。

桥梁荷载试验可分为静载试验和动载试验。桥梁静载试验是桥梁荷载试验中最常见的基本试验,是了解结构特性的重要手段。桥梁静载试验的加载通常通过重力或其他类型的加载设备来实现,静力试验的加载过程是从零开始逐步递增到预定的荷载为止,并对每一个荷载级对应的桥梁混凝土、桥梁沉降等进行分析。桥梁结构的动力荷载试验主要用于研究桥梁结构的自振特性以及车辆动力荷载与桥梁结构的联合振动特性。

(2)全桥结构仿真分析技术(Structural Simulation Analysis for Entire Bridge, SSAEB)在桥梁安全性研究中的应用

随着计算机技术及大型有限元软件的快速发展,桥梁工程界已掀起了全桥结构仿真分析技术研究的热潮。全桥结构仿真分析技术其核心是建立完整、统一的整座桥梁结构分析体系,在该体系下构造全桥所有承载构件的组合形式的数学模型,准确模拟承载构件的空间位置、尺寸、材料特性、连接形式和荷载作用,在此基础上进行大规模的全桥结构效应分析计算,由此得到相对详尽、精确和可靠的分析结果。该技术的优点在于克服了传统算法中实施某些假设带来的不足,可以更广泛地应用到桥梁方案设计、桥梁结构计算分析、桥梁施工过程模拟及桥梁承载能力计算等多方面。

(3)神经网络技术在桥梁安全性研究中的应用

在实际桥梁检测过程中,要随时知道桥梁的受力情况是很难做到的,不仅需要耗费巨大的人力、物力,而且在测量过程中,由于测量人员在技术上的差异性,以及在繁重工作下引发的疲劳性,必然会在检测结果中引入较大的人为误差。如果使用人工神经网络方法构造 BP 模型,在桥梁结构受力之间建立映射关系,在实际的桥梁检测过程中,只需要对部分桥索受力情况进行实地检测,通过 BP

模型的映射，就可以得到其余桥索受力值。

10.4 荷载试验在桥梁安全性研究中的应用

部颁《公路桥梁养护规范》（JTG H11—2004）要求，评定桥梁运营荷载等级，检测桥梁整体安全性能是否满足标准规范和设计要求，现场荷载试验是十分重要的手段，也是竣工验收最有效、最直接的方法。

桥梁荷载试验是通过测试在荷载直接作用下的桥梁各结构部位及整体的响应参数，反映和揭示桥梁的实际承载能力和安全使用状况。桥梁荷载试验是对桥梁结构工作状态进行直接测试的一种检定手段，对于推动桥梁建设事业的发展，确保桥梁安全运营、进行科学养护发挥着重要的作用。桥梁荷载试验可以分为静荷载试验和动荷载试验两大类。

10.4.1 静荷载试验

（1）静载试验的含义

桥梁静载试验是将静止荷载作用在桥梁上的指定位置而测试结构的静力位移、静力应变、裂缝等参量的试验项目，从而推断桥梁结构在荷载作用下的工作性能及使用能力。

（2）静载试验可以测试的内容

①结构的竖向挠度、侧向挠度和扭转变形。

②记录控制截面的应力分布，并取得最大值和偏载特性。

③支座的伸缩、转角、沉降，墩顶位移及转角。

④出现初始裂缝时所加的荷载，每级荷载下出现新裂缝的位置，试验结构裂缝的方向、长度、宽度的发展趋势，以及卸载后的闭合情况。

⑤卸载后的残余变形。

10.4.2 动荷载试验

（1）动载试验的含义

动载试验是利用某种激振方法激起桥梁结构的振动，然后测定其固有频率、阻尼比、振型、动力冲击系数等参量，从而判定桥梁结构的整体刚度、行车性能。

（2）动载试验可以测试的内容

①测定桥跨结构在车辆荷载下的强迫振动特性，如冲击系数、强迫振动频

率、动位移和动应力等。

②测定桥跨结构的自振特性,如自振频率、振型和阻尼特性等。

10.4.3 公路桥梁荷载试验的一般程序

(1)荷载试验的准备阶段

试验准备阶段是桥梁荷载试验顺利进行的前提和保障。该阶段工作包括桥梁设计文件、施工记录、监理记录、原试验资料、桥梁养护与维修记录等桥梁技术资料的收集;桥梁现状如桥面系、承重结构构件、支座、基础等部位的表观检查;设计荷载和试验拟加荷载作用下内力的理论检算、加载方案制订、量测方案制订、仪器仪表选用等方面;也包括搭设工作脚手架、设置测量仪表支架、测点放样及表面处理、测试元件布置、测量仪器仪表安装调试等现场准备工作。可以说,试验检测工作的顺利与否很大程度上取决于检测前的准备工作。

(2)荷载试验的现场实施阶段

加载与观测阶段是整个检测工作的中心环节。这一阶段的工作是在各项准备工作就绪的基础上,按照预定的试验方案与试验程序,利用适宜的加载设备进行加载,运用各种测试仪器,观测试验结构受力后的各项性能指标(如挠度、应变、裂缝宽度、加速度等),并采用人工记录或仪器自动记录手段记录各种观测数据和资料。有时,为了使某一加载、观测方案更为完善,可先进行试探性试验,以便更圆满地达到原定的试验目的。对于静载试验,应适时根据当前所测得的各种技术数据与理论计算结果进行现场分析比较,以判断受力后结构行为是否正常,是否可以进行下一级加载,以确保试验结构、仪器设备及试验人员的安全,这一点对于存在病害的既有桥梁结构进行试验时尤为重要。

(3)试验结果的分析和评定阶段

分析和评定阶段是对原始测试资料进行综合分析的过程。原始测试资料包括大量的观测数据、文字记载和图片等材料。受各种因素的影响,部分原测试资料缺乏条理性与规律性,未必能深刻揭示试验结构的内在行为规律。因此,应对它们进行科学的分析处理,去粗取精,去伪存真,综合分析比较,从中提取有价值的资料。对于一些数据或信号,有时还需按照数理统计的方法进行分析,或依靠专门的分析仪器和分析软件进行分析处理,或按照有关规程的方法进行计算。这一阶段的工作,直接反映整个检测工作的质量。测试数据经分析处理后,按照相关规范、规程以及检测的目的要求,对检测对象做出科学的判断与评价。全部检测工作体现在最后提交的试验研究报告中。

第11章　试验梁的设计与施工

11.1　试验目的及工程概况

11.1.1　试验目的

桥梁结构构件破坏试验是对桥梁结构工作状态进行直接测试,确定设计、施工合理性和可靠性的一种鉴定手段。通过测试结构控制断面的应变、挠度(变形)和裂缝等试验参数,检验其在正常使用状态、开裂状态、正常使用极限状态和极限承载能力状态下是否满足规范要求,从而为施工过程的质量控制和验收提供科学依据。所以,通过现场荷载试验,以求达到以下主要目的:

(1)检验正常使用状态下的预制梁实际强度和刚度是否满足设计要求。

(2)检验预制梁构件抗裂性能是否满足规范要求。

(3)检验正常使用极限状态下的预制梁裂缝宽度和挠度是否满足规范要求。

(4)检验预制梁构件的极限承载能力是否满足规范要求。

11.1.2　工程概况

为了确保高速公路的安全性,本部分对邢汾高速公路使用的有黏结预应力混凝土T梁和有黏结预应力混凝土箱梁进行设计与试验。

本部分设计的预应力试验T梁是邢汾高速公路11标小戈廖大桥右幅3-4号梁。全桥单跨梁的长度为30m,计算跨度为28.9m,桥面净宽为14.13m。桥梁的纵坡为0%,横坡为1%。设计荷载为公路-Ⅰ级×130%。邢汾高速公路小戈廖大桥右幅3-4号试验梁梁高2.0m,宽1.7m,顶板厚0.16m,腹板厚0.22m,马蹄宽0.52m,在支点处腹板厚变宽为0.52m。具体截面尺寸如图11.1所示。

本部分设计的预应力试验箱梁是邢汾高速公路4标沙河大桥左幅33-2号梁。全桥单跨梁的长度为30m,计算跨度为28.9m,桥面净宽为14.012m。桥梁的纵坡为0%,横坡为2%。设计荷载为公路-Ⅰ级×130%。邢汾高速公路沙河大桥左幅 33-2 号梁梁宽 2.4m，梁高 1.6m，纵向湿接缝宽 0.5m，顶板、底板及腹板厚 0.18m，在支点处底板及腹板厚变宽为 0.25m。具体截面尺寸如图 11.2 所示。

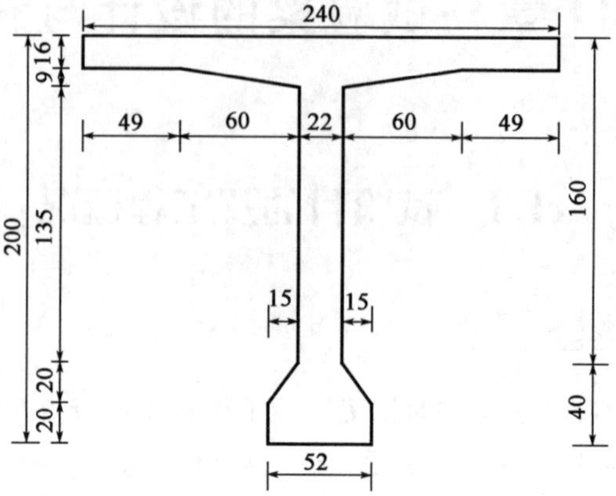

图 11.1　试验 T 梁横断面图(尺寸单位:cm)

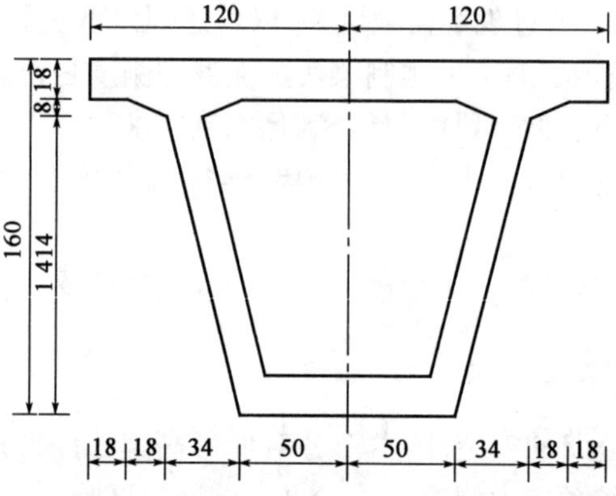

图 11.2　试验箱梁横断面图(尺寸单位:cm)

11.2　试验梁材料的基本性能

11.2.1　混凝土材料的力学性能

试验 T 梁与试验箱梁混凝土采用配合比均为 1∶1.31∶1.21∶0.31(水泥∶砂∶碎石∶水)，且外加水泥重量 2.5‰减水剂的 C50 混凝土。其中，水泥采用普通硅酸盐水泥,沙子采用天然河沙。为防止混凝土浇筑困难或振捣不密实,碎石最大粒径不宜超过 20mm。混凝土具体的基本性能指标如表 11.1 所示。

混凝土的基本性能指标　　表 11.1

弹性模量(MPa)	剪切模量(MPa)	轴心设计抗压强度(MPa)	设计抗拉强度(MPa)	泊松比	热膨胀系数
34 500	13 800	22.4	1.83	0.2	0.000 01

11.2.2　普通钢筋的力学性能

普通钢筋采用符合《钢筋混凝土用钢　第 1 部分:热轧光圆钢筋》和《钢筋混凝土用钢　第 2 部分:热轧带肋钢筋》规定的 R235 和 HRB335 钢筋。当钢筋直径≥12mm 时,采用 HRB335 热轧带肋钢;当钢筋直径 < 12mm 时,采用 HPB235(A3)钢。

11.2.3　预应力钢筋的力学性能

预应力钢筋采用力学性能符合《预应力混凝土用钢绞线》规定的抗拉强度标准值为 f_{py} = 1 860N/mm^2,弹性模量 E_p = 1.95 × 10^{5}N/mm^2,并且直径为 d = 15.2mm的低松弛高强度钢绞线。预应力钢筋具体的基本性能指标如表 11.2 所示。

预应力钢筋的基本性能指标　　表 11.2

弹性模量(MPa)	标准强度(MPa)	热膨胀系数	松弛率	孔道摩阻系数	孔道偏差系数	锚具变形及钢束回缩值
195 000	1 860	0.000 012	0.035	0.25	0.001 5	0.006

11.2.4　锚具与支座材料的规格及性能

预制 T 梁正弯矩钢束采用 15-8 型、15-9 型系列锚具及其配件,预应力管道采用内径为 80mm、外径为 90mm 的圆形金属波纹管。

预制 T 梁采用 JPZ-Ⅱ盆式橡胶支座,其材料和力学性能符合现行国家和行业标准的规定。

11.3　试验梁的内力计算

试验 T 梁的横截面及纵截面尺寸如图 11.3 和图 11.4 所示。

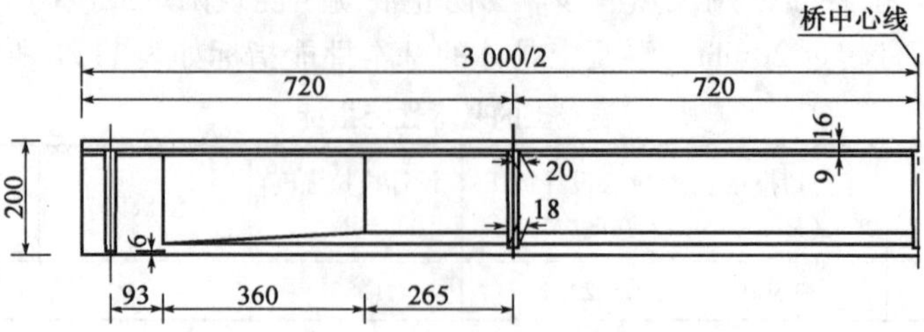

图 11.3　T 梁纵面图(尺寸单位:cm)

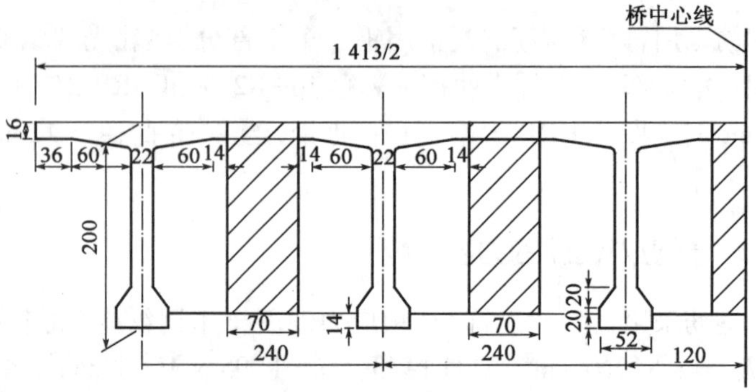

图 11.4　T 梁跨中横断面图(尺寸单位:cm)

11.3.1　试验 T 梁的永久作用效应计算

(1)结构自重集度计算

邢汾高速公路 11 标小戈廖大桥右幅 3-4 号梁为试验梁,计算跨度 28.900m;混凝土的重力密度为 $\gamma = 25.0\text{kN/m}^3$;沥青混凝土的重力密度为 $\gamma = 24.0\text{kN/m}^3$。根据《建筑结构荷载规范》及相关的设计资料可知,试验梁结构自重集度计算结果如表 11.3 所示。

结构自重集度计算结果(尺寸单位:kN/m)　　表 11.3

主梁	中梁横隔板	120mm C50 现浇层	100mm 厚沥青混凝土桥面铺装	湿接缝	合计
20.888	0.453	6.065	4.252	1.077	32.735

计算出结构的自重值后,用以下公式计算梁内任意截面的弯矩 M 和剪力 Q:

$$M_x = \frac{gl}{2}x - gx\frac{x}{2} = \frac{gx}{2}(l - x) \tag{11.1}$$

$$Q_x = \frac{gl}{2} - gx = \frac{g}{2}(l - 2x) \quad (11.2)$$

(2)永久荷载作用效应

按照主梁分阶段受力的实际情况,无预加力作用时的永久作用分为以下两种情况:

①一期重力,即预制主梁(包括横隔梁预制部分)的重力,$g_1 = 25.00\text{kN/m}$。

②二期重力,即现浇混凝土翼缘板部分、现浇横隔梁部分、桥面铺装及栏杆的重力。

恒荷载作用效应汇总表如表11.4所示。

恒荷载作用效应汇总表 表11.4

作用效应	截面位置及作用效应			
	跨中 M(kN·m)	$l/4M$(kN·m)	$l/4V$(kN)	支点 V(kN)
一期重力	2 228.01	1 671.01	167.90	320.12
二期重力	1 189.53	892.15	115.94	170.91
Σ	3 417.54	2 563.16	283.84	491.03

注:在恒荷载作用效应汇总表中,未表示出来的跨中截面的剪力 V 与端部截面的弯矩 M 为0。

11.3.2 试验T梁的可变作用效应计算

汽车荷载为公路-Ⅰ级×130%,桥面宽度为净-14.130m,计算跨度为28.900m。均匀荷载标准值为 $q_k = 10.5 \times 1.3 = 13.65\text{N/m}$,计算跨径 $l = 28.900\text{m}$,介于5m与50m之间,所以集中荷载标准值按线性内插法求得:

$$p_k = \left[180 + \frac{(360 - 180) \times (28.90 - 5)}{50 - 5}\right] \times 1.3 = 358.28\text{kN} \quad (11.3)$$

当计算剪力效应时:$p'_k = 1.2p_k = 429.94\text{kN}$

(1)横向分布系数计算

预应力混凝土T梁在支点处的横向分布系数 m_0 按"杠杆原理法"计算,由于此桥在跨度内设有横隔梁,并且承重结构的长宽比为:

$$\frac{l}{B} = \frac{28.90}{4 \times 2.40 + 2 \times 1.065} = 2.46 > 2$$

因此跨中横向分布系数 m_c 的计算可采用"偏心压力法"。利用"杠杆原理法"确定出支点处的横向分布系数以及用"偏心压力法"确定跨中横向分布系数之后,m_c 从第一根横隔梁起向支点 m_0 直线过渡,由此可计算出每个位置的荷载横向分布系数 m_x。

由资料可知路面宽度 $l_b=14.13$m，$14.0\text{m}<l_b<21.0$m，所以最大的行车道数为4。根据《公路桥涵设计通用规范》规定，应在横向分布影响线上确定荷载沿横向最不利的布置位置。对于汽车荷载，汽车横向轮距为1.8m，两辆车车轮的横向最小间距为1.3m，车轮距离护栏的最小距离为0.5m。

①支点处荷载横向分布系数计算

按照荷载沿横向最不利的位置布置，中梁支点处按“杠杆原理法”计算的横向分布系数为：

$$m_0 = 0.5$$

②跨中处荷载横向分布系数计算

本桥边梁的面积为0.96m^2，中梁的面积为0.92m^2。由于边梁面积与中梁的面积相差非常小，跨中4号梁的荷载横向分布影响线可通过求 η_{41} 和 η_{46} 得到：

$$\eta_{41} = \frac{I_4}{\sum_{i=1}^{6} I_i} + \frac{a_4^2 I_4}{\sum_{i=1}^{6} a_i^2 I_i} \tag{11.4}$$

$$\eta_{46} = \frac{I_4}{\sum_{i=1}^{6} I_i} - \frac{a_4^2 I_4}{\sum_{i=1}^{6} a_i^2 I_i} \tag{11.5}$$

式中：I_i 为桥梁横截面内各主梁的惯性矩；a_i 为各片主梁梁轴到横截面形心的距离；η_{ik} 为 i 号主梁在荷载 $P=1$ 位于 k 号梁轴上时的横向影响线的竖标值。

由于边梁和中梁的面积非常接近，并且只是翼板长度有所不同，因此，边梁和中梁的惯性矩 I 可视为相同，所以，式(11.4)和式(11.5)可简化为：

$$\eta_{41} = \frac{1}{n} + \frac{a_4^2}{\sum_{i=1}^{6} a_i^2} \tag{11.6}$$

$$\eta_{46} = \frac{1}{n} - \frac{a_4^2}{\sum_{i=1}^{6} a_i^2} \tag{11.7}$$

式中：n 为横断面的主梁根数。

在本桥中，$n=6$，主梁间距为2.4m，综上可求得：

$$\eta_{41} = 0.302 \qquad \eta_{46} = 0.076$$

由 η_{41} 与 η_{46} 可得4号梁横向影响线，并且求得横向分布系数。

当均匀布置4辆车时：

$$m_{c1} = \frac{1}{2}(0.313+0.296+0.255+0.220+0.196+0.162+0.137+0.103)$$
$$=0.836$$

当均匀布置3辆车时：

$$m_{c1} = \frac{1}{2}(0.313 + 0.296 + 0.255 + 0.220 + 0.196 + 0.162) = 0.719$$

当均匀布置2辆车时：

$$m_{c1} = \frac{1}{2}(0.313 + 0.296 + 0.255 + 0.220) = 0.542$$

(2)汽车荷载冲击系数计算

在计算汽车荷载的冲击力时，由于路面的不平整、发动机震动等原因，会引起桥梁结构的振动，从而造成内力的增加。为了考虑增加的内力，引进汽车荷载冲击系数μ。汽车荷载的冲击力即为汽车荷载标准值乘以冲击系数μ。μ的大小与结构的基频f有关。对于简支梁结构的基频按下式计算：

$$f = \frac{\pi}{2l^2}\sqrt{\frac{EI_c}{m_c}} \qquad \left(m_c = \frac{G}{g}\right) \tag{11.8}$$

式中：l为结构的计算跨径，m；E为结构材料的弹性模量，N/m^2；I_c为结构跨中截面的截面惯矩，m^4；G为结构跨中处延米结构重力，G/m；m_c为结构跨中处的单位长度质量，kg/m，当换算为重力计算时，其单位应为Ns^2/m^2；g为重力加速度，m/s^2。

在式(11.8)中，当$f<1.5$Hz时，$\mu=0.05$；当1.5Hz$\leqslant f\leqslant$14Hz时，$\mu=0.1767\ln f-0.0157$；当$f>14$Hz时，$\mu=0.45$。代入式(11.8)，通过计算可得$f=4.256$Hz，所以$\mu=0.240$。

(3)各截面弯矩和剪力计算

①跨中截面弯矩与剪力计算

在计算跨中截面弯矩及剪力时，荷载作用影响线面积与荷载作用影响线峰值分别为：

$$\Omega_{k弯矩} = \frac{1}{8}l^2 = 103.68\text{m}^2 \qquad \Omega_{k剪力} = \frac{1}{8}l = 3.60\text{m}$$

跨中截面弯矩计算。

a. 当按照2车道计算时：

不计冲击荷载：

$$M_{汽} = 1 \times 0.542 \times \left(13.65 \times 103.68 + 358.28 \times \frac{28.9}{4}\right) = 2\,170.06\text{kN}\cdot\text{m}$$

计入冲击荷载：

$$M_{汽} = 1.240 \times 2\,170.06 = 2\,690.88\text{kN}\cdot\text{m}$$

b. 当按 3 车道计算时:

不计冲击荷载:

$$M_{汽} = 0.78 \times 0.719 \times \left(13.65 \times 103.68 + \frac{358.28 \times 28.9}{4}\right) = 2\,245.41\text{kN} \cdot \text{m}$$

计入冲击荷载:

$$M_{汽} = 1.240 \times 2\,245.41 = 2\,784.31\text{kN} \cdot \text{m}$$

c. 当按 4 车道计算时:

不计冲击荷载:

$$M_{汽} = 0.67 \times 0.839 \times \left(13.65 \times 103.68 + \frac{358.28 \times 28.9}{4}\right) = 2\,249.39\text{kN} \cdot \text{m}$$

计入冲击荷载:

$$M_{汽} = 1.240 \times 2\,249.39 = 2\,789.24\text{kN} \cdot \text{m}$$

跨中截面剪力计算。

a. 当按 2 车道计算时:

不计冲击荷载:

$$Q_{汽} = 1 \times 0.542 \times \left(13.65 \times 3.60 + 429.94 \times \frac{1}{2}\right) = 143.15\text{kN}$$

计入冲击荷载:

$$Q_{汽} = 1.240 \times 143.15 = 177.51\text{kN}$$

b. 当按 3 车道计算时:

不计冲击荷载:

$$Q_{汽} = 0.78 \times 0.719 \times \left(13.65 \times 3.60 + 429.94 \times \frac{1}{2}\right) = 148.12\text{kN}$$

计入冲击荷载:

$$Q_{汽} = 1.24 \times 148.12 = 183.67\text{kN}$$

c. 当按 4 车道计算时:

不计冲击荷载:

$$Q_{汽} = 0.67 \times 0.839 \times \left(13.65 \times 3.60 + 391.87 \times \frac{1}{2}\right) = 148.46\text{kN}$$

计入冲击荷载:

$$Q_{汽} = 1.24 \times 148.46 = 184.10\text{kN}$$

②1/4 截面弯矩与剪力计算

在计算 1/4 截面弯矩及剪力时,荷载作用影响线面积与荷载作用影响线峰值分别为:

$$\Omega_{1/4弯矩} = \frac{3}{32}l^2 = 78.30\text{m}^2 \qquad \Omega_{1/4剪力} = \frac{9}{32}l = 8.13\text{m}$$

1/4 截面弯矩计算。

a. 当按 2 车道计算时：

不计冲击荷载：

$$M_{汽} = 1 \times 0.542 \times (13.65 \times 78.30 + 358.28 \times 5.40) = 1\,627.90\text{kN} \cdot \text{m}$$

计入冲击荷载：

$$M_{汽} = 1.240 \times 1\,627.90 = 2\,018.60\text{kN} \cdot \text{m}$$

b. 当按 3 车道计算时：

不计冲击荷载：

$$M_{汽} = 0.78 \times 0.719 \times (13.65 \times 78.30 + 358.28 \times 5.40) = 1\,684.43\text{kN} \cdot \text{m}$$

计入冲击荷载：

$$M_{汽} = 1.240 \times 1\,684.43 = 2\,088.69\text{kN} \cdot \text{m}$$

c. 当按 4 车道计算时：

不计冲击荷载：

$$M_{汽} = 0.67 \times 0.839 \times (13.65 \times 78.30 + 358.28 \times 5.40) = 1\,688.36\text{kN} \cdot \text{m}$$

计入冲击荷载：

$$M_{汽} = 1.240 \times 1\,688.36 = 2\,093.57\text{kN} \cdot \text{m}$$

1/4 截面剪力计算。

a. 当按 2 车道计算时：

不计冲击荷载：

$$Q_{汽} = 1 \times 0.542 \times \left(13.65 \times 8.13 + 429.94 \times \frac{3}{4}\right) = 234.92\text{kN}$$

计入冲击荷载：

$$Q_{汽} = 1.240 \times 234.92 = 291.30\text{kN}$$

b. 当按 3 车道计算时：

不计冲击荷载：

$$Q_{汽} = 0.78 \times 0.719 \times \left(13.65 \times 8.13 + 429.94 \times \frac{3}{4}\right) = 243.07\text{kN}$$

计入冲击荷载：

$$Q_{汽} = 1.240 \times 243.07 = 301.41\text{kN}$$

c. 当按 4 车道计算时：

不计冲击荷载：

$$Q_{汽} = 0.67 \times 0.839 \times \left(13.65 \times 8.13 + 429.94 \times \frac{3}{4}\right) = 243.64\text{kN}$$

计入冲击荷载：

$$Q_{汽} = 1.240 \times 243.64 = 302.12\text{kN}$$

③端部截面作用效应计算

在计算汽车荷载引起的桥梁端部截面的作用效应（剪力）时，由于需要考虑横向分布系数沿桥梁跨长的变化，因此应将均布荷载 q_k 满布于可以使桥梁产生最不利内力的同号影响线上，并且将集中荷载 P_k 只作用于相应影响线中的一个最大影响线的峰值位置，具体计算公式如下：

$$Q_0 = \xi q_k \left[m_c \Omega_k + \frac{a}{2}(m_0 - m_c) y_k + m_i P_k y_i \right] \tag{11.9}$$

在计算端部截面剪力时，荷载作用影响线峰值为：

$$\Omega_{k剪力} = \frac{1}{2} l = 14.45\text{m} \tag{11.10}$$

a. 当按 2 车道计算时：

不计冲击荷载：

$$Q_{汽} = 1 \times \left[0.542 \times 13.65 \times 14.45 + \frac{1}{2} \times (0.50 - 0.542) \times \frac{28.9}{4} \times 13.65 \times 1 + 429.94 \times \frac{1}{2} \right]$$

$$= 319.81\text{kN}$$

计入冲击荷载：

$$Q_{汽} = 1.24 \times 319.81 = 396.56\text{kN}$$

b. 当按 3 车道计算时：

不计冲击荷载：

$$Q_{汽} = 0.78 \times \left[0.719 \times 13.65 \times 14.45 + \frac{1}{2} \times (0.5 - 0.719) \times \frac{28.9}{4} \times 13.65 \times 1 + 429.94 \times \frac{1}{2} \right]$$

$$= 292.02\text{kN}$$

计入冲击荷载：

$$Q_{汽} = 1.24 \times 292.02 = 362.10\text{kN}$$

c. 当按 4 车道计算时：

不计冲击荷载：

$$Q_{汽} = 0.67 \times \left[0.839 \times 13.65 \times 14.45 + \frac{1}{2} \times (0.5 - 0.839) \times \frac{28.9}{4} \times 13.65 \times 1 + 429.94 \times \frac{1}{2} \right]$$

$$= 243.71\text{kN}$$

计入冲击荷载：

$$Q_{汽} = 1.24 \times 234.71 = 302.20\text{kN}$$

（4）可变荷载作用效应汇总如表 11.5 所示。

可变荷载作用效应汇总表　　　表 11.5

作用类型			截面位置及作用效应				
			跨中 M (kN·m)	$l/4$ 截面 M (kN·m)	跨中 Q (kN)	$l/4$ 截面 Q (kN)	支点 Q (kN)
车道荷载	2 车道	不计冲击荷载	2 170.06	1 627.9	143.15	234.92	319.81
		计入冲击荷载	2 690.88	2 018.6	177.51	291.3	396.56
	3 车道	不计冲击荷载	2 245.41	1 684.43	148.12	243.07	292.02
		计入冲击荷载	2 784.31	2 088.69	183.67	301.41	362.1
	4 车道	不计冲击荷载	2 249.24	1 688.36	148.46	243.64	243.71
		计入冲击荷载	2 789.24	2 093.57	184.1	302.12	302.2

11.3.3　试验 T 梁的荷载作用效应总汇及加载控制荷载计算

作用效应组合计算汇总表如表 11.6 所示，试验 T 梁加载时控制荷载计算表如表 11.7 所示。

作用效应组合计算汇总表　　　表 11.6

序　号	荷载类别	跨中截面		$l/4$ 截面		端部截面
		M_{max} (kN·m)	Q_{max} (kN)	M_{max} (kN·m)	Q_{max} (kN)	Q_{max} (kN)
①	永久作用：一期作用	2228.01	0.00	1671.02	167.90	320.12
②	永久作用：二期作用	1189.53	0.00	892.16	115.94	170.91
③	总永久作用	3 417.54	0.00	2 563.16	283.84	491.03
④	可变荷载：汽车荷载	2 789.24	184.46	2 093.57	302.12	396.56
⑤	标准值效应组合	6 206.78	221.18	5 078.46	646.81	973.07
⑥	基本组合（极限承载能力状态）	7 937.63	205.12	5 961.17	607.63	1 162.84

试验 T 梁加载时控制荷载计算表　　　表 11.7

序　号	荷载状态	弯矩 (kN·m)	加载弯矩 (kN·m)	加载力 (kN·m)
①	恒载作用状态	3 417.54	1 189.53	164.64
②	正常使用状态	6 206.78	3 978.77	550.70
③	开裂状态			
④	正常使用极限状态	7 937.63	5 709.63	790.26

续上表

序　号	荷载状态	弯矩（kN·m）	加载弯矩（kN·m）	加载力（kN·m）
⑤	极限承载能力状态			

注：①预应力混凝土梁由于自重（永久荷载的一期作用）产生的弯矩为 2 228.01kN·m，在计算加载控制弯矩时，应该减去一期作用产生的弯矩；

②开裂状态的加载控制荷载通过试验加载过程中对预应力混凝土 T 梁出现裂缝的观测获得，即出现第一条裂缝时的荷载值就是开裂状态的控制荷载；

③极限承载能力状态的加载控制荷载通过试验加载过程中对预应力混凝土 T 梁裂缝宽度、挠度等的观测获得，凡是出现 12.4.2 中规定的 7 种经加载控制条件之一的，均属于达到极限承载能力状态的控制荷载。

同理可得预应力箱梁加载时的控制荷载计算表如表 11.8 所示。

试验箱梁加载时控制荷载计算表　　表 11.8

序　号	荷载状态	弯矩（kN·m）	加载弯矩（kN·m）	加载力（kN·m）
①	恒载	4 030.89	1 075.83	148.90
②	正常使用状态	6 770.39	3 815.33	528.07
③	开裂状态			
④	正常使用极限状态	8 591.75	5 636.69	780.16
⑤	极限承载能力状态			

注：①预应力混凝土梁由于自重（永久荷载的一期作用）产生的弯矩为 2 955.06kN·m，在计算加载控制弯矩时，应该减去一期作用产生的弯矩；

②开裂状态的加载控制荷载通过试验加载过程中对预应力混凝土箱梁出现裂缝的观测获得，即出现第一条裂缝时的荷载值就是开裂状态的控制荷载；

③极限承载能力状态的加载控制荷载通过试验加载过程中对预应力混凝土箱梁裂缝宽度、挠度等的观测获得，凡是出现 12.4.2 中规定的 7 种终止加载控制条件之一的，均属于达到极限承载能力状态的控制荷载。

11.3.4 试验 T 梁配筋图

根据试验 T 梁加载时控制荷载可得配筋图如图 11.5 ~ 图 11.8 所示，T 梁配筋表如表 11.9 所示。

T 梁配筋表　　表 11.9

钢筋直径及数量	钢筋编号									
	1	2	3	4	5	6	7	8	9	10
直径(mm)	28	12	10	20	12	12	12	12	12	10
根数	10	2	24	20	135	76	26	135	76	159

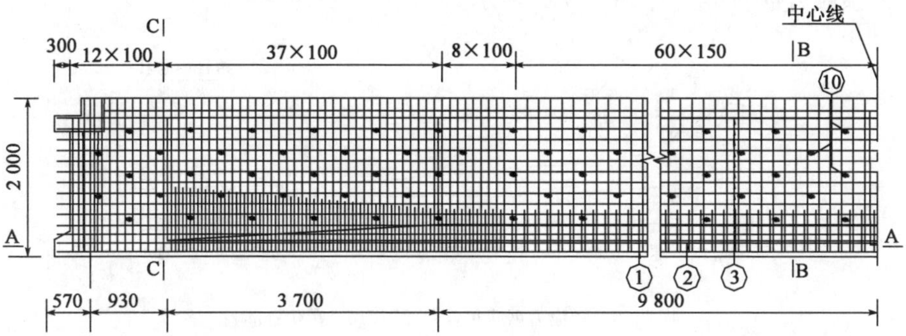

图 11.5　预应力混凝土 T 梁纵截面配筋图(尺寸单位:mm)

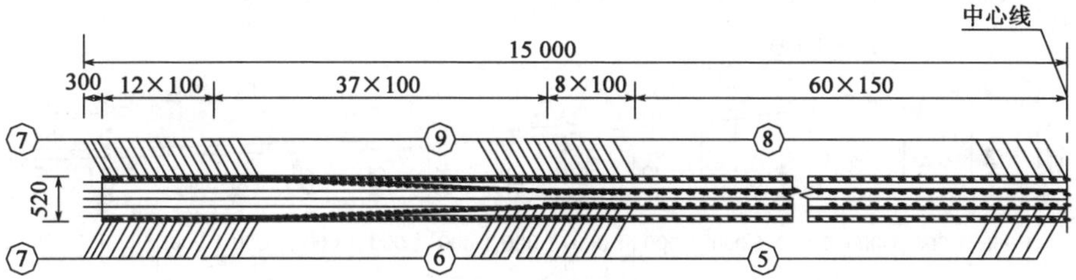

图 11.6　A-A 截面配筋图(尺寸单位:mm)

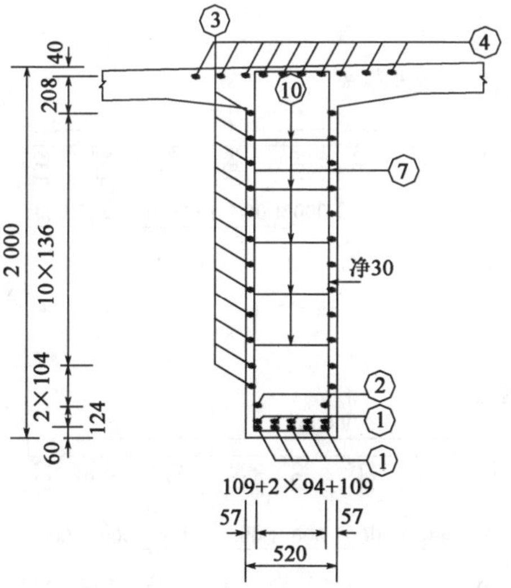

图 11.7　B-B 截面配筋图(尺寸单位:mm)

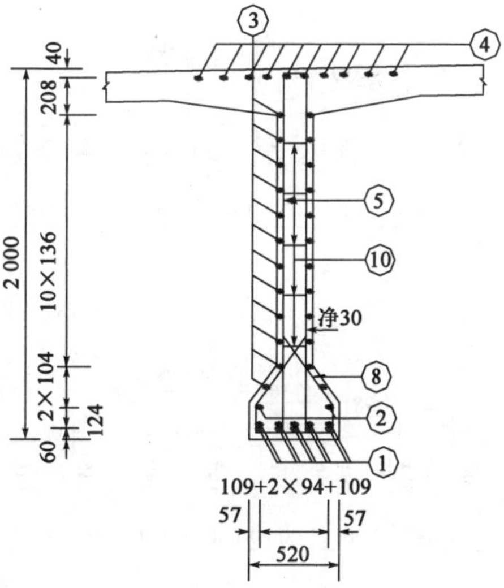

图 11.8　C-C 截面配筋图(尺寸单位:mm)

预应力钢筋布置图如图 11.9 所示。

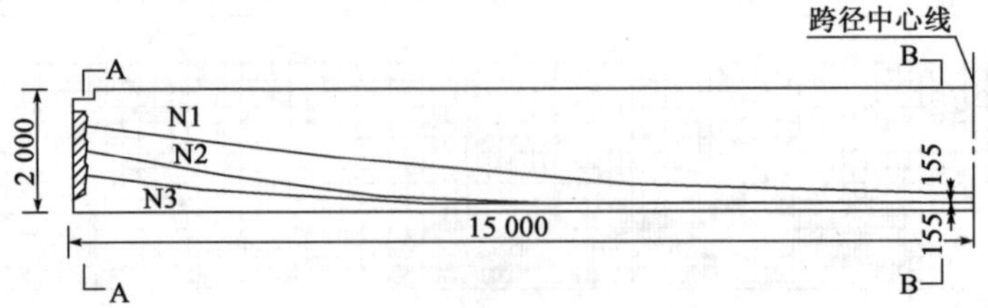

图 11.9　预应力钢筋布置立面图(尺寸单位:mm)

孔道预应力钢筋布置坐标图如图 11.10～图 11.12 所示。

截面预应力钢筋孔道位置图如图 11.13 和图 11.14 所示。

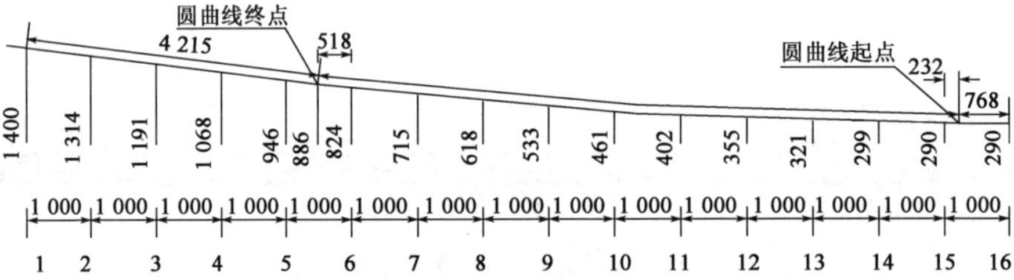

图 11.10　N1 孔道预应力钢筋布置坐标图(尺寸单位:mm)

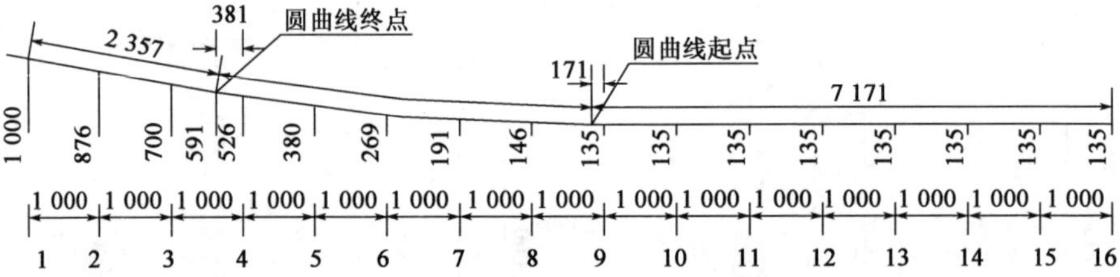

图 11.11　N2 孔道预应力钢筋布置坐标图(尺寸单位:mm)

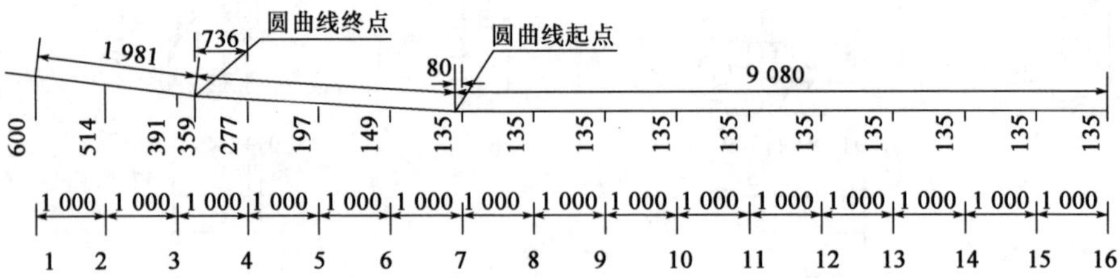

图 11.12　N3 孔道预应力钢筋布置坐标图(尺寸单位:mm)

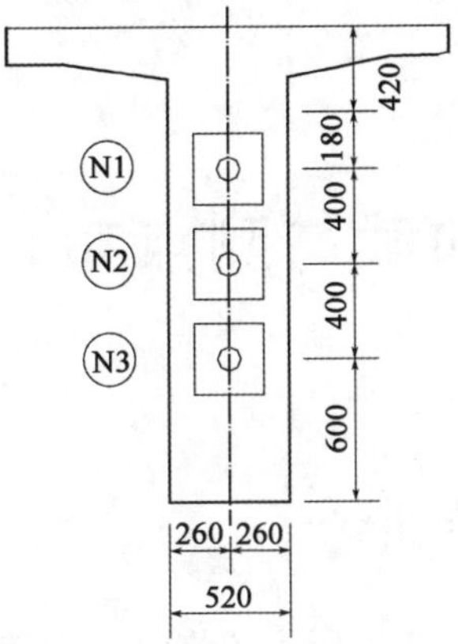

图 11.13　A-A 截面预应力钢筋孔道位置图（尺寸单位：mm）

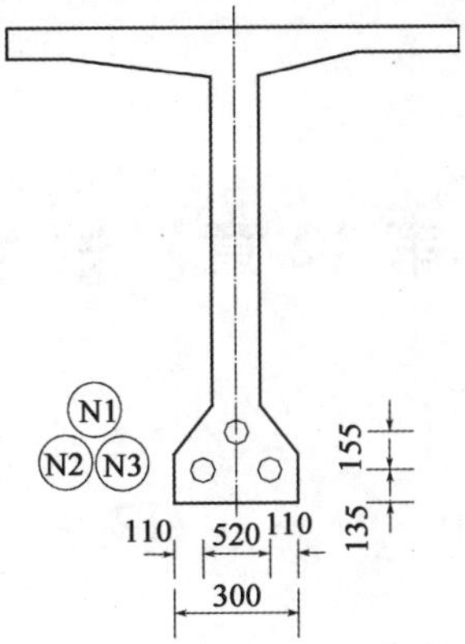

图 11.14　B-B 截面预应力钢筋孔道位置图（尺寸单位：mm）

11.4　本 章 小 结

本章通过工程概况介绍了试验梁的尺寸，对试验梁所需的钢筋、钢绞线、混凝土、锚具等材料进行了选择，通过计算确定了配筋情况。同时也详细介绍了试验梁的具体施工过程及施工时需要注意的事项。

第 12 章　试验梁的加载与测点布置

12.1　试验梁基础设计

根据《建筑地基基础设计规范》可得如图 12.1 所示的临时基础结构。其分布间距为临时支撑线间距,30mT 梁的基础结构间距为 28.9m。地面线以下部分为素混凝土;地面线以上部分在其顶部增加钢筋网片,钢筋直径为 12mm,间距为 15cm,具体如图 12.1 和图 12.2 所示。

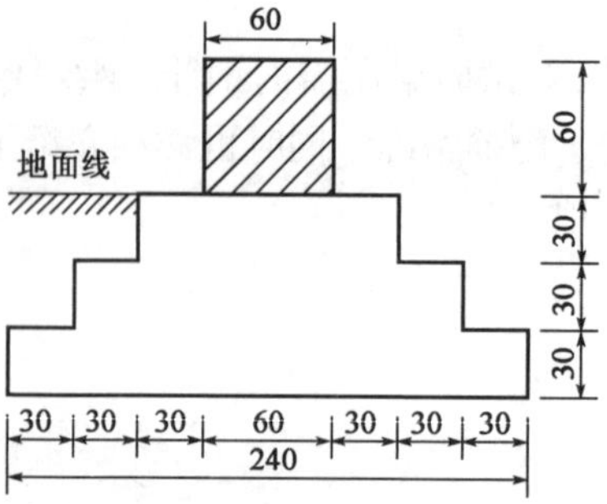

图 12.1　试验梁基础横断面图(尺寸单位:cm)

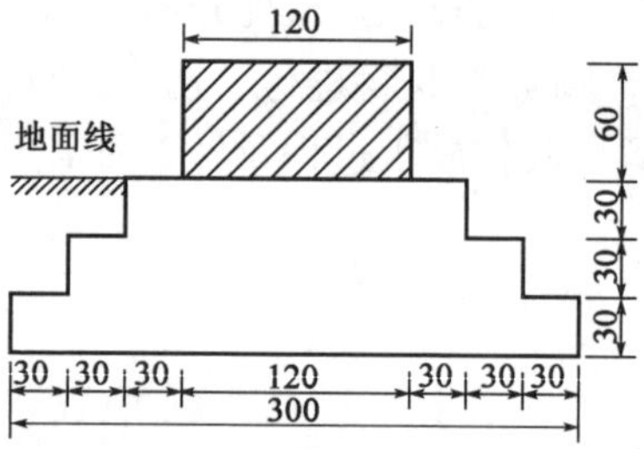

图 12.2　试验梁基础纵断面图(尺寸单位:cm)

12.2　加载装置设计

由于原型破坏性试验所需荷载较大,采用常规的方法难以施加如此大的荷载。该试验在梁场进行,且梁场的路基均为岩石,所以预应力混凝土 T 梁试验与预应力混凝土箱梁试验采用向岩体内部植入钢筋提供荷载的方法。以《建筑边坡工程技术规范》为依据,设计向岩体内部植入钢筋的数目及长度。通过第 11 章的计算可知,试验 T 梁的最大力为 1 800kN,锚杆采用 HRB335 级钢筋,锚固水泥砂浆取强度等级为 M10。

12.2.1　锚筋轴向拉力设计值计算

$$N_a = r_Q N_{ak} \tag{12.1}$$

式中：N_{ak}为锚杆轴向拉力标准值，kN；N_a为锚杆轴向拉力设计值，kN；r_Q为荷载分项系数，可取1.3，当可变荷载较大时应按现行荷载规范确定。

12.2.2　锚筋截面面积应满足的要求

$$A_s \geqslant \frac{N_a}{\zeta_2 f_y} \tag{12.2}$$

式中：A_s为锚杆钢筋截面面积，mm^2；ζ_2为锚杆抗拉工作条件系数，永久性锚杆取0.69，临时性锚杆取0.92；f_y为锚杆抗拉强度设计值。

12.2.3　锚筋的有效锚固长度计算

$$l_{a1} \geqslant \frac{N_{ak}}{\zeta_1 n \pi d f_{rb}} \tag{12.3}$$

$$l_{a2} \geqslant \frac{N_a}{\zeta_3 n \pi d f_b} \tag{12.4}$$

式中：l_{a1}为锚固体与岩层间黏结强度要求的锚固长度；l_{a2}为锚杆钢筋与锚固砂浆间黏结强度要求的锚固长度；N_{ak}为锚杆轴向拉力标准值，kN；N_a为锚杆轴向拉力设计值，kN；ζ_1为锚固体与地层间黏结工作条件系数，对永久性锚杆取1.00，对临时性锚杆取1.33；ζ_3为钢筋与砂浆黏结强度工作条件系数，对永久性锚杆取0.60，对临时性锚杆取0.72；f_{rb}为地层与锚固体黏结强度特征值，kPa；f_b为钢筋与锚固砂浆间的黏结强度设计值，kPa；d为锚杆钢筋直径，mm；n为钢筋根数。

取由式(12.3)与式(12.4)计算结果大的值配筋可得：取32根直径为28mm的钢筋$A_s = 19\,704mm^2$，锚杆的有效锚固长度为8.0m。

12.2.4　锚筋布置

在直径为90mm、孔深8.0m的开孔中植入32根锚筋，其中N2、N3共计16根为竖直植入，N1和N4与竖直方向夹角为10°；锚筋用黏结剂为M10水泥砂浆。具体布置如图12.3和图12.4所示。

锚筋施工完成养护完毕后，用锚杆拉拔仪对锚筋进行拉拔测试，确认实际受力符合要求。锚筋顶帽钢筋采用HRB335，用直径为12mm的钢筋网连接，间距为20cm，并浇筑50cm混凝土。

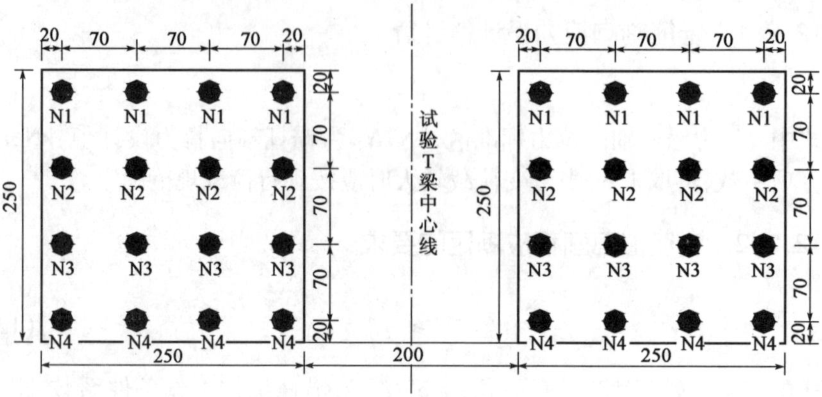

图 12.3　锚筋平面布置图(尺寸单位:cm)

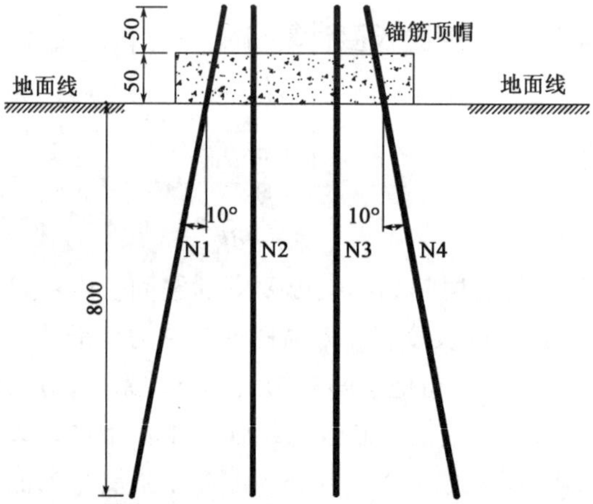

图 12.4　锚筋立面布置图(尺寸单位:cm)

12.2.5　加载梁及加载梁梁帽选择

(1)加载梁

本部分选择梁长 6m、宽 0.4m、高 1.0m 的试验加载钢梁,示意图如图 12.5 所示。

(2)加载梁梁帽

加载梁梁帽为加载梁与墩顶钢筋的连接装置,选 22 号 A 型工字钢。

加载梁梁帽连接完毕后,同时连接钢筋一端与植入钢筋预留部分焊接,另一端与横置在梁上的钢板连接。现场加载如图 12.6 所示,试验梁加载现场布置示意图如图 12.7 所示。

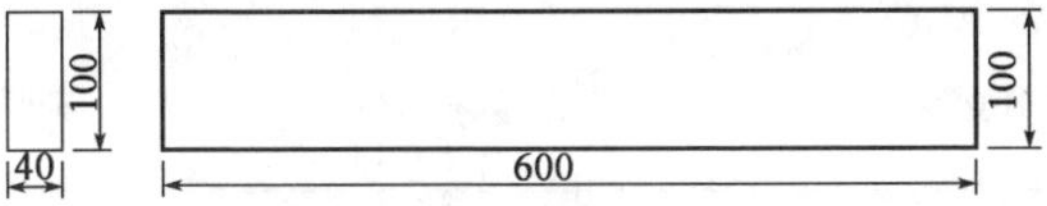

图 12.5　加载梁示意图(尺寸单位:cm)

a)　　　　b)

图 12.6　现场加载

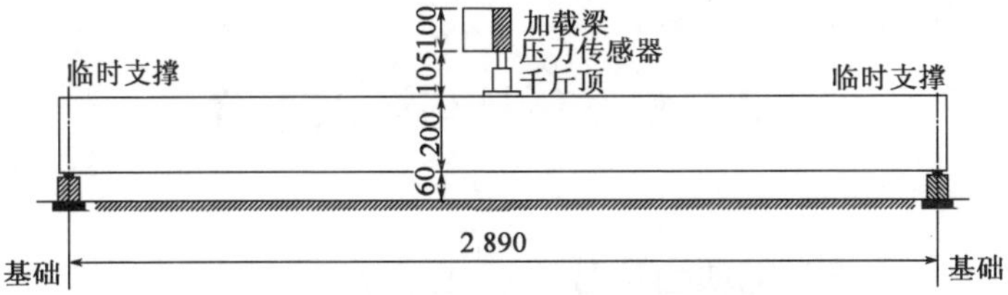

a)T梁加载现场布置立面图(尺寸单位:cm)

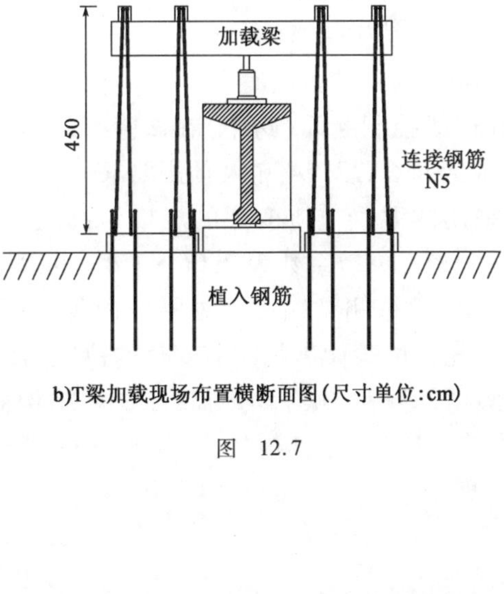

b)T梁加载现场布置横断面图(尺寸单位:cm)

图　12.7

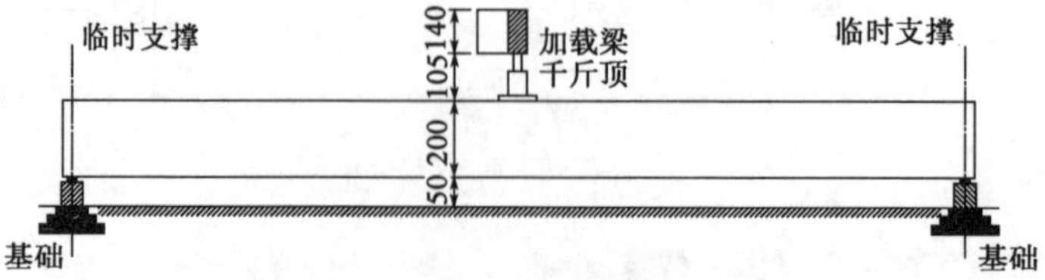

c)箱梁加载现场布置立面图

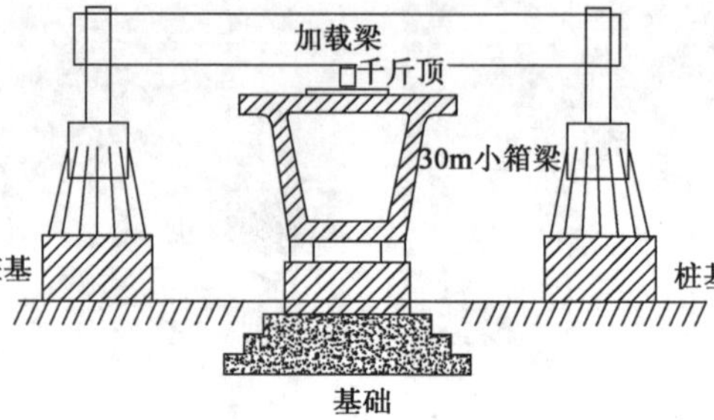

d)箱梁加载现场布置横断面图

图 12.7　试验梁加载现场布置示意图(尺寸单位:cm)

12.3　测试项目与测点布置

12.3.1　试验测试的项目及方法

预应力混凝土 T 梁试验与预应力混凝土箱梁试验测试的项目包括应变、挠度、支座沉降、度残余值以及结构裂缝等。

(1)试验梁应变测量的目的与方法

目的:通过测试试验梁控制断面(跨中)在试验荷载作用下的应变值,判断结构的实际受力状况是否符合设计、规范及使用要求。

方法:本试验中采用的混凝土应变片的规格为:栅长 × 栅宽 = 100mm × 5mm,电阻为 119.5 ±0.2Ω,灵敏系数为 2.06 ×1%。混凝土应变片的粘贴位置选择在试验梁的跨中,梁每侧粘贴截面处沿竖向等间距粘贴 5 片应变片。在粘贴应变片之前,首先将试验梁需粘贴应变片的位置用砂轮打磨平滑,其次用 75% 的医用酒精擦拭,等待干燥后均匀涂抹 914 结构胶,端子涂 502 胶。采用的钢筋应变片为箔式应变片,其规格为:栅长 × 栅宽 = 5mm × 3mm,电阻为 119.5 ±0.1Ω,灵敏系数为 2.08 ±1%。钢筋应变片的粘贴过程如下:在钢筋上打磨出一个比应变片略大的平面,但是平面不应过大,避免削弱钢筋强度;用酒精将贴片位置擦拭干净;将应变片平整地粘贴在擦拭过的位置,保证应变片的轴线与钢筋轴线水平;用环氧树脂包裹应变片,防止应变片与水接触。

试验梁钢筋的应变测量如图 12.8 所示,试验梁的混凝土应变测量如图 12.9 所示。

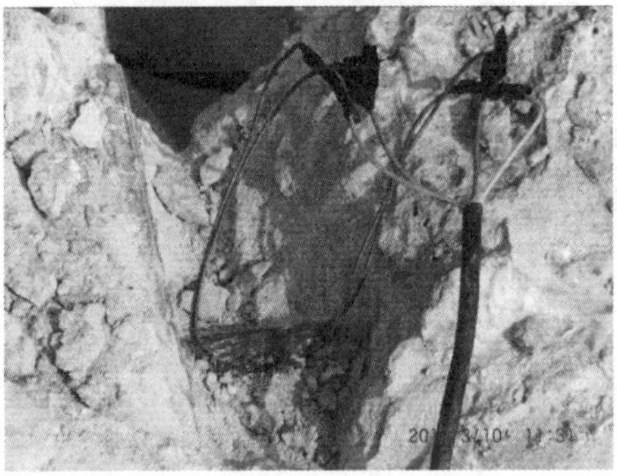

图 12.8　试验梁钢筋的应变测量

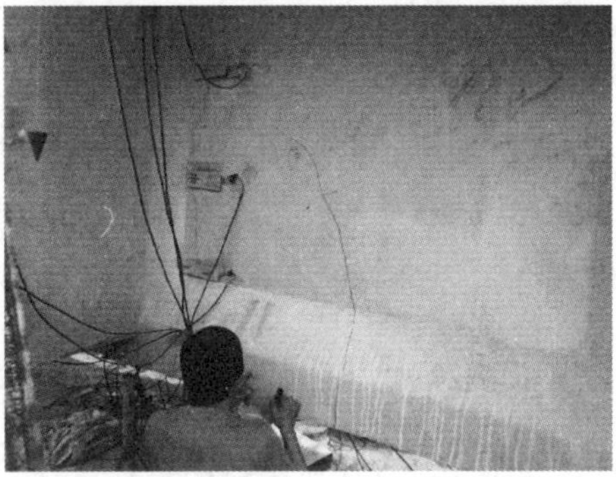

图 12.9　试验梁的混凝土应变测量

(2)试验梁支座沉降量及挠度测量的目的与方法

目的:测定支座位置沉降量,以消除其对跨中挠度的影响;通过测试试验梁在试验荷载作用下的挠度值,判断结构的实际刚度是否符合设计要求。

方法:本试验采用机械式百分表测量混凝土梁的挠度。为了获得可靠的整体变形情况,在试验梁两侧底部的支座、1/4 跨、跨中均架设机械式百分表。当位移量小于 100mm 时,采用大量程百分表对挠度进行测量;当位移量大于或等于 100mm 时,采用"贴尺法"对挠度进行测量。试验梁的 1/4 跨处及跨中的实际挠度即为 1/4 跨处及跨中的实测值减去支座处挠度的实测值。机械式百分表应架设在刚度足够大的支架上,并且要注意测杆与支架固定处的距离,这样不但可以防止支架产生变形影响实测结果,而且可以防止试验梁变形过大导致测杆与其接触而影响结果。在测试之前,混凝土的测点表面需粘贴一小块玻璃,以避免结构变形后,由于测点垂直于百分测杆方向的位移,而使位移计产生误差。在机械式百分表测杆上下活动时灵活度满足要求后即可对进行挠度测量,在测量时位移计测杆与所测量的位移方向完全一致。试验梁挠度测量如图 12.10 所示。

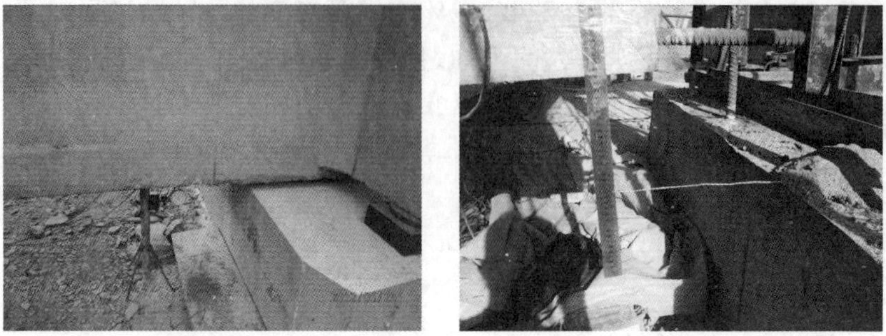

a) b)

图 12.10　试验梁挠度测量

(3)试验梁卸载后挠度残余值测量的目的与方法

目的:试验荷载卸载后,测试残余挠度值和残余应变值,判断结构变形恢复能力。

方法:在试验梁支座沉降量及挠度测量完毕并且卸载后,测得此时的机械式百分表读数。此时的机械式百分表读数与架设好待测支座沉降量及挠度时机械式百分表的读数之差,即为试验梁卸载后挠度残余值。

(4)试验梁结构裂缝测量的目的与方法

目的:通过对试验前后及试验过程中梁体结构裂缝发展情况进行观测,以了解预制梁施工质量,判断结构抗裂性能否符合设计和正常使用要求。

方法:为了更好地观测混凝土裂缝的产生与发展,以及裂缝高度与宽度随荷载增加的变化情况,在加载之前需清理试验梁的表面使之露出坚硬混凝土面。在对试验梁进行加载的过程中,每加一级荷载,都需要对试验梁进行一次裂缝观测,并且要在对每级荷载下的裂缝开裂及发展情况用记号笔进行记录,同时还需用对比卡对裂缝宽度进行测量。试验梁裂缝测量如图 12.11 所示。

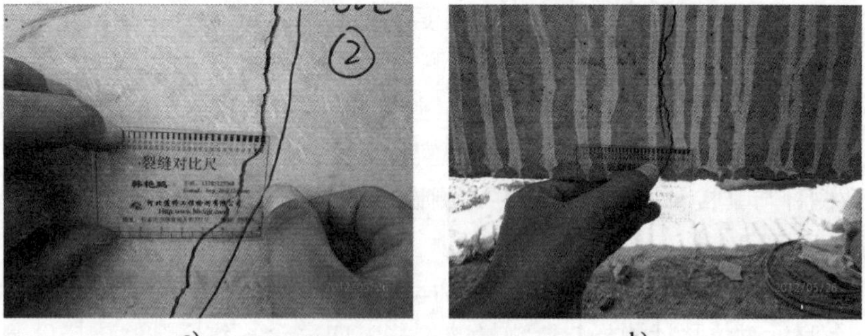

a) b)

图 12.11　试验梁裂缝测量

12.3.2　具体试验梁的测点布置

(1)应变测点具体布置位置如图12.12所示。

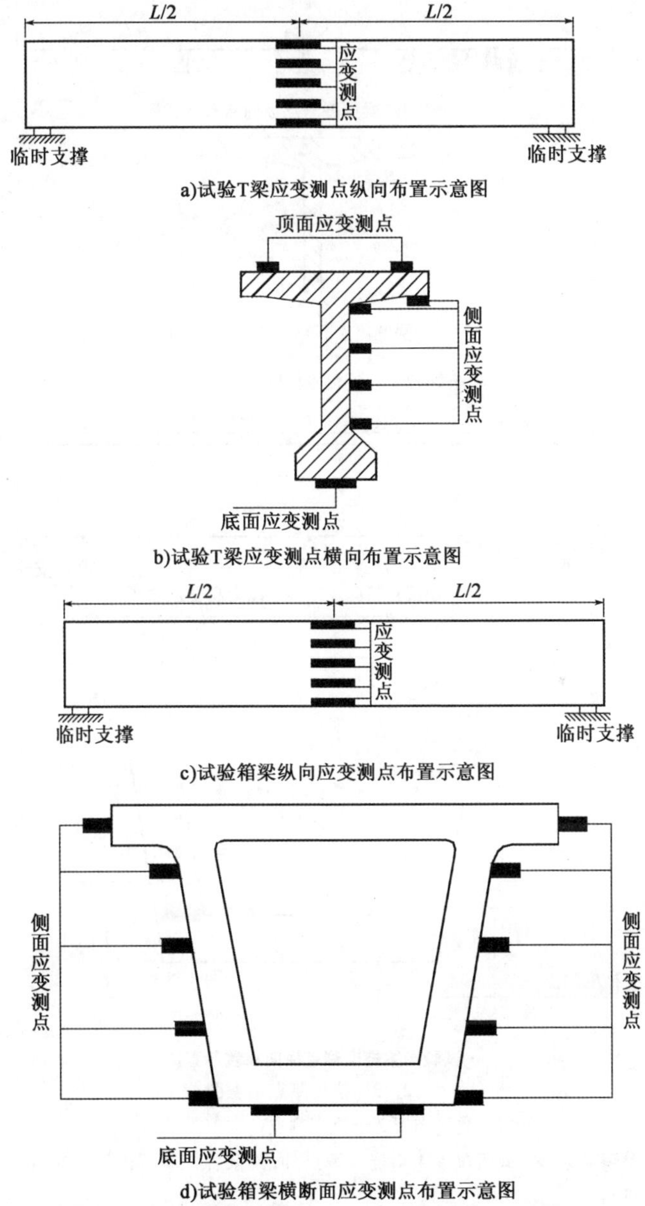

图12.12　应变测点布置图

(2)挠度测点布置位置如图 12.13 所示。

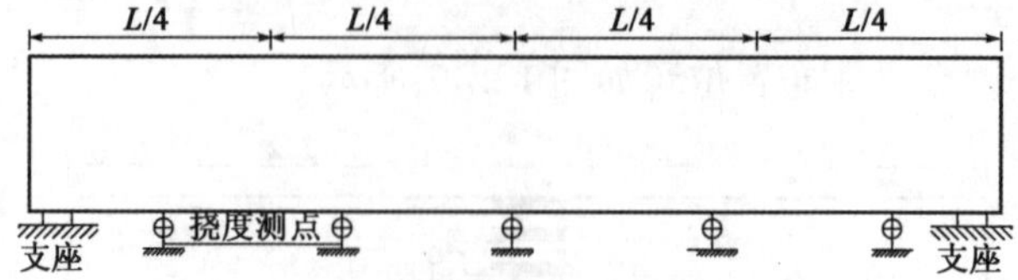

a)试验T梁挠度测点纵向布置示意图

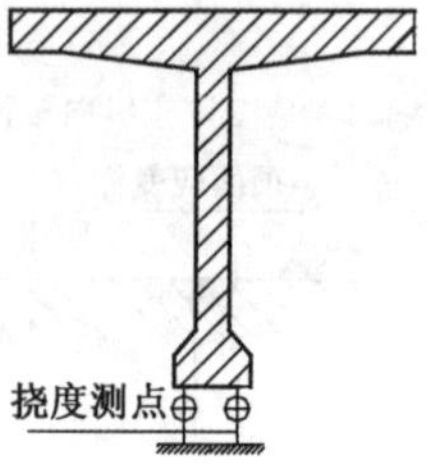

b)试验T梁挠度测点横断面布置示意图

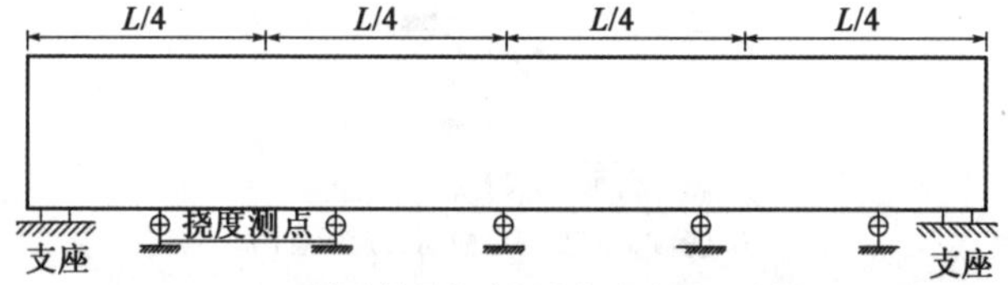

c)试验箱梁挠度测点纵向布置示意图

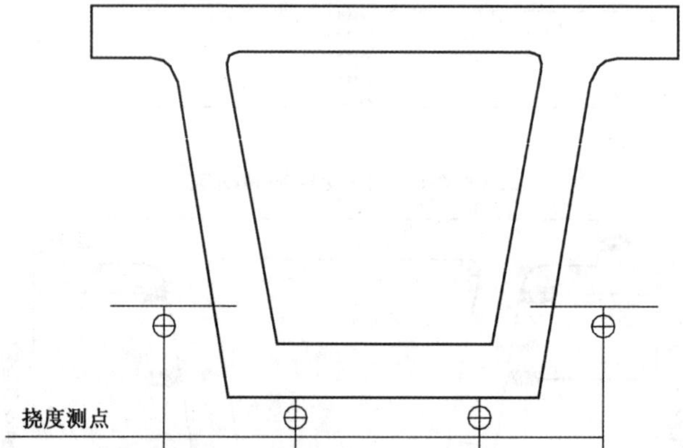

d)试验箱梁挠度测点横向布置示意图

图 12.13　挠度测点示意图

注:①试验 T 梁各控制截面均匀布置 2 个挠度测点;

②试验箱梁除 $L/2$ 截面布置 4 个挠度测点外,其余各控制截面均匀布置 2 个挠度测点;

③试验 T 梁共布置 10 个挠度测点,试验箱梁共布置 12 个挠度测点。

12.4　加载实施与控制

12.4.1　试验加载阶段划分

对试验T梁与试验箱梁的加载均分以下5个阶段：

(1)二期恒载控制弯矩阶段。

(2)设计正常使用阶段。

(3)截面设计极限抗力控制弯矩阶段。

(4)正常使用极限阶段。

(5)结构丧失承载能力控制弯矩阶段(破坏状态)。

12.4.2　试验梁加载方案

(1)试验梁预加载步骤

①预加载

试验前需要对试验梁施加至第(2)阶段试验荷载进行预压，在预压过程中应按10%递增，同步对试验梁进行裂缝观测，以消除结构前期塑性变形，检测测试系统工作性能。

②分级加载

本次试验根据荷载等级共分为5个加载阶段(阶段划分同上)，各阶段再根据荷载差值分成若干级次，各阶段分级情况具体如下：

(a)零荷载至阶段(1)，每级加载值应不大于短期试验荷载值的20%。

(b)阶段(1)至阶段(2)，每级加载值应不大于短期试验荷载值的20%。

(c)阶段(2)至阶段(3)，每级加载值应不大于短期试验荷载值的10%。

(d)阶段(3)至阶段(4)，每级加载值应不大于短期试验荷载值的10%。

(e)阶段(4)至阶段(5)，每级加载值应不大于短期试验荷载值的5%，直至破坏。

正式加载时，待观测数值稳定后，记录应变、挠度值，同步对试验梁关键截面是否出现裂缝及裂缝发展情况进行观测并记录。荷载施加完毕后，应逐级卸载。本次试验出于简便考虑，采用基本组合控制弯矩对应荷载作为短期试验荷载值。

(2)终止加载控制条件

当出现下列条件之一时，试验终止，即认为试验梁已达到或超过承载能力极限状态：

①对有明显物理流限的热轧钢筋，其受拉主筋应力达到屈服强度，受拉应变达到0.01；对无明显物理流限的热轧钢筋，其受拉主筋应力的受拉应变达到0.01。

②受拉主筋拉断，沿斜截面撕裂形成斜拉破坏。

③受拉主筋处最大垂直裂缝宽度1.5mm；箍筋或弯起钢筋与斜裂缝交汇处的斜裂缝宽度达到1.5mm。

④挠度达到跨度的1/50。

⑤受压区混凝土压坏，沿斜截面混凝土斜向受压破坏。

⑥斜裂缝端部受压区混凝土剪压破坏。

⑦试验现场出现其他不利于加载的因素(检查后，判断是否可重新加载)。

12.4.3 试验梁加载稳定时间控制

为控制加卸载稳定时间，选择一个控制观测点(跨中挠度或应变测点)，在每级加载(或卸载)后立即测读一次，计算其与加载前(或卸载前)测读值之差值S_g，然后每隔5min测读一次，计算5min前后读数的差值ΔS，并按下式计算相对读数差值m：$m=\Delta S/S_g$。

当m值小于1%或小于量测仪器的最小分辨值时，即认为试验梁基本稳定，可进行各观测点读数。

第 13 章 试验结果分析

13.1 试验 T 梁实测试验结果分析

13.1.1 正常使用状态结果分析

(1)挠度实测结果分析

在正常使用阶段荷载作用下试验梁的挠度值及挠度曲线如表 13.1 和图 13.1 所示。数据显示,跨中挠度实测值为 17.44mm,小于理论值的 19.03mm,校验系数为 0.92,小于 1.0,这说明该试验梁的实测刚度能够满足设计要求。

正常使用阶段试验 T 梁各测点挠度值(单位:mm) 表 13.1

加载阶段		支点	$L/4$	$L/2$	$3L/4$	支点
正常使用状态	实测值	0.00	11.04	17.44	10.96	0.00
	理论值	0.00	12.90	19.03	12.90	0.00
	校验系数	—	0.86	0.92	0.86	—

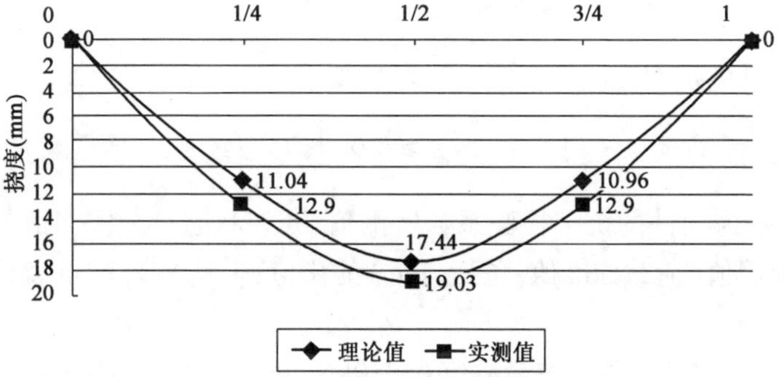

图 13.1 试验 T 梁正常使用阶段试验各测点挠度对比曲线

试验 T 梁的参与应变值如表 13.2 所示。

试验 T 梁相对残余变位 表 13.2

项　　目	支点	$L/4$	$L/2$	$3L/4$	支点
正常使用状态变位值(mm)	0.00	11.04	17.44	10.96	0.00
卸载后变位值(mm)	0.00	0.89	1.46	0.91	0.00
相对残余变位	—	0.08	0.08	0.08	—

由表 13.2 分析得到相对残余变位最大值为 0.08，小于规范要求的 0.20，说明该试验梁的结构接近弹性工作状况。

(2)应变、应力实测结果分析

由表 13.3 可看出，在正常使用阶段荷载作用下，实测拉应力值为 9.04MPa 小于理论应力值 10.29MPa，校验系数为 0.88 < 1.0，说明该试验梁的强度满足设计要求。

正常使用阶段(荷载值 550.7kN)试验 T 梁最大拉应力值表 表 13.3

测点编号	5 号	4 号	3 号	2 号	1 号
实测拉应力值(MPa)	—	—	2.17	5.35	9.04
理论计算拉应力值(MPa)	-4.01	-0.69	2.97	6.62	10.29
校验系数	—	—	0.73	0.81	0.88

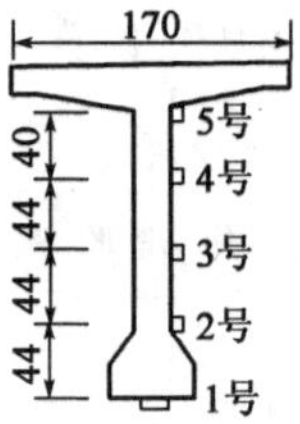

测点示意

注：表中应力值均为在试验荷载作用下结构混凝土表面应力变化量，“—”表示数据异常。

13.1.2 开裂状态结果分析

预制构件的抗裂性应符合式(13.1)的要求

$$\gamma_{cr}^{0} \geqslant [\gamma_{cr}] \tag{13.1}$$

式中：γ_{cr}^{0}为构件的抗裂检验系数实测值，开裂状态荷载实测值与正常使用极限状态荷载值(荷载标准值，包括自重)的比值；γ_{cr}为构件的抗裂检验系数允许值，$\gamma_{cr}=0.75$。

由表 13.1 实测开裂状态荷载值 650.0kN，开裂弯矩(包括自重)为6 924.25 kN·m；设计弯矩值(包括自重)为 7 937.63kN·m；经计算 $\gamma_{cr}^{0}=0.87 \geqslant \gamma_{cr}=0.75$，说明该试验梁抗裂性能满足规范要求。

13.1.3　正常使用极限状态的分析

(1)挠度分析

预制构件的挠度应符合式(13.2)的要求:

$$a_s^0 \leqslant [a_s] \tag{13.2}$$

式中:a_s^0 为在正常使用极限状态下的构件挠度实测值,查表 13.3 为 29.79mm;a_s 为挠度检验允许值,经计算得 38.82mm。

挠度实测值 $a_s^0=29.79\text{mm}<$ 挠度检验允许值 $a_s=38.82\text{mm}$,说明该试验梁挠度满足规范要求。

(2)裂缝宽度分析

预制构件的裂缝宽度应符合式(13.3)的要求:

$$\omega_{s.\max}^0 \leqslant [\omega_{\max}] \tag{13.3}$$

式中:$\omega_{s.\max}^0$ 为在正常使用极限状态下,受拉主筋处的最大裂缝宽度实测值,通过实验测量的 0.13mm;$\omega_{\max}$ 为构件检验的最大裂缝宽度允许值,由《混凝土结构工程施工质量验收规范》得为 0.15mm。

最大裂缝宽度实测值 $\omega_{s.\max}^0=0.13\text{mm}<$ 最大裂缝宽度检验允许值 $\omega_{\max}=0.15\text{mm}$,说明该试验梁最大裂缝宽度满足规范要求。

13.1.4　极限承载能力(破坏)状态的分析

预制构件的极限承载能力状态检验应符合式(13.4)的要求:

$$\gamma_u^0 \geqslant \gamma_0\eta[\gamma_u] \tag{13.4}$$

式中:γ_u^0 为构件的承载力检验系数实测值;γ_0 为结构重要性系数,1.10;η 为构件承载能力检验修正系数,1.15;$[\gamma_u]$为构件的承载力检验系数允许值,查规范(GB 50204—2002)为 1.35。

由表 13.4 实测极限承载力状态荷载值 1 800.0kN,实测截面抗力(包括自重)为 15 223.0kN · m;设计弯矩值(包括自重)为 7 937.63kN · m。

$$\gamma_u^0=\frac{实测截面抗力}{设计弯矩值}=1.92>\gamma_0\eta[\gamma_u]=1.10\times1.15\times1.35=1.71$$

承载力检验系数实测值 $\gamma_u^0=1.92>$ 检验系数允许值 $\gamma_0\eta[\gamma_u]=1.71$,说明该试验梁承载力满足规范要求。

13.2 试验箱梁实测试验结果分析

13.2.1 正常使用状态结果分析

(1)挠度实测结果分析

在正常使用阶段荷载作用下试验梁的挠度值及挠度曲线如表13.4和图13.2所示。数据显示,跨中挠度实测值为15.75mm小于理论值为21.27mm,校验系数为0.74<1.0,这说明该试验梁的实测刚度能够满足设计要求。

正常使用阶段试验箱梁各测点挠度值(单位:mm)　　表13.4

加载阶段		支点	$L/4$	$L/2$	$3L/4$	支点
正常使用状态	实测值	0.00	10.18	15.75	10.59	0.00
	理论值	0.00	14.62	21.27	14.62	0.00
	校验系数	—	0.70	0.74	0.72	—

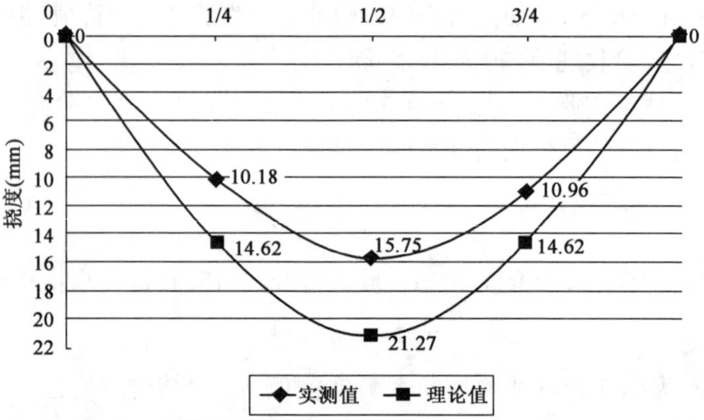

图13.2　试验箱梁正常使用阶段试验各测点挠度对比曲线

验箱梁的参与应变值如表13.5所示。

试验箱梁相对残余变位　　表13.5

	支点	$L/4$	$L/2$	$3L/4$	支点
正常使用状态变位值(mm)	0.00	10.18	15.75	10.59	0.00
卸载后变位值(mm)	0.00	0.45	0.39	0.43	0.00
相对残余变位	—	0.04	0.02	0.04	—

由表13.5分析得到相对残余变位最大值为0.04，小于规范要求的0.20，说明该试验梁的结构接近弹性工作状况。

(2)应变、应力实测结果分析

由表13.6可看出，在正常使用阶段荷载作用下，实测拉应力值为8.14MPa小于理论应力值9.73MPa，校验系数为0.84 <1.0，说明该试验梁的强度满足设计要求。

正常使用阶段(荷载值528.0kN)试验箱梁最大拉应力值表　　表13.6

加载阶段	实测拉应力值(MPa)	理论计算拉应力值(MPa)	校验系数
正常使用状态	8.14	9.73	0.84

注：表中应力值均为在试验荷载作用下结构混凝土表面应力变化量。

13.2.2　开裂状态结果分析

预制构件的抗裂性应符合下列公式要求：

$$\gamma_{cr}^{0} \geqslant [\gamma_{cr}] \tag{13.5}$$

式中：γ_{cr}^{0}为构件的抗裂检验系数实测值，开裂状态荷载实测值与正常使用极限状态荷载值(荷载标准值，包括自重)的比值；γ_{cr}为构件的抗裂检验系数允许值，$\gamma_{cr}=0.75$。

实测开裂状态荷载值656.4kN，开裂弯矩(包括自重)为7 697.55kN·m；设计弯矩值(包括自重)为8 591.75kN·m；经计算$\gamma_{cr}^{0}=0.90 \geqslant \gamma_{cr}=0.75$，说明试验箱梁抗裂性能满足规范要求。

13.2.3　正常使用极限状态分析

(1)挠度分析

预制构件的挠度应符合下列公式要求：

$$a_s^0 \leqslant [a_s] \tag{13.6}$$

式中：a_s^0为在正常使用极限状态下的构件挠度实测值，试验梁实测值为25.99mm；a_s为挠度检验允许值，经计算得35.84mm。

挠度实测值$a_s^0=25.99$mm≤挠度检验允许值$a_s=35.84$mm，说明该试验梁挠度满足规范要求。

(2)裂缝宽度分析

预制构件的裂缝宽度应符合下列公式要求：

$$\omega_{s.\max}^{0} \leqslant [\omega_{\max}] \tag{13.7}$$

式中：$\omega_{s.\max}^{0}$为在正常使用极限状态下，受拉主筋处的最大裂缝宽度实测值，通过试验测量得0.13mm；$\omega_{\max}$为构件检验的最大裂缝宽度允许值，查规范(GB 50204—2002)为0.15mm。

最大裂缝宽度实测值$\omega_{s.\max}^{0}$ = 0.13mm ≤ 最大裂缝宽度检验允许$\omega_{\max}$ = 0.15mm，说明该试验梁最大裂缝宽度满足规范要求。

13.2.4 极限承载能力(破坏)状态分析

预制构件的极限承载能力状态检验应符合下列公式要求：

$$\gamma_{u}^{0} \geqslant \gamma_{0}\eta[\gamma_{u}] \tag{13.8}$$

式中：γ_{u}^{0}为构件的承载力检验系数实测值；γ_{0}为结构重要性系数，1.10；η为构件承载能力检验修正系数，1.15；$[\gamma_{u}]$为构件的承载力检验系数允许值，查规范(GB 50204—2002)为1.45。

试验梁实测极限承载力状态荷载值1 947.9kN，实测截面抗力(包括自重)为17 028.64kN·m；设计弯矩值(包括自重)为8 591.75kN·m。

$$\gamma_{u}^{0} = \frac{\text{实测截面抗力}}{\text{设计弯矩值}} = \frac{17\,028.64}{8\,591.75} = 1.98 \geqslant \gamma_{0}\eta[\gamma_{u}] = 1.10 \times 1.15 \times 1.45 = 1.83$$

承载力检验系数实测值γ_{u}^{0} = 1.98 ≥ 检验系数允许值$\gamma_{0}\eta[\gamma_{u}]$ = 1.83，说明该试验梁承载力满足规范要求。

13.3 试验T梁的预应力损失分析

无论是先张法预应力混凝土结构还是后张法混凝土结构，都会产生两类预应力损失，即瞬时损失和长期损失。这些预应力的损失对预应力钢筋混凝土结构是有害的。因此，有效的控制预应力损失，对于预应力混凝土结构是十分有必要的。现将控制预应力损失的方法总结如下：

(1)为了减少预应力钢筋与孔道之间摩擦引起的预应力损失，在张拉钢绞线的时候可以采用两端同时张拉的方法，这样可以使预应力钢筋曲线的切线夹角θ及孔道计算长度x减少一半。

(2)为了减少锚具变形而引起的预应力损失，一方面应当尽可能降低垫板的个数；另一方面尽量提高锚具的强度和刚度。

(3)为了减少混凝土加热养护时,预应力筋与承受拉力的设备之间的温差引起的预应力损失,可以采取两次升温养护法:初次升温应当在混凝土未结硬、未与预应力钢筋黏结时进行;第二次升温应在混凝土构件具备一定的强度的时候,这时的混凝土与预应力钢筋的黏结力足以抵抗温差变形,此时的预应力钢筋与混凝土一起变形,预应力钢筋不再产生预应力损失。

(4)为了减少钢筋松弛而引起的预应力损失,可对钢筋进行超张拉,这样可以使预应力钢筋端部的预应力增大,其他截面的预应力也相应增大。但当张拉端预应力退回到控制应力后,由于受到反向摩擦力的作用,应力退回的影响并没有传到其他截面,仍保持较大的预应力。

(5)为了减少混凝土收缩和徐变而引起的预应力损失,应采用早强的高标号混凝土,减少水泥用量,降低水灰比,振捣密实,加强养护,并控制混凝土的预压应力。

本部分对邢汾高速11标小戈廖大桥右幅3-4号T梁,按照《公路钢筋混凝土与预应力混凝土桥梁设计规范》计算预应力损失的方法,进行预应力损失进行计算,并与实验测量的预应力损失结果进行对比,为以后预应力损失的合理计算提供依据。

13.4 有黏结预应力混凝土结构使用阶段预应力钢筋的应力分析

对于无黏结预应力混凝土结构而言,由于预应力筋与周围结构体存在相对滑移,平截面假定不再成立,预应力钢筋应力增量不取决于截面上的应变,而是取决于整个结构变形。无黏结预应力混凝土结构在分级加载过程中预应力钢筋应力增量几乎都是由锚具传递给混凝土的。对于有黏结的预应力混凝土结构而言,在分级加载过程中预应力钢筋的应力增量是由锚具、预应力钢筋与注浆后之间的黏结力共同传递给混凝土,但是对二者所承担的传递给混凝土的预应力钢筋应力增量的比例的研究仍是空白。因此,本节通过对有黏结预应力混凝土T梁在使用阶段锚具处预应力钢筋应力的实测值与跨中预应力钢筋的应力值进行分析,对锚具、预应力钢筋与注浆后之间的黏结力共同传递给混凝土所承担的比例进行研究。为今后对用黏结预应力混凝土结构破坏的更好研究提供依据。

通过实测可知在分级加载过程中跨中处预应力钢筋的应力增量与锚具处预应力钢筋应力增量如图13.3、图13.4和表13.7所示。

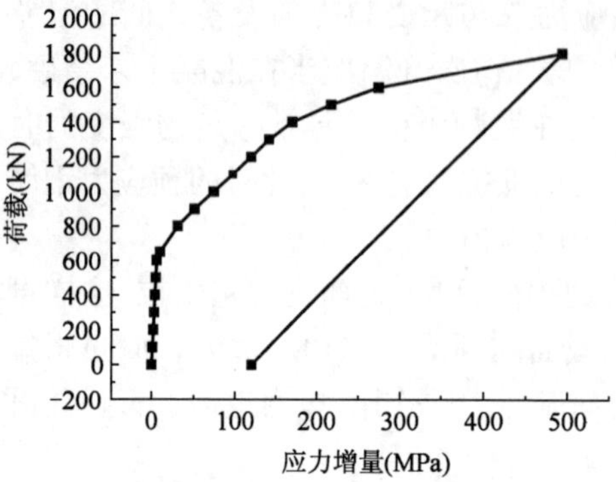

图 13.3　试验 T 梁跨中处预应力钢筋应力增量—荷载关系曲线

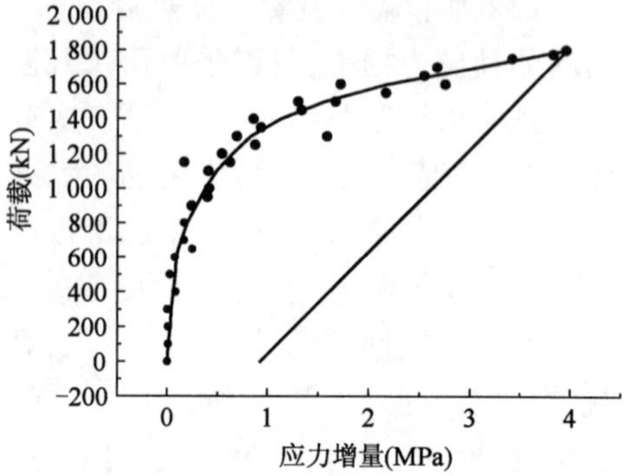

图 13.4　试验 T 梁锚具处预应力钢筋应力增量—荷载关系曲线

分级加载过程中锚具处预应力钢筋的应力增量与跨中处预应力钢筋的应力增量　　表 13.7

弯矩值(kN·m)	0	723	1 445	2 168	2 890	3 613	4 335	4 696	5 780
锚具处预应力钢筋应力增量(MPa)	0	0.01	0.03	0.04	0.06	0.08	0.10	0.11	0.20
跨中预应力钢筋应力增量(MPa)	0	1	2	3	4	5	6	10	31
锚具处预应力钢筋应力增量占跨中预应力钢筋应力增量的比例(%)	0	1	1.5	1.33	1.5	1.6	1.67	1.1	0.65
弯矩值(kN·m)	6 503	7 225	7 948	8 670	9 393	10 115	10 838	11 560	13 005
锚具处预应力钢筋应力增量(MPa)	0.31	0.38	0.49	0.65	0.83	1.13	1.56	2.18	3.97
跨中预应力钢筋应力增量(MPa)	51	74	97	119	141	170	217	274	493
锚具处预应力钢筋应力增量占跨中预应力钢筋应力增量的比例(%)	0.61	0.51	0.51	0.55	0.59	0.66	0.72	0.80	0.81

注:锚具处预应力钢筋应力增量是由拟合曲线得到的近似值。

由上表可知在分级加载的过程中,跨中处预应力钢筋与锚具处预应力钢筋的应力都在增加,但是跨中处预应力钢筋的应力增加幅度要远远大于锚具处预应力钢筋的应力增加幅度。即使是在加载弯矩为 4 335kN·m 时,锚具处预应力钢筋应力增量占跨中预应力钢筋应力增量最大,但是也仅仅为 0.017。说明在活荷载作用下,由锚具传递给混凝土的预应力钢筋的应力增量要远远小于由预应力钢筋与注浆后之间的黏结力传递给混凝土的预应力钢筋的应力增量,即:有黏结预应力混凝土结构在使用阶段的预应力主要是由预应力钢筋与注浆后之间的黏结力传递给混凝土,并且由锚具传递给混凝土的部分可以忽略不计。

根据分级加载过程中锚具处预应力钢筋的应力增量与跨中处预应力钢筋的应力增量计算表以及预应力钢绞线 S-N 曲线，对预应力钢筋的疲劳破坏问题进行定性分析。预应力钢绞线 S-N 曲线如图 13.5 所示。

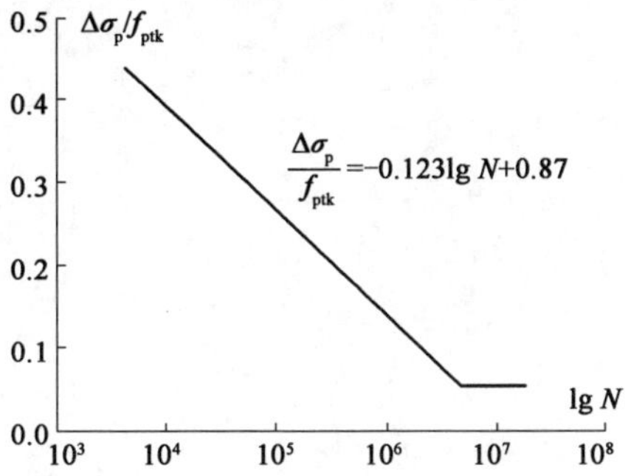

图 13.5　预应力钢绞线 S-N 曲线

预应力钢筋的疲劳破坏问题主要取决于加载应力变幅以及预应力的大小。在加载之前有黏结预应力试验 T 梁锚具处预应力钢筋的应力值与跨中处预应力钢筋的应力值分别为 1 089MPa 与 1 031MPa，说明锚具处预应力钢筋与跨中处预应力钢筋的预应力大小基本相同。由表可知，在分级加载的过程中，跨中预应力钢筋应力增量要比锚具处预应力钢筋应力增量的大很多，说明在分级加载过程中跨中处预应力钢筋的应力幅度比锚具处预应力钢筋的应力幅度大很多。结合预应力钢绞线的 S-N 曲线可知，跨中处预应力钢筋发生疲劳破坏需要的荷载循环次数要远远少于锚具处预应力钢筋发生疲劳破坏需要的荷载循环的次数，但是该 30m 有黏结预应力混凝土试验梁在受到活荷载作用时，跨中处预应力钢筋与锚具处预应力钢筋所承受的荷载循环次数始终保持一致的。因此，有黏结预应力混凝土结构预应力钢筋的疲劳破坏基本不会发生在锚具处。

第四部分

高墩简支变连续梁桥抗震性能研究

第14章　绪　论

14.1　先简支后连续梁桥的发展概况

14.1.1　先简支后连续梁的优点

连续梁桥一般整体浇筑，桥面比较平顺，行车舒适性明显好于简支梁桥，同于由于负弯矩的存在，很大程度上减少了跨中正弯矩，从而减少结构自重和材料消耗。但是连续梁桥施工复杂，需要大量构件、支架，对作业环境要求也极为苛刻，工期长、造价昂贵。

科研工作者对简支梁桥和连续梁桥的特点进行了详尽的研究，提出了一种新型的桥梁形式，该桥型通过体系转化成功、有效结合上述两种桥型的优点，同时避免他们的一些弊端，这就是先简支后连续梁桥。

通过历代工程师辛勤探索，集合简支梁桥和连续梁桥各自优点的先简支后连续梁桥得以诞生，并迅速得到推广应用，优点如下所述。

(1)先简支后连续梁桥同简支梁桥一样，可以在加工厂批量标准化预制生产主梁，这样不仅仅大量地减少模具的数量、设备的投入，也能够在降低人工费用同时提高了产品的质量。

(2)先简支后连续梁桥使用装配式施工方法安装主梁，很大程度上忽略了桥下地形，能够适用于跨越河流、山谷等恶劣地形地质条件的施工，有效节约了成本。同时这种施工方法创造了良好的作业环境，前期工人在地面制造，后期通过架梁机在桥面施工，避免了整体现浇施工、悬臂施工中易出现的危险事故，有效保证施工顺利进行。

(3)先简支后连续梁桥兼备类似简支梁桥的简易施工方法和连续梁桥良好的力学特性，同等荷载作用下，比简支梁桥要求的材料用量更少，构件高度更小，尤其在立交桥修建当中优势明显，由于现浇湿接缝的存在，大量减少了伸缩缝的设置，变形小，行车平顺性更好。

(4)先简支后连续梁桥龄期相对于连续梁桥要短，收缩徐变较小，对主梁正弯矩预应力钢筋几乎不造成影响，所以次力矩较小，设计时计算更加明确简单。另外该桥型更适用条件更为苛刻的地形地质，基础沉降要求低，能够在软土地基上施工建造。

14.1.2 国内外研究现状

目前，像美国、加拿大、法国、比利时、德国、日本、意大利、韩国等发达国家，都有很多桥型选用先简支后连续梁桥的建造方式，数量在桥梁总数占到很大比重，是当今社会常见的桥型之一。位于美国布拉斯加州林肯市的第五号街天桥和第十街天桥是最早采用“先简支后连续梁桥”施工方法的先例，随后这种工艺由于施工简便、行车舒适等特点被世界各地争相采用，这种桥型的施工方法，不仅流水化作业，预制生产主梁，节省了材料、模具、人力、无力，而且还极大地缩短了施工周期，在众多施工方法中崭露头角、大放异彩，所以基于先简支后连续梁桥的优异特点，在全世界各地的应用比重越来越大，并且加上现在施工工艺、设计工艺的日趋完善，这种桥型在施工过程、使用品质和时间成本上甚至不输于钢结构桥梁。

中国对先简支后连续梁桥研究时间并不晚于世界其他各国，20 世纪但由于该桥型在国内公路桥梁建设中普及历程较为缓慢，发展相对滞后，无论是研究成果还是施工技术同国外领先世界水平有一段差距。改革开放以来，中国经济得到空前的发展，基础建设越来越完善，道路需求日益强烈，桥梁建设如雨后春笋，尤其是先简支后连续梁桥这种桥型得到广泛的应用和长足的发展，相关的研究分析大量涌现。

国外在要求更为严格高速铁路桥梁方面研究比较集中，国内把公路工程和铁路工程分开做了大量分析研究，提出两套标准规范，极大地方便桥梁建设的快速发展，同时公路工程和铁路工程分开，更能因地制宜，物尽其用，避免大量资源和人力资源的浪费。国内外对于预应力桥梁的预拱度问题展开了深入的研究，由于混凝土的收缩徐变总是会导致主梁结构的内力和预拱度的变化，通过理论分析和实验对比，确定影响因素和控制方法至关重要，目前通过不断探索得到了宝贵的成果。例如编制了《武汉绕城高速公路预应力混凝土梁体系上部结构施工指南》，该方案不仅解决了设计、施工的诸多难点，还对行业有着重要意义的启示。但是这些文献虽然对预拱度做了相当丰富的研究，仍缺少体系转化后桥梁变形的计算内容。

14.2　先简支后连续梁桥抗震研究概况

14.2.1　地震及震害

我国自古以来是世界上多发地震的国家之一，为了减轻地震这种突发式灾害造成的巨大人力和财力损失，人们一直在对其研究。随着现代科学技术发展，地震工程在理论与实践方面都取得很大成就。但是，近年来我国频繁发生强度大、频度高、震源浅的强震：2008 年四川省汶川县 8.0 级大地震是自新中国成立以来破坏性最强的一次地震；2013 年四川省雅安发生 7.0 级地震，随后连续发生多次余震，震源深度 13km，受灾人数达 38.3 万。世界各地发生的强震同样造成的灾害十分严重：1971 年发生的圣费南多地震使加利福尼亚州际高速公路中 60% 的桥梁受到损害，修复费用达 1 亿美元。1989 年的美国洛马普里埃塔地震中有 80 多座桥梁受损，损失总计达 18 亿美元左右。地震造成的巨大损失使我们人类有必要总结以往历史地震的教训和经验上研究和改进工程结构抗震设计技术，不断提高工程抗震的整体技术水平。

14.2.2　先简支后连续梁桥的震害分析

对以往震害资料进行统计分析，桥梁震害原因有四种，如图 14.1 所示，即：①实际地震强度强于本地区抗震设防标注；②桥梁场地地基地质条件差，极易发生地基失效或变形；③桥梁结构中存在设计或施工错误；④桥梁结构本身没有足够的抗震能力。

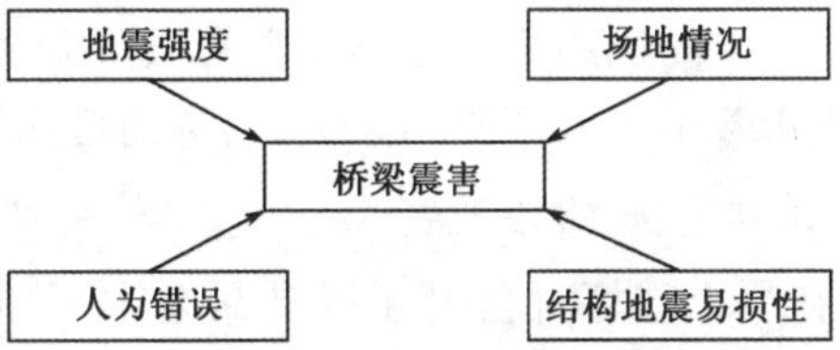

图 14.1　桥梁震害原因分析

桥梁抗震从结构抗震设计角度分地基失效引起的破坏和结构强烈振动引起的破坏两类。

(1) 地基失效引起的破坏

地基在强震中可能会产生开裂、滑动和不均匀沉降等地质问题，进而发生失效,造成承载力消失,引起桥梁结构破坏,一般工程难以抵御这类破坏。

(2)结构强烈振动引起的破坏

桥梁结构随地震动而振动,内力和变形都会发生改变,甚至导致桥梁结构的破坏和倒塌。这类破坏有两方面原因:①地震动强度超过结构设计强度;②结构设计和施工方法上存在天然缺陷。基于地震动的不确定性和复杂性,目前研究对地震动特性不敏感的结构显得特别重要。

14.2.2.1 先简支后连续梁桥上部结构震害

桥梁的上部结构按照震害产生原因不同,分为以下三类。

(1)上部结构自身震害

桥梁上部结构受力取决于桥梁结构的使用状况,如恒载、活载的大小。极少情况会因为地震力发生结构性破坏,即便有也是极其轻微的屈曲破坏。

(2)上部结构的移位震害

移位震害通常是由于上部结构位移较大,支座失效、挡块破坏造成的,这类震害在先简支后连续梁桥比较常见,一般而言,在两联之间设置伸缩缝的区域容易出现。

(3)上部结构的碰撞震害

先简支后连续梁桥上部结构主梁之间发生碰撞的情况较为常见,尤其是地震动比较强烈时,可导致结构的破坏。除此之外,还有上部结构也有可能与桥台发生碰撞。

14.2.2.2 支座的震害

支座作为连接下部结构和上部结构的枢纽至关重要,同时也十分薄弱。震害资料表明,支座发生破坏的现象十分普遍。析其主要原因,无外乎支座设计本身严重错误导致、支座形式的选用不合理和材料强度不够几种因素。支座作为枢纽一旦发生破坏,意味着主梁的主要约束失效,进而可能导致落梁事故。

14.2.2.3 下部结构和基础的震害

下部结构和基础在严重破坏时会引起桥梁倒塌,除了地基毁坏外主要原因还有桥梁墩台和基础在收到较大的水平地震力时会瞬间反复振动,最终造成相对薄弱的截面破坏。

(1)桥梁墩柱的震害

钢筋混凝土墩柱的破坏形式主要有弯曲破坏和剪切震害,弯曲破坏多表现为开裂、钢筋裸露和弯曲等,属于延性破坏。在发生剪切破坏的过程中,墩柱强度和刚度会突然丧失,这种破坏时脆性的。除上述破坏形式之外,墩柱基脚也经常发生。

(2)桥台的震害

桥台的震害比较常见。主要有:①地基丧生承载力引起的桥台滑移;②台身与上部结构的碰撞破坏;③桥台向后倾斜。

14.2.2.4　基础的震害

基础震害主要体现在地基失效引发的桥梁结构的破坏,还有上部结构产生较大惯性力,逐步传递到地基,引发桩基剪切或弯曲破坏。震害资料也表明采用桩基础的桥梁结构抗震性能要好于无桩基础的桥梁结构。

14.2.3　先简支后连续梁桥抗震现状

迄今为止,国内外相关桥梁抗震规范设计范围有限,但桥梁抗震超出规范使用范围后,则无章可循。对于简支变连续梁桥的抗震设计,桥梁工程师依然沿用了设置抗震挡块这一简单形式,由于没有高烈度地震作用下的使用经验,该方法的有效性尚无法证实。中国制定的《公路桥梁抗震设计细则》(JTG/T B02—01—2008)指出在超过150m的混凝土梁桥需要进行专门研究,可见匮乏程度,需要进一步进行分析研究和补充。

第15章　先简支后连续梁桥动力特性分析

15.1　结构自振特性分析基本理论

15.1.1　动力学有限元方程的建立

结构动力分析主要是得出结构在荷载作用下反应的分析。通过一系列简化、等效,把复杂的动力分析问题转换成动力学方程,本课题主要介绍 Hamilton 动力学方程,原理可以通过下述公式体现:

$$\int_{t_1}^{t_2}\delta(T-V)\mathrm{d}t+\int_{t_1}^{t_2}\delta W_{\mathrm{n}}\mathrm{d}t=0 \tag{15.1}$$

式中:T 为体系的总动能;V 为体系的总位能;W_{n} 为体系上的非保守力所作的功;δ 为在指定时间区间内所取的变分。

Hamilton 原理的关键是动能、位能及非保守力产生的功累计叠加在每一时刻都为零。同时说明 Hamilton 原理建立的方程只通过能量进行表征。

15.1.1.1　单自由度动力反应方程的建立

根据定义,T-体系的动能和 U-弹簧的应变能表达的位能分别为:

$$T=0.5mu^2 \tag{15.2}$$

$$V=U=0.5ku^2 \tag{15.3}$$

$p(t)$ 作用在体系上的荷载和 f_D 阻尼力作功的变分为:

$$\delta W_{\mathrm{n}}=p(t)\delta u-c\dot{u}\delta u \tag{15.4}$$

将式(15.2)~式(15.4)代入式(15.1)中,对第一项变分后得:

$$\int_{t_1}^{t_2}\left[m\dot{u}\delta\dot{u}-c\dot{u}\delta u-ku\delta u+p(t)\delta u\right]\mathrm{d}t=0 \tag{15.5}$$

由于 $\int_{t_1}^{t_2}m\dot{u}\delta\dot{u}\mathrm{d}t=m\dot{u}\delta u\big|_{t_1}^{t_2}-\int_{t_1}^{t_2}m\ddot{u}\delta u\mathrm{d}t$,且在 Hamilton 原理中假定变分 δ_{u} 在积分限 t_1 和 t_2 时为零,进而方程(15.5)可化简为:

$$\int_{t_1}^{t_2}\left[-m\ddot{u}-c\dot{u}-ku+p(t)\right]\delta u\mathrm{d}t=0 \tag{15.6}$$

因为变分 δ_u 的随机性，所以在式(15.6)中，当表达式为零时才能成立。单自由度体系的运动方程如下：

$$m\ddot{u}+c\dot{u}+ku=p(t) \tag{15.7}$$

15.1.1.2　多自由度体系动力反应方程的建立

在单自由度体系运动方程的基础上扩展可以得到多自由度体系运动方程，故桥梁结构(包括基础)在动坐标系下的动力平衡方程为：

$$[M]\{\ddot{U}\}+[C]\{\dot{U}\}+[K]\{U\}=-\{P\}[C]\{\ddot{U}_{g0}\} \tag{15.8}$$

式中：$[M]$为质量矩阵；$[C]$为阻尼矩阵；$[K]$为刚度矩阵；$\{U\}$为节点相对位移；$\{U\}$为结构总位移与动坐标原点地震动位移之和；$\{\ddot{U}_{g0}\}$为动坐标原点的地震动加速度时程。各矩阵的意义如下。

(1)结构总体质量矩阵$[M]$

各单元质量矩阵经过一系列坐标变换得到总质量矩阵，在经过一定的推导得出一致质量矩阵，其$[m]^e$单元的质量矩阵可表示为：

$$[m]^e=\int_0^l[N]^{\mathrm{T}}m[N]\mathrm{d}x \tag{15.9}$$

式中：m 为单元上一个单位长度上的质量；$[N]$为位移模式函数。

(2)总刚度矩阵$[K]$

结构总刚度矩阵在结构地震动分析时，最开始一般假定为线性，由各个单元刚度矩阵变换而来，随着地震动加强，桥梁结构开始进入塑性阶段，非线性分析开始，这时需要对单元刚度矩阵的系数进行调整。

(3)总阻尼矩阵$[C]$

在地震反应中，多自由度体系会产生许多振型，这些振型同时参与地震对结构的作用，其中起主导作用的几阶振型的频率通常相差很大，不恰当的阻尼比会使所有振型的最大值与实际非常不符。由于大部分的桥梁结构基本上是均质的，阻尼比不会引起振型耦合，这样的阻尼是比例阻尼。瑞雷阻尼进行了假设，通过桥梁结构质量、刚度矩阵的组合，即用比例阻尼代替桥梁结构的阻尼矩阵：

$$[C]=\alpha[M]+\beta[K] \tag{15.10}$$

此时阻尼矩阵具有正交性，其中：

$$\alpha=\frac{2(\omega_2\xi_1-\omega_1\xi_2)}{\omega_2^2-\omega_1^2}\omega_1\omega_2 \tag{15.11}$$

$$\beta = \frac{2(\omega_2\xi_2 - \omega_1\xi_1)}{\omega_2^2 - \omega_1^2} \tag{15.12}$$

桥梁结构时程分析中，振型阻尼比 ξ 和控制频率是确定桥梁结构阻尼矩阵的重要参数，其中阻尼系数 α、β 计算如下：先分解振型，得到桥梁结构的周期和前几阶振型，再挑选桥梁结构两个最为主要的振型，并设计周期分别是 T_i、T_j。通常情况下，结构控制频率的阻尼比被认为是相等的，在进行钢筋混凝土结构抗震设计时，一般采用规范规定的振型阻尼比为0.05，最终可以求得阻尼系数。

15.1.2 特征值的求解方法

在分析结构自由振动时一般不考虑阻尼的影响，因为阻尼对工程结构自由振动特性的影响微乎其微。

桥梁结构的自振周期，振型是动力分析的重要参数。结构在没有外力作用影响时会自由振动，因此当结构无外力作用同时阻尼等于零时，可求得结构在无阻尼情况下振动体系的动力方程：

$$[M]\{\ddot{U}\} + [K]\{U\} = \{0\} \tag{15.13}$$

对桥梁振动进行简化，简谐运动的位移方程如下：

$$\{U(t) = \{\varphi\}\sin(\omega t + \theta) \tag{15.14}$$

式中：ω 为振动频率；θ 为初始相位角；t 为时间。将 $U(t)$ 及其两阶导数代入式(15.13)中，整理得到如下方程：

$$([K]\omega^2[M])\{\varphi\} = 0 \tag{15.15}$$

方程(15.15)称为结构体系的频率方程，此式要有非零解，则：

$$|[K] - [M]\omega^2| = 0 \tag{15.16}$$

从上式中可以得到 n 个根，它们代表桥梁振型的 n 个特征圆频率。

15.2 依托工程基本资料

15.2.1 邢汾高速公路某大桥

本课题以邢汾高速某大桥为依托工程，其上部结构形式为预应力混凝土T梁，该桥全桥布置分别有3×30m一联、4×30m一联、5×30m一联等多种布置，设计荷载为公路一级，单幅宽11.25m，净宽10.25m，桥面两侧分别设置防撞挡块，宽0.5m，横向由6根预制T梁组成，T梁与T梁之间设置一条51cm宽、20cm

厚的现浇段，桥梁的上、下部连接部分采用铅芯橡胶支座。该桥跨中横截面布置如图 15.1 所示。

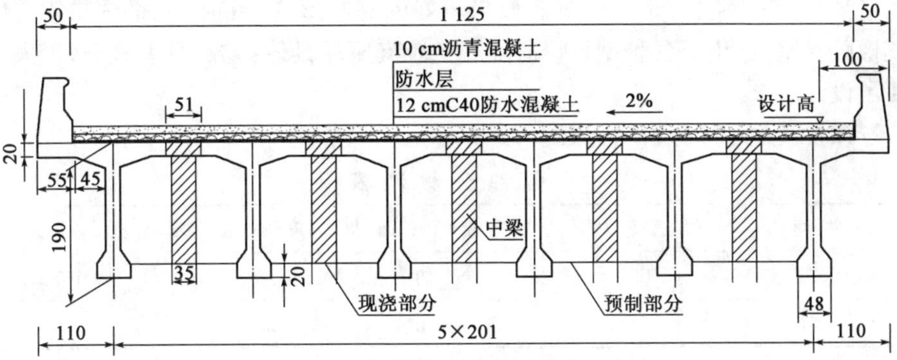

图 15.1　跨中横断面图(尺寸单位:cm)

该简支变连续梁桥主梁截面形式有四种，分别是跨中截面边梁截面、中梁截面和端截面边梁截面、中梁截面。中、边梁截面如图 15.2 和图 15.3 所示。

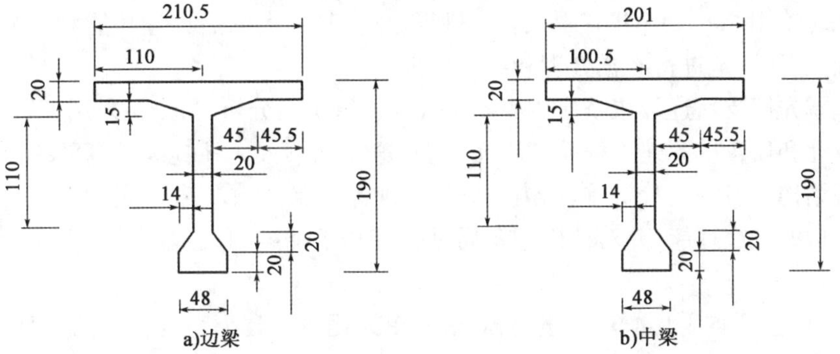

图 15.2　跨中截面(尺寸单位:cm)

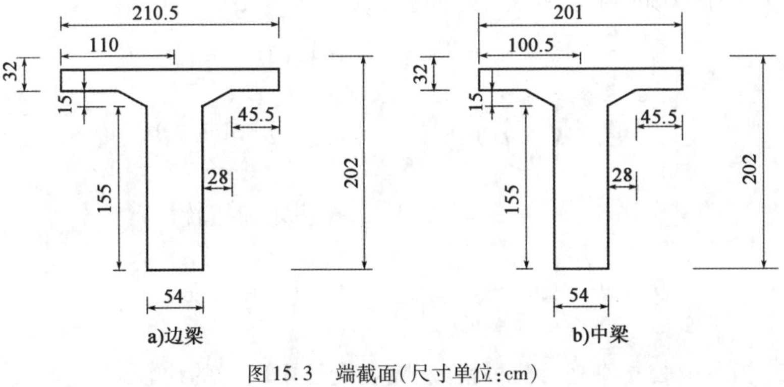

图 15.3　端截面(尺寸单位:cm)

大桥支座选用铅芯隔震橡胶支座,这种支座通过在普通叠层橡胶支座中心添加铅芯,提高了橡胶支座的原始阻尼,在承担竖向荷载、水平荷载的同时,还能大量吸收、耗散能量,是一种抗震效果较好的支座形式,目前《公路桥梁铅芯隔震橡胶支座》给出了各种型号铅芯隔震橡胶支座的具体参数,只需查表,极大方便了设计需求。

该桥其他各部分材料如表15.1所示。

各部分材料表　　表15.1

构件位置	混凝土型号	弹性模量(MPa)	容重(kN/m^3)	泊松比
主梁及盖梁	C50	3.45×10^4	26	0.167
桥墩	C40	3.34×10^4	26	0.167

15.2.2 建模说明

随着计算机技术的发展,Midas Civil 软件广泛应用于土木工程的分析领域,本课题使用 Midas Civil 有限元软件进行分析,其强大的后处理功能利于缩短研究周期,便捷地进行数据处理和结果分析。

本先简支后连续梁桥应用 Midas Civil 进行抗震分析时,全桥采用弹簧单元、梁单元和质量单元建立杆系有限元模型,这样能够大大地提高计算效率。杆系模型结构具有突出分析重点、内力分析明确等优点,能够从结构的总体更好地分析结构的抗震性能,并对结构的布局进行有利于抗震的改进。在建立模型的过程中:

(1)全桥均采用梁单元进行模拟,梁单元是桥梁建模最为常用的一种单元,应力刚化、大变形是梁单元重要的两个特点,在线性分析、非线性分析都可以采用,可以得到结构的内力、应力、变形等结果。其定义公式如下:

$$\sigma=\{\sigma_{xx}\},\varepsilon=\{\varepsilon_{xx}\}\qquad(\text{轴向应力、应变})$$

$$M=\begin{Bmatrix}M_y\\M_z\end{Bmatrix},\kappa=\begin{Bmatrix}\kappa_y\\\kappa_z\end{Bmatrix}\qquad(\text{弯矩和曲率})$$

$$T=\{M_x\},\varphi=\{\varphi_x\}\qquad(\text{扭矩和扭转角})$$

$$Q=\begin{Bmatrix}Q_y\\Q_z\end{Bmatrix},\gamma=\begin{Bmatrix}\gamma_{xy}\\\gamma_{zx}\end{Bmatrix}\qquad(\text{剪切力和剪切变形})$$

(2)铅芯橡胶支座是目前桥梁减、隔震设计中应用的比较多一种支座,本课题进行抗震性能分析也采用的该种支座形式，其滞回曲线可近似模拟成菱形，并呈反对称，如图15.4所示。

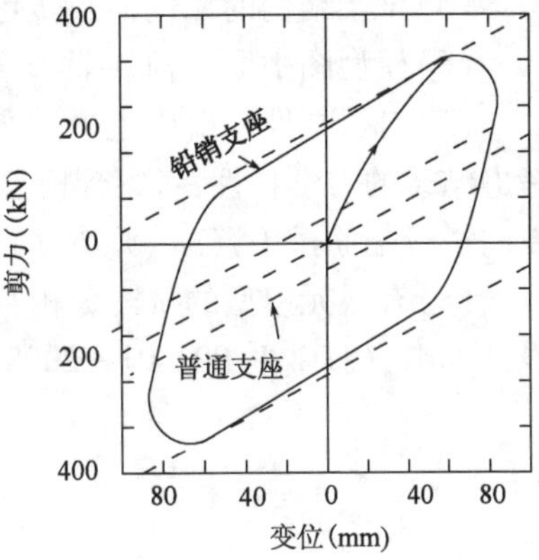

图15.4　铅芯橡胶支座的滞回曲线

通常通过实验得到支座的真实滞回曲线是难以实现的，所以在有限元等效模拟时必须进行简化，假定加载、卸载的刚度平行，正向、反向屈服刚度同样平行，因此等效成双线性曲线，如图15.5所示。

然后扩展建立非线性模型，计算公式如下，同时给定屈服强度、去附后刚度与弹性强度之比以及滞后循环参数 a、b，形成非线性模型如图15.6所示。

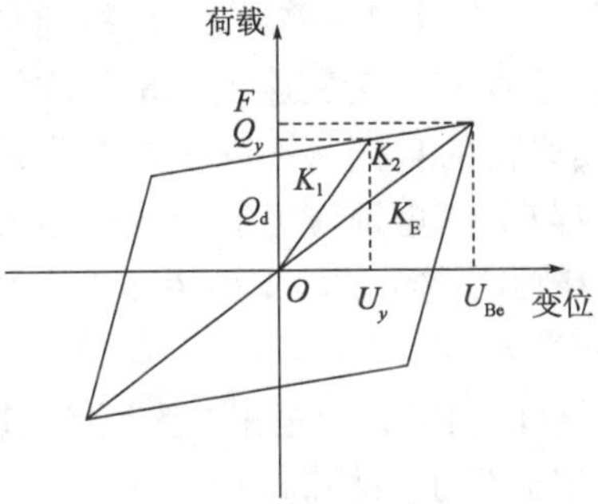

图15.5　铅芯橡胶支座滞回曲线等价线性化模型

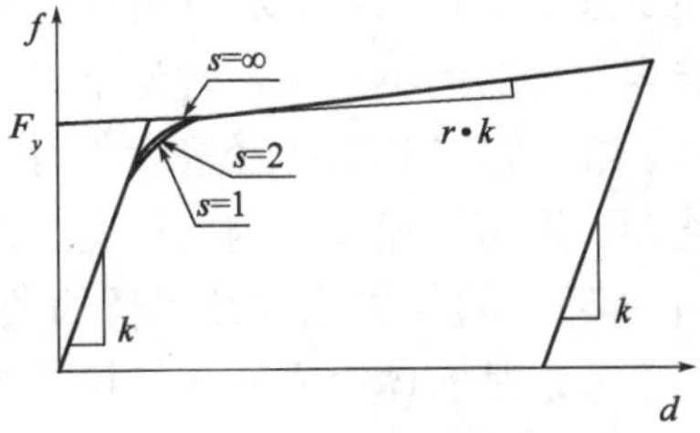

图15.6　铅芯橡胶支座的非线性定义

铅芯橡胶支座隔震装置—轴向或旋转弹性支撑：

$$f = k \cdot d$$

铅芯橡胶支座隔震装置—剪切弹性支撑：

$$f = r \cdot k \cdot d + (1 - r)F_y \cdot z$$

$$\dot{z} = \frac{k}{F_y}\{1 - |z|^2[\alpha \cdot \mathrm{sign}(\dot{d} \cdot z) + \beta]\}\dot{d}$$

(3)梁间的纵向湿接缝用于把横向的多片梁连接在一起，湿接缝与T梁间的连接在受力分析时可以处理成刚接，也可以处理成铰接，该先简支后连续梁桥建模过程中梁与梁之间纵向湿接缝根据建模方法介绍，按照纵向湿接缝的实际尺寸平均分配到相邻梁，然后通过厚度为20cm的虚拟梁进行纵向连接。

(4)墩顶先简支后浇连续部位使用端截面一样的几何特性的多个梁单元模拟。

(5)桥梁结构的二期荷载转化为等效线质量施加于模型上。

(6)模型图中取 x 轴、y 轴、z 轴分别代表纵桥向、横桥向和竖向。

(7)自振特性分析中主要是通过参数变化,查看对结构自振特性的影响,不考虑结构的力学特性,考察到模型数量过多,同时钢筋影响不是很大、每次模型专门进行配筋过于繁琐,所以为了方便计算,第三章模型中均不进行配筋设计。

(8)有限元模型的抗震分析具体细节参数要求均严格按照《公路桥梁抗震设计细则》(JTG/T B02-01—2008)进行输入。

15.3 单片梁模型的分析

15.3.1 静力等效原理

由于简支变连续梁桥在恒载作用下的弯矩与连续梁桥差异较大,特别是负弯矩要远小于相同截面特性的连续梁桥,这就导致了简支变连续梁桥的质量分布与内力分布的不一致。理论上,简支变连续梁桥的自振频率除了与单位长度质量、截面抗弯惯矩、跨径等参数有关外,还应与负弯矩预应力筋形成的主梁纵向连接强度密切相关。因此简支变连续梁的基频应该介于简支梁桥和连续梁桥之间,而不应直接采用连续梁桥的频率计算公式。

本节以某实体简支变连续梁桥为例,以恒载作用下的弯矩相等为原则,建立了简支变连续梁桥的有限元模型。利用此模型分析了该桥的动力特性,与相同截面特性的简支梁桥和连续梁桥做了对比分析。建立单片梁模型如图 15.7 所示,由于仅为上部结构单片梁分析,边界条件使用一般约束即可,利用划分施工阶段所得到该梁在梁体自重和桥面铺装等恒载作用下的弯矩图如图 15.8 所示。而相应连续梁桥梁体在这些恒载作用下的弯矩图如图 15.9 所示。

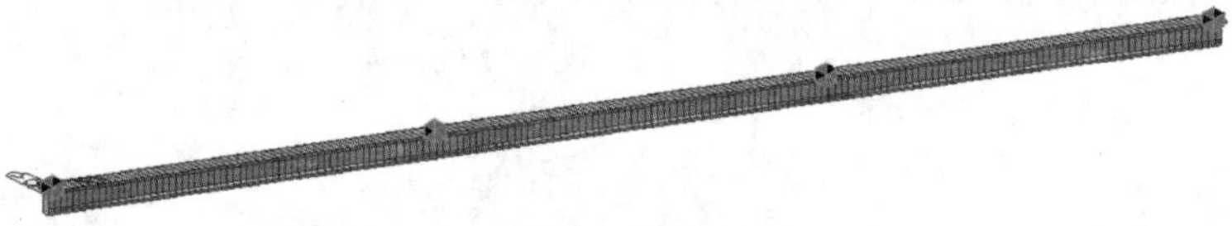

图 15.7　单片梁三维模型

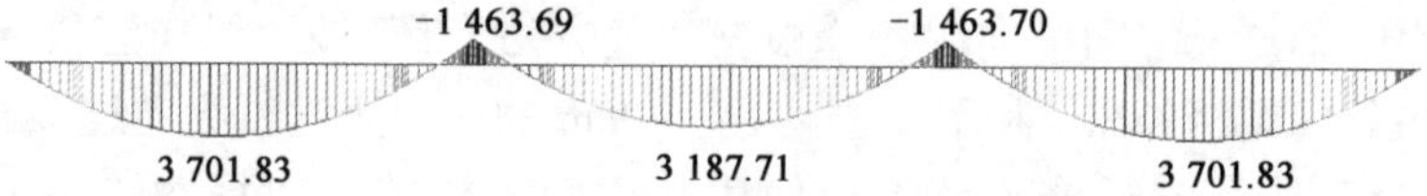

图 15.8　利用划分施工阶段所得到的简支变连续梁桥的恒载弯矩图(尺寸单位:kN · m)

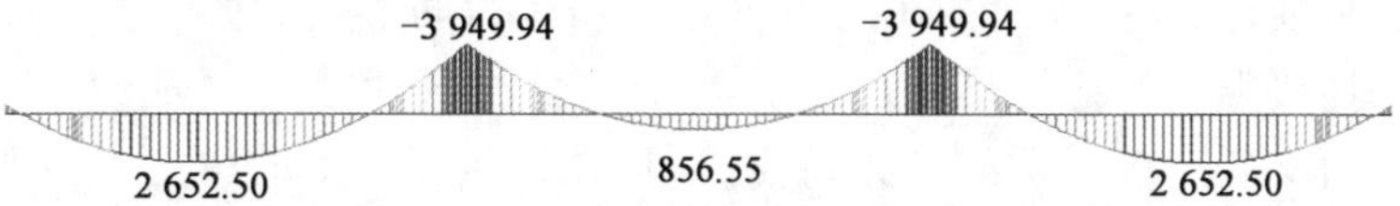

图 15.9　连续梁桥的恒载弯矩图(尺寸单位:kN · m)

由图 15.8 和图 15.9 可知,与相同截面特性的连续梁桥相比,简支变连续梁桥的边跨最大正弯矩大 39.66%,中跨最大正弯矩大 272.15%,中支点负弯矩小 62.94%。因此利用连续梁桥的公式计算简支变连续梁桥的频率必然带来较大的误差。

众所周知,桥梁动力特性只与成桥之后的状态有关,所以动力特性计算所用有限元模型不应划分施工阶段。根据静力等效原则,本课题在建立简支变连续梁桥有限元模型的过程中,通过改变湿接缝单元的弹性模量,利用试算方法一次性(没有划分施工阶段)建立了该桥的有限元模型。图 15.10 为该模型恒载作用下的弯矩图。与图 15.9 相比,边跨最大正弯矩相等,中跨最大正弯矩大 2.69%,中支点负弯矩大 0.02%,误差均小于 5.00%,因此可以认定本课题所建立的简支变连续梁桥有限元模型在静力特性与实桥是一致的。

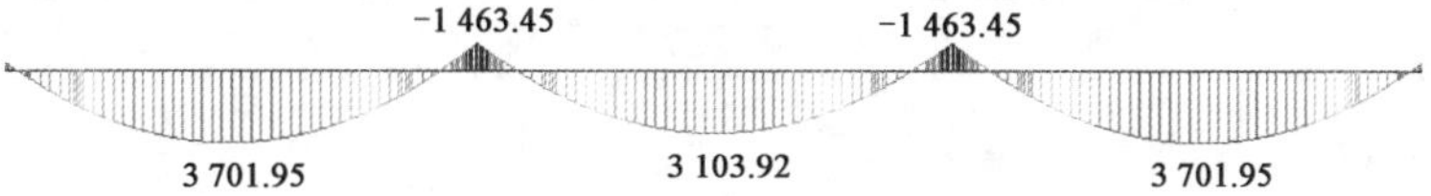

图 15.10　简支变连续梁桥的恒载弯矩图(尺寸单位:kN · m)

因为桥梁结构的动力特性只与成桥之后的状态有关,所以该模型没有划分施工阶段,而是通过其他措施使之一次成桥的线性静力效果达到实际简支变连续梁桥单片梁的实际效果,这种情况下该单片梁动力特性才是真实的、正确的先简支后连续梁桥单片梁的动力特性,以下将在图 15.10 所示有限元模型的基础上讨论简支变连续梁桥的动力特性。

15.3.2　自振频率分析

15.3.2.1　相邻跨主梁纵向连接强度

理论上,简支变连续梁桥的自振频率除了与单位长度质量、截面抗弯惯矩、跨径等参数有关外,还应与负弯矩预应力筋形成的主梁纵向连接强度密切相关。为表述方便,本课题定义由负弯矩预应力筋形成的主梁纵向连接强度为 κ。κ 是一个介于 0 与 1 之间的连续变量,当 $\kappa \to 0^-$ 时,简支变连续梁桥的动力特性接近于简支梁桥,如桥面连续;当 $\kappa \to 1^+$ 时,简支变连续梁桥的动力特性接近于连续梁桥。目前,工程上广泛采用的由负弯矩预应力筋形成的简支变连续梁桥的主梁纵向连接强度 κ 应该是一个介于 0 与 1 之间的数值。

结合简支变连续梁桥的受力特点,可以用恒载作用下的中支点负弯矩大小来表征主梁纵向连接强度 κ。由图 15.1 截面所形成的各种桥梁的参数如表 15.2 所示。

图 15.1 截面所形成的各种桥梁 表 15.2

参 数	简 支 梁 桥	简支变连续梁桥	连 续 梁 桥
中支点负弯矩(kN·m)	0.00	-1 463.45	-3 949.94
主梁纵向连接强度 κ	0.00	0.37	1.00
现浇段的弹性模量(MPa)	0.00	1.28×10^{1}	3.45×10^{4}

15.3.2.2 各桥型的振型与频率

将相应参数代入 MIDAS 模型后,可进行相应的模态分析。该桥的前 6 阶竖弯振型及相应自振频率如表 15.3 和图 15.11 所示。本课题在此也给出了相同截面特性的简支梁桥和连续梁桥的对应振型及频率,以供比较。

竖弯振型及自振频率 表 15.3

模态数	简 支 梁 桥	简支变连续梁桥	连 续 梁 桥
1	 3.62 Hz	 3.69 Hz	 3.92 Hz
2	— —	 4.03 Hz	 4.94 Hz
3	— —	 4.68 Hz	 7.09 Hz
4	 13.74 Hz	 14.23 Hz	 14.83 Hz
5	— —	 14.67 Hz	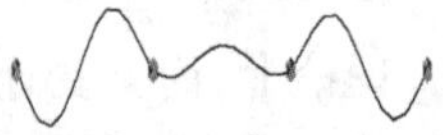 16.69 Hz
6	— —	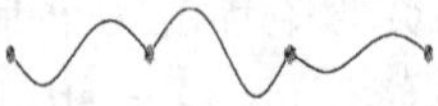 15.30 Hz	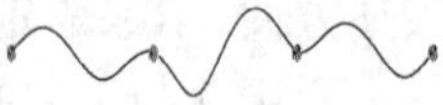 19.54 Hz

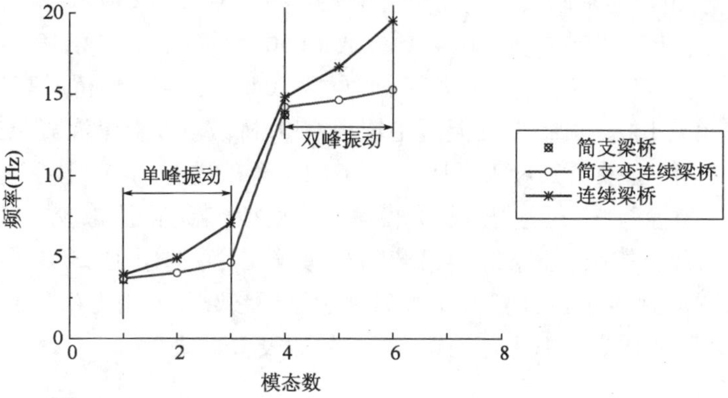

图 15.11　三种桥型的竖向自振频率数值

在表 15.3 中,该截面特性的桥梁振型主要可分为单跨单峰振动和单跨双峰振动。单跨单峰振动主要是指表 15.3 中的第 1 ~ 3 阶振型,单跨双峰振动是指表 15.3 中的第 4 ~ 6 阶振型。当桥梁发生单跨单峰振动或单跨双峰振动时,随着振动阶次的增加,简支变连续梁桥的自振频率与连续梁桥的差别也越来越大。

由表 15.3 和图 15.11 可知,与连续梁桥相比,简支变连续梁桥在出现相同的振型时,频率更低。如发生单跨单峰振动时,其一阶竖弯频率比连续梁桥低 5.87% ,2 阶低 18.42% ,3 阶则低了 33.99% ;当发生单跨双峰振动时,其各阶竖弯频率分别比连续梁桥低 4.05% 、12.10% 和 21.70% 。由此,简支变连续梁桥的整体刚度小于相应的连续梁桥,但大于相应的简支梁桥。如其 1 阶竖弯频率比简支梁桥高 1.93% ,2 阶高 3.56% 。

15.4　全桥模型的分析

15.4.1　基础模型自振特性的研究

由上节单根梁模型分析可以得知,先简支后连续梁桥由于施工方法不同于连续梁桥,在湿接缝处耦合强度的大小直接影响到了该类型桥梁在遭遇地震作用时更容易振动。桥梁结构在遭遇地震荷载作用时,上部结构会产生较大的地震力,并通过支座传递给下部结构,所以进行抗震分析时,很少采用实体单元、板单元模拟桥梁结构,一般而言上部结构的质量分布和刚度特征被模拟出来即可,甚至在好多情况下把上部结构等效为刚体,同时给定正确的质量就足够了。同时由于在全桥分析中由于试算法时间相对较长,湿接缝不需单独定义。建立一联三跨模型,设定为基础模型。全桥有限元模型如图 15.12 所示,全桥均采用梁单元建立,预制 T 梁:节点数 1 074、单元数 1 056,湿接缝:节点数 12、单元数 24,虚拟梁:单元数 885,横隔板:75,盖梁:节点数 104,单元数 64,桥墩高 10m,节点数 168,单元数 160。预制 T 梁混凝土选用 C50,桥墩以及盖梁混凝土选用 C40。墩底约束采用一般支撑,Dx、Dy、Dz、Rx、Ry、Rz 全部进行约束,刚性连接 32 处,用于支座处坐标调整,支座用恢复力模型进行模拟,铅芯隔震橡胶支座照片如图 15.13 所示,严格按照《公路桥梁铅芯隔震橡胶支座》选用 J4Q350 × 350mm,屈服后刚度/弹性刚度 γ 经计算为 0.156,滞后循环参数 a、b 均为 0.5,铅芯隔震橡胶支座等效阻尼比为 0.167。支座详细参数如表 15.4 所示。

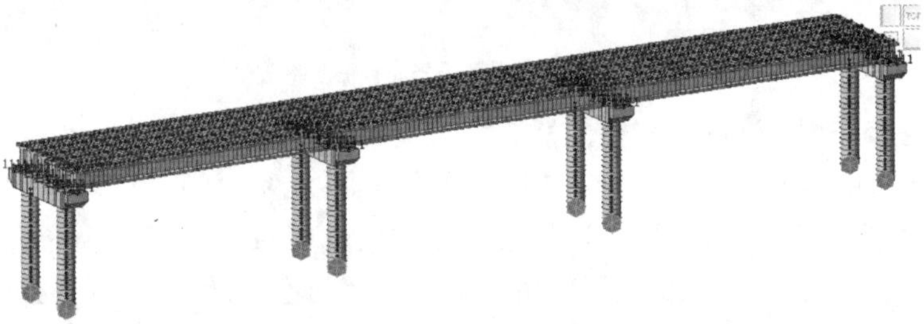

图 15.12 全桥有限元模型

a)成品

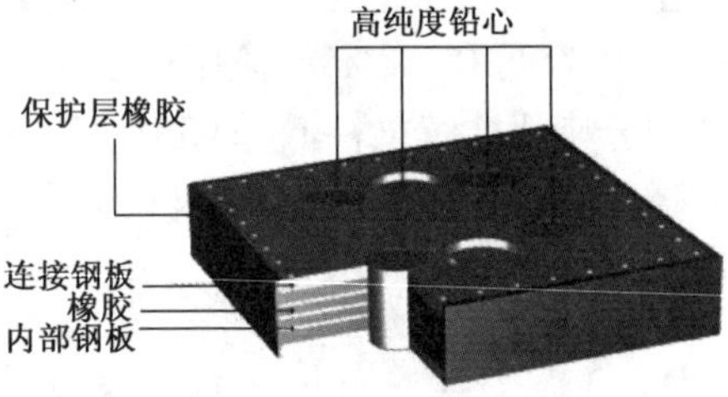

b)剖面图

图 15.13 铅芯隔震橡胶支座

选用支座具体参数表 表 15.4

支座平面尺寸 $a \times b$ (mm × mm)	承载力 (kN)	位移量 (mm)	支座高 H (mm)	组装后高度 H (mm)	外连接钢板 $A \times B$ (mm × mm)	螺栓间距 $n_a \times l_{a1}(=l_a)$ $n_b \times l_{b1}(=l_b)$ (mm)
350 × 350	1 000	±50	137	177	430 × 430	1 × 380(= 380)
		±50	137	177		
		±50	137	177		

续上表

螺栓规格	锚固长度 L (mm)	铅芯屈服力 (kN)	剪切弹性模量 G(MPa)	屈服前刚度 (kN/mm)	屈服后刚度 (kN/mm)	水平等效刚度 K_{Bm} (kN/mm)	等效阻尼比 h_{Bm} (%)
M16	250	67	0.8	5.2	0.8	1.3	22.7
			1	7.1	1.1	1.6	19.3
			1.2	9	1.4	1.9	16.7

结构的抗震性能与其动力特性密不可分，依据上述自振特性分析的基本理论以及有限元模型的建立，对桥梁模型进行模态分析。本课题特征值分析方法选用特征值向量中的子空间迭代法，振型数量设定为50，特征值控制参数选用默认值，运行分析得到结构前50阶阵型特性，由于篇幅限制，结构自振频率与振型特点如表15.5所示，自振频率变化趋势如图15.14所示。

结构自振频率与振型特点统计表　　　　表15.5

序号	频率(Hz)	振型特点	序号	频率(Hz)	振型特点
1	0.675 441	主梁纵飘	19	7.374 832	桥墩振动+主梁对称扭转
2	0.712 581	主梁横飘	20	8.183 655	主梁对称横弯+扭转
3	0.902 849	主梁摆动	21	9.515 048	桥墩振动
4	3.163 058	主梁对称横弯	22	9.515 247	桥墩振动
5	3.317 152	主梁对称竖弯+桥墩振动	23	9.516 977	桥墩振动
6	3.967 593	主梁反对称竖弯+桥墩振动	24	9.517 795	桥墩振动
7	4.013 169	桥墩振动	25	10.556 169	主梁反对称横弯
8	4.019 836	桥墩振动+主梁对称竖弯	26	12.720 144	主梁单跨二阶竖弯
9	4.019 915	桥墩振动	27	13.177 719	主梁单跨二阶横弯
10	4.035 479	主梁对称扭转	28	13.409 257	主梁单跨二阶扭转
11	4.374 635	主梁反对称竖弯+桥墩振动	29	14.102 894	主梁单跨二阶竖弯
12	4.882 644	主梁反对称扭转	30	14.742 082	主梁单跨二阶扭转
13	5.368 71	主梁反对称扭转、竖弯	31	15.790 739	主梁单跨二阶扭转、横弯
14	6.195 342	主梁对称竖弯	32	16.117 81	主梁单跨二阶竖弯
15	6.510 85	主梁对称扭转、竖弯	33	16.380 44	主梁对称竖弯+主梁挤压
16	7.227 289	桥墩振动+主梁对称扭转、横弯	34	16.640 795	主梁单跨二阶扭转+桥墩振动
17	7.237 221	桥墩振动+主梁反对称扭转	35	17.882	主梁单跨二阶横弯+中跨扭转
18	7.283 371	桥墩振动+主梁反对称扭转	36	18.403 703	单根梁离散对称竖弯

续上表

序号	频率(Hz)	振 型 特 点	序号	频率(Hz)	振 型 特 点
37	18.609 256	单根梁离散对称竖弯	44	23.967 541	单根梁离散二阶竖弯 + 桥墩镇东
38	19.112 187	单根梁离散对称竖弯	45	25.888 71	单根梁离散三阶竖弯 + 桥墩振动
39	19.1528 52	主梁单跨二阶扭转、横弯	46	25.987 645	单根梁离散三阶竖弯 + 桥墩振动
40	22.444 173	单根梁离散对称二阶竖弯 + 桥墩振动	47	26.240 892	主梁单跨三阶扭转 + 桥墩振动
41	22.662 29	主梁单跨二阶扭转、横弯 + 桥墩振动	48	26.249 388	主梁单跨三阶竖弯 + 桥墩振动
42	23.049 469	单根梁离散对称二阶竖弯 + 桥墩振动	49	26.646 039	主梁单跨三阶扭转 + 桥墩振动
43	23.575 775	主梁三阶横弯 + 挤压 + 扭转	50	29.518 238	单根梁离散三阶竖弯 + 桥墩振动

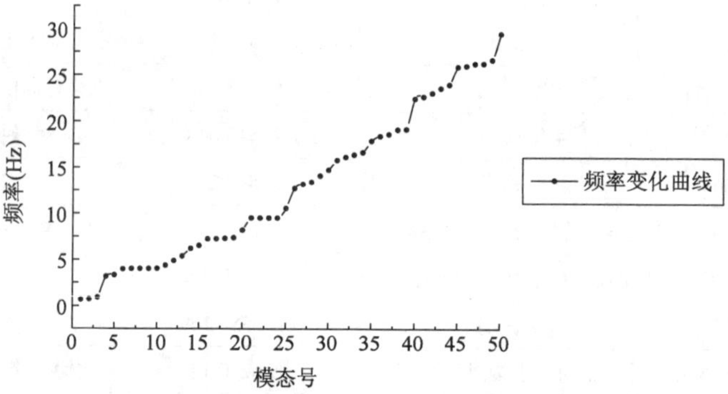

图 15.14　基础模型频率变化曲线趋势图

从以上桥梁自振特性的分析结果可以看出：前 25 阶振型变化不是很大，25 阶之后变化幅度越来越明显，本桥支座形式选用的是铅芯隔震橡胶支座，从而在经历地震作用时，支座作为主要耗能装置，不难看出前几阶振动主要变现为主梁振动，桥墩参与量较小，到后边高阶振动时，主梁单跨出现高阶振动，同时桥墩振动也表现得较为明显。根据上述图表可以清晰地看出采用铅芯隔震橡胶支座设计的先简支后连续梁桥具有很好的抗震性能，原理可以总结为能量主要通过地面传递到铅芯隔震橡胶支座从而耗能，从而避免桥墩进入弹塑性阶段，原理示意图如图 15.15 所示。下面两节均在基础模型上改动，进行参数分析，研究结构自振特性的变化规律。

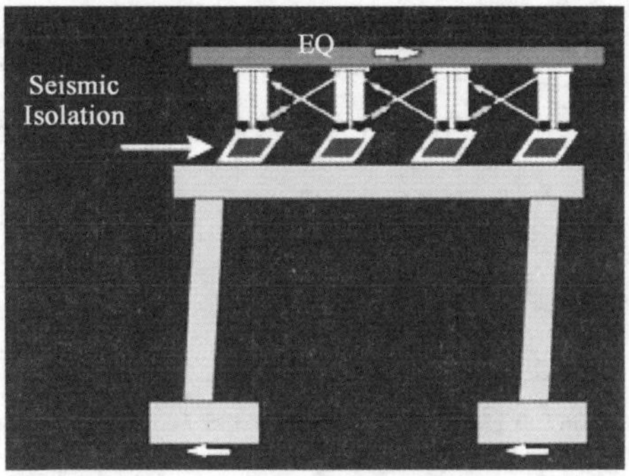

图 15.15　铅芯隔震橡胶支座耗能原理示意图

15.4.2　上部结构设计参数对结构自振特性的影响

15.4.2.1　宽跨比

本小节主要研究宽跨比对桥梁结构自振特性影响的敏感系数，建模时在跨径 30m 的基础模型上只改变上部结构梁根数，其他一切均保持不变，分别建立宽跨比 0.067、宽跨比 0.134、宽跨比 0.201、宽跨比 0.268、宽跨比 0.335、宽跨比 0.402，运行分析不同宽跨比情况下的结构自振特性描述如表 15.6 所示（由于篇幅有限，只给出前 10 阶频率对比），并绘制曲线图如图 15.16 所示。

不同宽跨比结构自振特性统计表　　表 15.6

频率(Hz) / 模态号	宽跨比 0.067	宽跨比 0.134	宽跨比 0.201	宽跨比 0.268	宽跨比 0.335	宽跨比 0.402
1	0.669 064	0.705 121	0.704 1	0.693 725	0.684 579	0.675 441
2	0.743 557	0.717 917	0.713 673	0.715 095	0.714 169	0.712 581
3	0.838 621	0.910 721	0.913 097	0.910 514	0.906 764	0.902 849
4	1.169 659	1.669 562	2.149 791	2.563 084	2.897 902	3.163 058
5	1.817 202	3.297 445	3.340 305	3.328 73	3.322 02	3.317 152
6	2.863 7	3.360 885	3.841 75	3.886	3.928 404	3.967 593
7	3.419 679	3.795 819	3.857 293	3.909 905	3.962 116	4.013 169
8	3.748 666	3.804 798	3.861 109	3.914 765	3.967 961	4.019 836
9	3.752 336	3.807 505	3.863 355	3.916 454	3.968 847	4.019 915
10	3.753 855	3.809 988	4.220 525	4.362 748	4.312 813	4.035 479

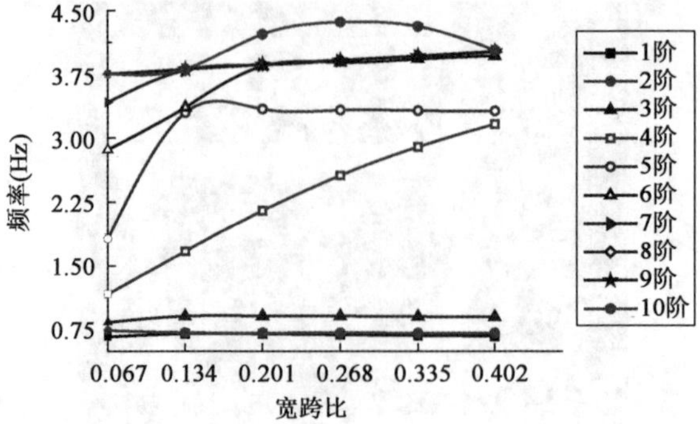

图 15.16　不同宽跨比结构自振频率对比图

由上述图表可知,前 3 阶自振频率受宽跨比影响很小,轻微上下波动,基本持平,第 4 阶变化明显,第 5 ~ 10 阶变化又逐步变缓,说明宽跨比不能作为结构自振特性的敏感系数。

15.4.2.2　一联几跨

本小节主要研究跨数对桥梁结构自振特性影响的敏感系数,依托工程材料建模时在基础模型上只改变结构跨数,其他一切均保持不变,建立结构常见的两跨、三跨、四跨、五跨模型,对此施工阶段划分示意图如图 15.17 ~ 图 15.20所示,有运行分析不同宽跨比情况下的结构自振特性描述如表 15.7 所示(由于篇幅有限,只给出前 10 阶频率对比),并绘制曲线图如图 15.21 所示。

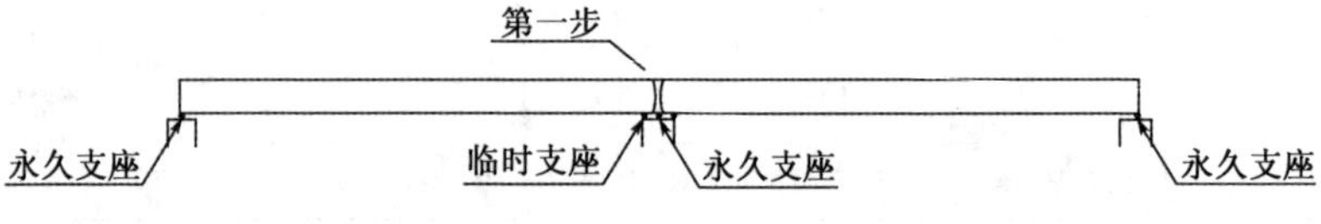

图 15.17　两跨一联(2 × 30m)

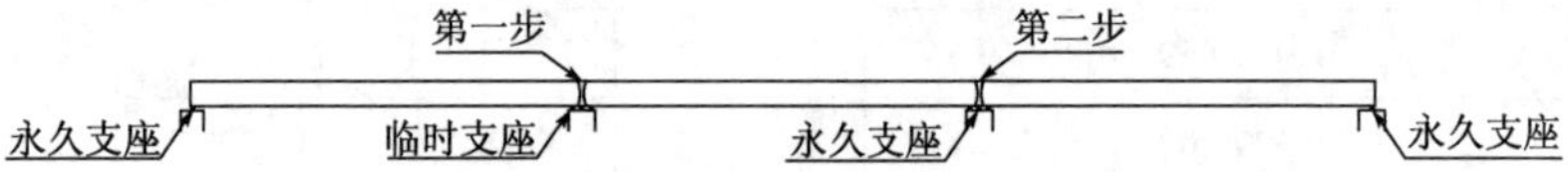

图 15.18　三跨一联(3 × 30m)

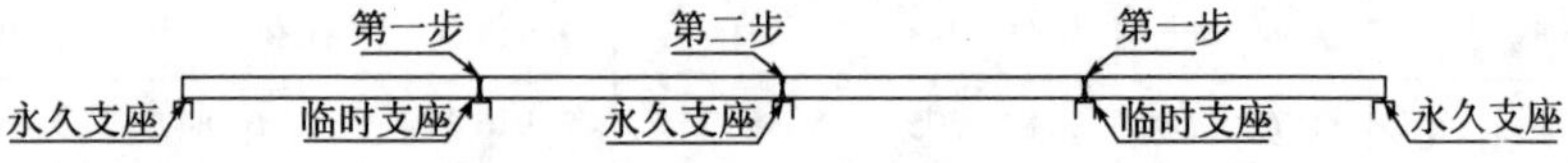

图 15.19　四跨一联(4 × 30m)

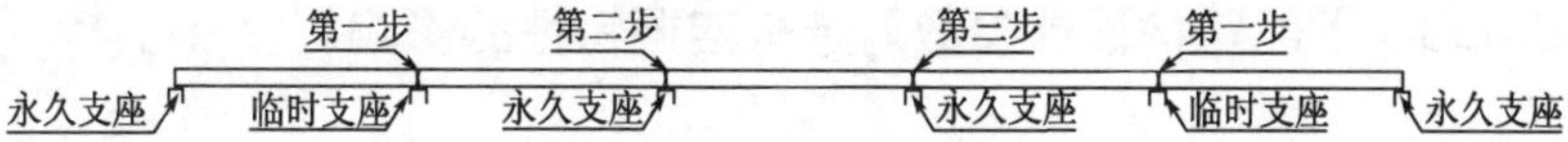

图 15.20　五跨一联(5×30m)

不同跨数结构自振特性统计表　　表 15.7

频率(Hz) 模态号	一联两跨	一联三跨	一联四跨	一联五跨
1	0.716 170	0.675 441	0.654 106	0.640 958
2	0.757 577	0.712 581	0.687 911	0.671 771
3	1.030 201	0.902 849	0.834 285	0.791 195
4	3.344 127	3.163 058	2.130 542	1.582 200
5	3.994 609	3.317 152	3.303 673	2.891 566
6	4.017 329	3.967 593	3.832 307	3.295 402
7	4.038 892	4.013 169	3.840 877	3.678 268
8	4.056 675	4.019 836	4.010 995	3.999 914
9	5.297 082	4.019 915	4.013 201	4.005 944
10	5.306 625	4.035 479	4.014 67	4.012 850

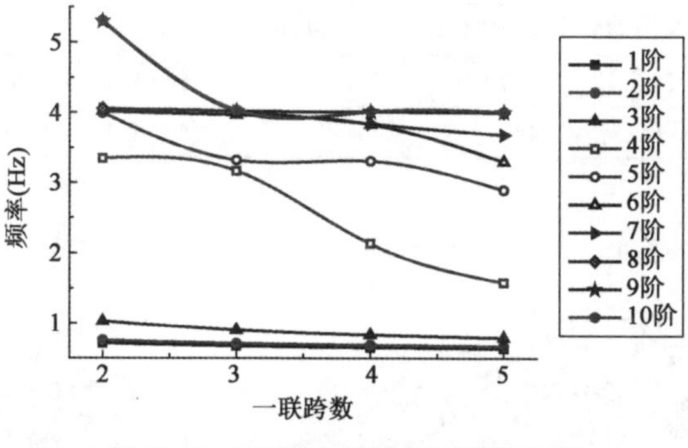

图 15.21　不同跨数结构自振频率对比图

由上述图表可知，结构随跨数的增多，整体变柔、刚度减小，相应自振频率也随之减小。相对应的各阶频率均处于下降趋势，其中第四阶下降尤为明显，从3.344 127 下降到 1.582 200，降幅高达 52.69%，曲线最为平稳的基频也从0.716 170下降到0.640 958，降幅同样达 10.50%，说明一联包含的跨数对于结构而言为敏感系数。

15.4.3 下部结构设计参数对结构自振特性的影响

15.4.3.1 高跨比

本小节主要研究高跨比对桥梁结构自振特性影响的敏感系数,建模时在跨径30m的基础模型上只改变桥墩高度而且设定桥墩等高,其他一切均保持不变,分别建立高跨比0.167、高跨比0.333、高跨比0.500、高跨比0.667、高跨比0.833、高跨比1模型,运行分析不同宽跨比情况下的结构自振特性描述如表15.8所示(由于篇幅有限,只给出前10阶频率对比),并绘制曲线图如图15.22所示。

不同高跨比结构自振特性统计表　　表15.8

模态号 \ 频率(Hz)	高跨比 0.167	高跨比 0.333	高跨比 0.500	高跨比 0.667	高跨比 0.833	高跨比1
1	0.723 194	0.675 441	0.587 164	0.482 178	0.387 282	0.312 078
2	0.724 364	0.712 581	0.685 41	0.639 666	0.577 546	0.506 903
3	0.917 851	0.902 849	0.867 722	0.806 829	0.721 763	0.624 505
4	3.169 313	3.163 058	2.514 851	1.909 738	1.603 244	1.418 932
5	3.330 409	3.317 152	2.519 85	1.911 444	1.604 32	1.419 805
6	4.039 199	3.967 593	2.522 119	1.911 932	1.604 395	1.419 824
7	4.339 901	4.013 169	2.558 876	1.989 818	1.719 448	1.562 338
8	4.910 826	4.019 836	3.129 26	2.594 475	1.946 182	1.566 342
9	5.377 212	4.019 915	3.334 513	2.669 153	1.986 96	1.600 382
10	6.246 57	4.035 479	4.007 301	2.698 254	2.040 023	1.685 795

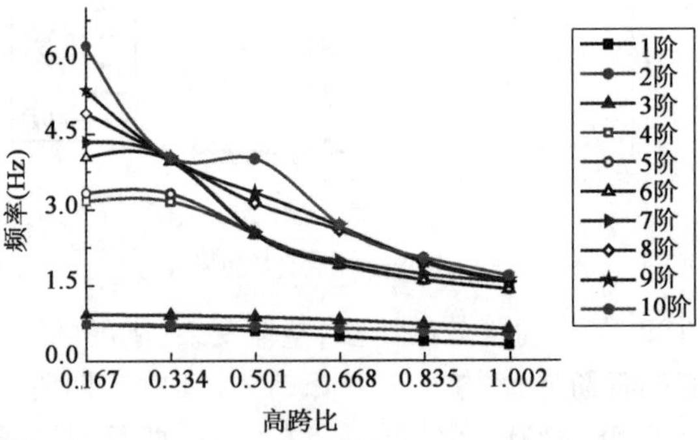

图15.22　不同高跨比结构自振频率对比图

由上述图表中可以看出,不同高跨比的桥梁结构自振频率特性完全不同。

高跨比从 0.167 增长到 1,一阶频率从 0.723 194 下降到 0.312 078,降幅达 56.85%,变化最为明显的十阶频率从 6.246 57 降到 1.685 795,降幅高达 73.01%。从图 15.22 不难看出,结构每一阶自振频率基本上与高跨比基本上呈线性关系,桥墩越高,结构越柔和、刚度越小越来越小,所对应的自振频率。所以可以确定高跨比为敏感参数。

15.4.3.2 桥墩位置分布

本小节主要研究不同墩高的桥墩位置的不同分布对桥梁结构自振特性影响的敏感系数,建模时在基础模型上在改变桥墩高度的同时,也对桥墩的位置进行不同的排列组合,其他一切均保持不变,分别建立 6 种类型的有限元模型,墩高排列组合类型分别为:类型 1(5m、15m、15m、10m),类型 2(5m、10m、15m、15m),类型 3(5m、15m、10m、15m),类型 4(10m、5m、15m、15m),类型 5(10m、15m、5m、15m),类型 6(15m、5m、10m、15m),运行分析不同宽跨比情况下的结构自振特性描述如表 15.9 所示(由于篇幅有限,只给出前 10 阶频率对比),并绘制曲线图如图 15.23 所示。

不等高桥墩位置分布结构自振特性统计表　　表 15.9

频率(Hz) 模态号	类型 1	类型 2	类型 3	类型 4	类型 5	类型 6
1	0.644 995	0.645 023	0.645 024	0.645 04	0.645 043	0.645 083
2	0.700 903	0.700 101	0.701 288	0.700 932	0.702 166	0.703 116
3	0.905 733	0.89 364	0.892 606	0.887 39	0.886 31	0.872 572
4	2.522 04	2.518 447	2.519 17	2.518 443	2.519 174	2.514 932
5	2.541 904	2.539 652	2.538 912	2.539 641	2.538 896	2.537 364
6	3.160 796	3.148 52	3.148 67	3.146 322	3.146 471	3.134 497
7	3.323 948	3.332 387	3.332 419	3.325 862	3.325 909	3.334 25
8	3.991 602	4.013 19	4.011 381	3.992 628	3.992 13	4.008 839
9	4.028 02	4.016 383	4.016 375	4.012 44	4.010 66	4.016 387
10	4.036 763	4.036 217	4.036 852	4.036 21	4.036 76	4.021 537

有上述图表可知,三种不等高的桥墩总共有 6 种类型排列组合,无论是如何排列组合,对桥梁的自振特性的影响微乎其微,所有曲线基本持平,说明桥墩位置分布不是结构自振特性的敏感系数。

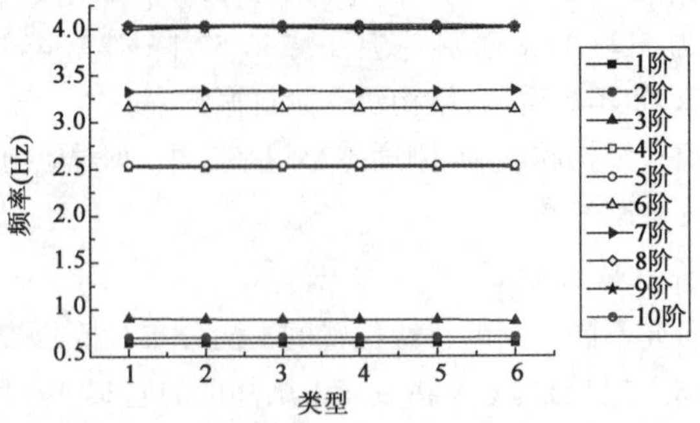

图 15.23 不等高桥墩位置分布结构自振频率对比图

15.4.3.3 桥墩刚度

本小节主要研究桥墩刚度对桥梁结构自振特性影响的敏感系数，建模时在基础模型上只改变桥墩刚度而且设定桥墩等高，其他一切均保持不变，刚度通过改变桥墩混凝土型号实现，分别建立弹性模量 2.55×10^4MPa、3.00×10^4MPa、3.25×10^4MPa、3.45×10^4MPa、3.60×10^4MPa、3.70×10^4MPa、3.80×10^4MPa7 种混凝土型号桥墩的全桥模型，运行分析不同宽跨比情况下的结构自振特性描述如表 15.10 所示（由于篇幅有限，只给出前 10 阶频率对比），并绘制曲线图如图 15.24 所示。

不同桥墩刚度结构自振特性统计表 表 15.10

频率(Hz) / 模态号	刚度用弹性模量表征（$\times10^4$MPa）						
	2.55	3.00	3.25	3.45	3.60	3.70	3.80
1	0.660 966	0.670 966	0.675 441	0.678 597	0.680 754	0.682 103	0.683 386
2	0.709 458	0.711 628	0.712 581	0.713 248	0.713 701	0.713 983	0.714 251
3	0.898 872	0.901 635	0.902 849	0.903 697	0.904 273	0.904 632	0.904 972
4	3.161 045	3.162 463	3.163 058	3.163 464	3.163 735	3.163 902	3.164 06
5	3.299 196	3.313 38	3.317 152	3.319 298	3.320 581	3.321 32	3.321 983
6	3.606 674	3.846 336	3.967 593	4.035 916	4.036 212	4.036 396	4.036 571
7	3.628 239	3.880 142	4.013 169	4.056 131	4.115 569	4.150 822	4.181 886
8	3.637 934	3.887 673	4.019 836	4.116 402	4.192 057	4.241 666	4.290 62
9	3.652 784	3.890 552	4.019 915	4.121 05	4.195 669	4.244 832	4.293 554
10	4.033 407	4.034 851	4.035 479	4.122 724	4.198 209	4.247 799	4.296 825

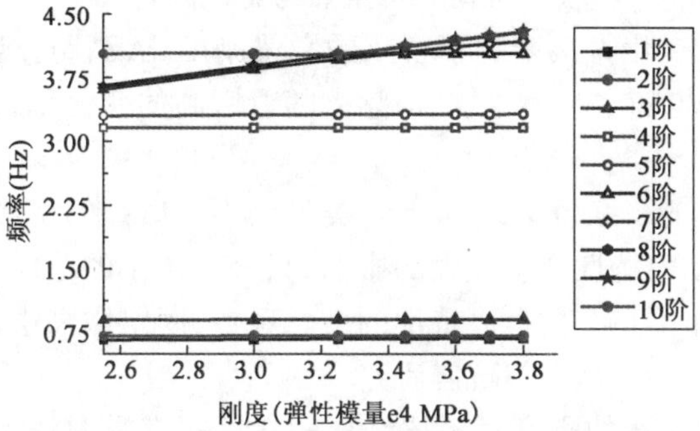

图 15.24　不同桥墩刚度结构自振频率对比图

根据上述图表可知，桥梁结构的自振频率随桥墩刚度增大而增大，但是桥墩混凝土弹性模量 2.55×10^4MPa 增加到 3.80×10^4MPa，每一阶自振频率都会逐渐变大，但变化幅度很小。单纯从数据上看，桥墩刚度可以认为是结构自振特性的敏感系数，也可以认为是非敏感系数，基于现实桥梁建设情况，桥墩处于抗震设防的关键地位，本课题设定桥墩刚度为影响结构自振特性的敏感系数。

15.5　本章小结

先简支后连续梁桥目前应用广泛，离清其动力特性对该桥型的荷载试验、抗震分析、车－桥耦合振动等问题的讨论具有重要的基础意义。通过本章所进行的讨论，得出了先简支后连续梁桥这种特定桥型的结构动力特性。本章通过单片梁模型分析先对简支梁桥、先简支后连续梁桥和连续梁桥做了对比；接着对基础模型的振型分析展开论述，最后研究了影响桥梁结构动力特性的敏感性系数。最后归结如下几点：

(1)简支变连续梁桥的动力特性界于简支梁桥与连续梁桥之间，其自振频率的计算不能简单套用连续梁桥的公式近似计算。

(2)简支变连续梁桥的整体刚度小于连续梁桥，而大于简支梁桥。

(3)依据静力等效原则，不划分施工阶段而得到简支变连续梁桥的有限元模型可以较真实地反映实际情况。

(4)宽跨比对桥梁结构的动力特性影响很小，在抗震设计中，甚至可以忽略，所以宽跨比不是影响桥梁结构动力特性的敏感系数。

(5)在一联几跨问题上，跨数的多少会影响先简支后连续梁桥的动力特性，其自振频率随跨数的增加，最大降幅高达 52.69%，故确定跨数为敏感参数，所以在桥梁抗震设计中,一联几跨是一个重点考虑问题。

(6)高跨比的变化直接影响了桥梁的墩梁刚度比,高跨比数值变大桥梁结构刚度减小,频率也随之减小,且结构频率随着墩高的变化呈线性变化,故确定墩高为敏感参数。

(7)对于固定的一联桥梁结构,6种类型的不同墩高的桥墩布置,并没有对桥梁结构的自振动力特性产生较大的影响,只是在很小的范围内,轻微的浮动,说明桥墩位置分布不是结构自振特性的敏感系数,固定墩高组合的桥墩在一联桥梁结构中变化可不必做专门抗震研究。

(8)通过改变桥墩的刚度对桥梁结构的自振频率影响较大,说明桥墩刚度是影响桥梁结构自振特性的一个重要敏感系数。

(9)通过对基础模型的阐述,可以得知:安装铅芯隔震橡胶支座的桥梁结构前5阶振型基本上表现为主梁振动,前4阶为平动,第5阶主梁才出现一阶竖弯,第6阶出现边墩振动,第7阶中墩振动,第8阶所有桥墩一起参与振动,第10阶才开始出现主梁扭转,第11阶出现主梁二阶竖弯,前25阶振型相对比较简单,说明铅芯隔震橡胶支座由于独有的耗能原理和结构特性,改变了结构固有的动力特性。

(10)由自振频率曲线图可以得知,自振频率大小随模态号大小近乎阶梯式线性增长,根据以往抗震经验可以得知,桥梁结构一旦遭遇地震作用,往往激发的是低阶振动。在桥梁发生低阶振动时,铅芯隔震橡胶支座将会起到重大作用,通过主梁和桥墩分离式振动形式和铅芯消耗能量的原理起到耗能作用,从而保护桥墩避免承担过大的惯性力。

(11)高跨比模型中,当高跨比越接近1的时候,桥梁的整体刚度降低明显,自振频率降低的厉害,同时模型的低阶振型就出现了桥墩振动,桥梁结构表现为桥墩主要参与振动。当桥梁结构遭遇地震作用时,主要是桥墩参与振动,主梁提供惯性力,从而忽略铅芯隔震橡胶支座的功能,增加的桥墩的负担,在地震作用中更容易发生破坏。

第 16 章　先简支后连续梁桥的时程分析

随着计算机技术的发展,行业软件功能越来越强大,地震分析模块加载了很多地震波数据,桥梁结构复杂分析也越来越多依赖计算机的使用来完成。动态时程分析能够计算桥梁结构任意时刻的加速度、速度、位移和内力,记录桥梁结构从开始到地震动结束的整个过程,相当冗繁,但是结果相当精确。

通过有限元软件,正确模拟桥梁结构非线性因素,如几何非线性、材料非线性、边界非线性和阻尼等问题,进行动态时程分析能使桥梁工程师更加清楚的了解桥梁结构在地震作用下的整个时程反应,同时能够考查桥梁结构进去塑性变形后的需求能力,极大方便了桥梁抗震分析及设计,也保证了结果的真实性,但是由于数据量大,即便是使用计算机,也要耗费大量计算时间。

本章重点研究 El 地震作用下先简支后连续梁桥的地震动弹性时程分析方法,对计算结果进行分析研究,从而了解先简支后连续梁桥的抗震性能。

16.1　时程分析法的基本理论

16.1.1　Newmark 数值求解法的基本原理

对工程结构运用有限元法进行地震分析时,会得到一个阶数很高的二阶微分方程组,十分复杂的求解过程使得简单的数学方法无法实现。为顺利求得结构有限元振动方程的解,直接积分数值求解法逐渐出现,它同时在线性结构动力体系和非线性结构体系都适用,并很快成为了求解方法的主流。从数学角度上讲,直接积分法是把体系的运动方程转换为代数方程,然后使用代数运算的方法求解。根据对加速度、位移等所做假设的差异,积分形式也不尽相同,目前常用的方法都有:Newmark 法、中心差分法、平均加速度法和线性加速度法等,其中 Newmark 法是桥梁结构时程分析中最常用的方法。

1959 年,学者纽马克提出逐步积分法,即根据振动方程,引入假设建立在某时刻结构节点的状态向量(加速度、速度、位移)到另一时刻状态向量的递推关系，这种积分格式被人称为 Newmark 法。这种方法假设 $t+\Delta t$ 时刻的速度和位移分别为：

$$\dot{x}_{t+\Delta t} = \dot{x}_t + [(1-\delta)\ddot{x}_t + \delta\ddot{x}_{t+\Delta t}]\Delta t \tag{16.1}$$

$$x_{t+\Delta t} = x_t + \dot{x}_t\Delta t + [(0.5-\alpha)\ddot{x}_t + \alpha\ddot{x}_{t+\Delta t}]\Delta t^2 \tag{16.2}$$

式中：α、δ 为按积分精度和稳定性要求可调整的参数。

Newmark 法利用 α、δ 两个参数在线性加速度法基础上对加速度增量、位移增量进行再一次修正，从而加大准确性。该方法在 $\delta \geqslant 0.5$，$\alpha \geqslant 0.25(0.5+\delta)^2$ 时稳定，在最初，对于任意步长 Δt，$\Delta t/t$ 很大时解都是收敛的。在 Midas Civil 有限元分析软件中，通过定义振幅衰减系数 γ 来描述 Newmark 法这连个重要参数 α、δ：$\delta=0.5\gamma$；$\alpha=0.25(1+\gamma)^2$。

为了求解 $t+\Delta t$ 时刻的位移、速度等，应用结构在 $t+\Delta t$ 时刻运动方程的全量表达式：

$$M\dot{x}_{t+\Delta t} + C\dot{x}_{t+\Delta t} + Kx_{t+\Delta t} = P_{t+\Delta t} \tag{16.3}$$

从式(16.2)中可以得到 $t+\Delta t$ 时刻的加速度表达式：

$$\ddot{x}_{t+\Delta t} = \frac{1}{\alpha\Delta t^2}(x_{t+\Delta t} - x_t) - \frac{1}{\alpha\Delta t}\dot{x}_t - \left(\frac{1}{2\alpha}-1\right)\ddot{x}_t \tag{16.4}$$

把 $\ddot{x}_{t+\Delta t}$ 代入式(16.1)得到 $\dot{x}_{t+\Delta t}$ 的表达式：

$$\dot{x}_{t+\Delta t} = \frac{\delta}{\alpha\Delta t}(x_{t+\Delta t} - x_t) + (1-\frac{\delta}{\alpha})\dot{x}_t + \left(1-\frac{\delta}{2\alpha}\right)\Delta t\ddot{x}_t \tag{16.5}$$

将式整理得到关于 $x_{t+\Delta t}$ 的平衡方程：

$$\widetilde{K}x_{t+\Delta t} = \widetilde{P}_{t+\Delta t} \tag{16.6}$$

其中：

$$\widetilde{K} = K + \frac{1}{\alpha\Delta t^2}M + \frac{\delta}{\alpha\Delta t}C \tag{16.7}$$

$$\widetilde{P}_{t+\Delta t} = P_{t+\Delta t} + M\left[\frac{1}{\alpha\Delta t^2}x_t + \frac{1}{\alpha\Delta t}\dot{x}_t + \left(\frac{1}{2\alpha}-1\right)\ddot{x}_t\right] + C\left[\frac{\delta}{\alpha\Delta t}x_t + \left(\frac{\delta}{\alpha}-1\right)\dot{x}_t + \left(\frac{\delta}{2\alpha}-1\right)\Delta t\ddot{x}_t\right] \tag{16.8}$$

求解式(16.6)可以得到 $x_{t+\Delta t}$，然后由式(16.4)和式(16.5)可求得 $\dot{x}_{t+\Delta t}$ 和 $\ddot{x}_{t+\Delta t}$，即求出了 $t+\Delta t$ 时刻的全部运动状态，接着将它们作为下一个阶段的初始值，重复这一过程，就可以求出每一个时间点上的位移、速度和加速度。

16.1.2 阻尼矩阵的确定

特征值阻尼作为影响桥梁结构地震动力反应的重要参数,通常很难精确描述。在实际工程应用中,瑞利(Rayleigh)比例阻尼经常简化使用,即将黏性阻尼矩阵[C]写成质量矩阵[M]和刚度矩阵[K]的线性组合形式:

$$[C]=\alpha[M]+\beta[K] \tag{16.9}$$

式中:α、β为常数,并与单元的材质、工程所处环境和截面形状等条件有关。根据文献介绍,α、β可由结构的两个振型阻尼和相应的自振频率表示:

$$\begin{Bmatrix}\alpha\\ \beta\end{Bmatrix}=2\frac{\omega_m\omega_n}{\omega_n^2-\omega_m^2}\begin{bmatrix}\omega_n & -\omega_m\\ \dfrac{-1}{\omega_n} & \dfrac{1}{\omega_m}\end{bmatrix}\begin{Bmatrix}\xi_m\\ \xi_n\end{Bmatrix} \tag{16.10}$$

式中:ω_m、ω_n为两个特定的频率;ξ_m、ξ_n为相对应的阻尼比。

阻尼比随频率变化的详细信息很难得到,所以一般把两个控制频率的阻尼比假设成相同,即$\xi_m=\xi_n=\xi$,对于混凝土$\xi=0.05$。对于这种情况,式(16.10)可简化为下式:

$$\begin{Bmatrix}\alpha\\ \beta\end{Bmatrix}=\frac{2\xi}{\omega_m+\omega_n}\begin{Bmatrix}\omega_m\omega_n\\ 1\end{Bmatrix} \tag{16.11}$$

式中:ω_m通常取结构的基频,而ω_n则取后几阶对结构振动贡献大的模态的频率。

本章对桥梁结构进行地震动动力分析时,采用瑞利阻尼模型。

16.2 研究采用的地震波

通常情况下可以使用下列方法为结构的时程分析提供地震波:依据现有强地震的记录挑选合适的记录;依据强震观测记录推算公式;地震小区划法;人工模拟地震波;微震推测法;依据地震危险性分析。目前,在实际的结构地震分析中,常用的提供地震波加速度时程记录的方法有以下三种:

(1)典型的强震记录是一种类似在拟建场地上发生地震的加速度时程记录。全世界的地震研究专家测得了很多这样的记录,El-Centro波、Taft波和org_wv3是国际上比较常用的强震加速度记录。我国《公路桥梁抗震设计细则》将场地土分为三类:Ⅰ类为岩石地基;Ⅱ类为一般地基;Ⅲ类为软弱地基。一般情况下,在Ⅰ类场地上选择松潘波、溧河波,Ⅱ类场地上选择El-Centro波、Taft波等,

Ⅲ类场地上选择 org_wv3 等。在有限元模型中所添加的地震波应尽量和所要模拟建设的场地类型特征周期一致，上述波形分别如图 16.1 ~ 图 16.6 所示。

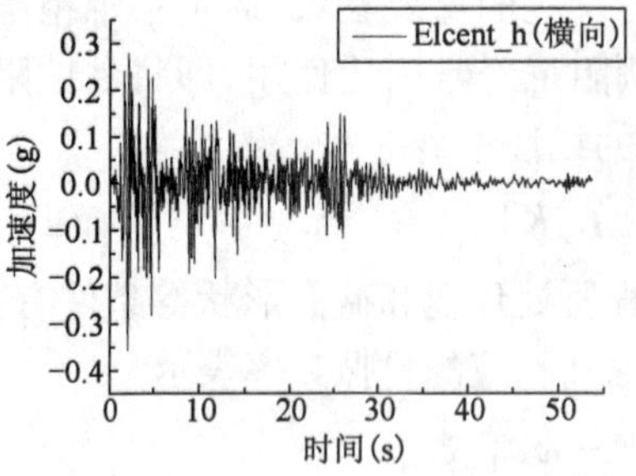

图 16.1　Elcent_h(横向)波形

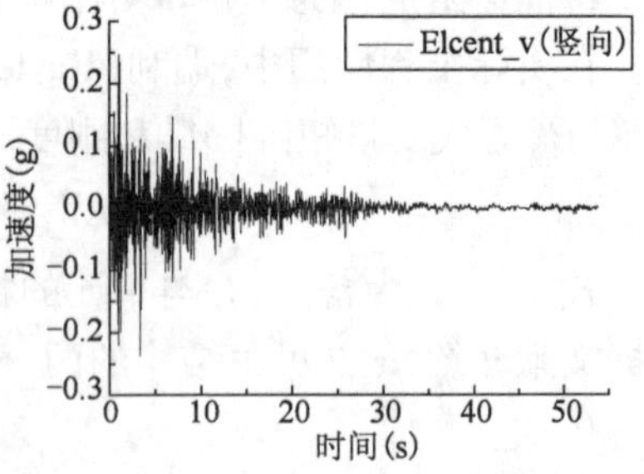

图 16.2　Elcent_h(竖向)波形

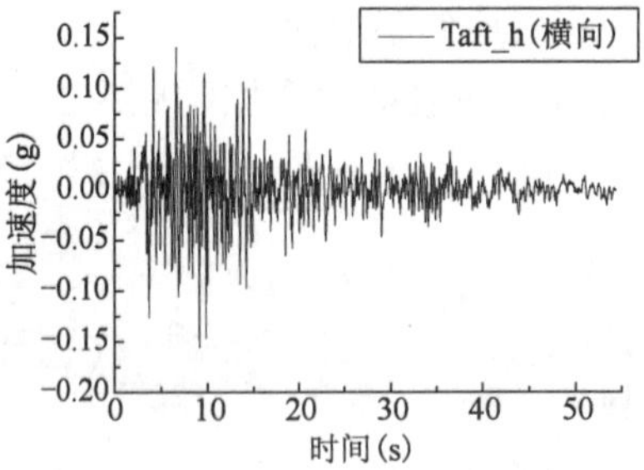

图 16.3　Taft_h(横向)波形

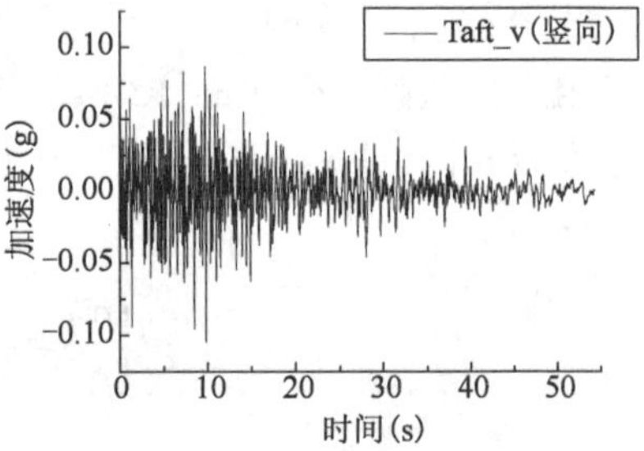

图 16.4　Taft_v(竖向)波形

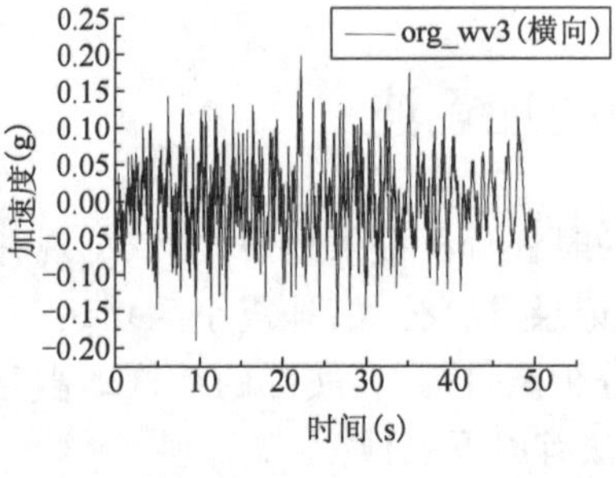

图 16.5　org_wv3(横向)(调整系数 1.377 8)

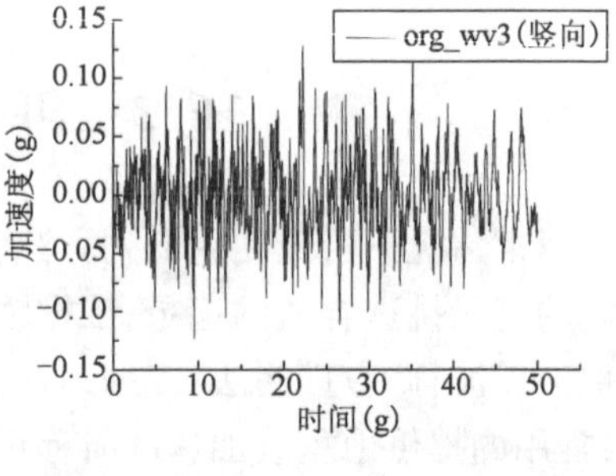

图 16.6　org_wv3(竖向)(调整系数 0.895 6)

(2)对于重要性结构物除了可以查阅合适的地震记录外，还应参照场地土的动力学参数，理论上更精确地进行地震危险性分析，凭经验估量强震中场地土的振动规律，通过数值、力学等解析方法，生成建筑物所在场地的人工地震加速度时程作为输入地震波。

(3)通过拟建场地的实际地震记录提供地震加速度时程,这种方法可以很好地模拟场地的实际地震记录,是最理想的一种途径。如果该场地没有切实可行的强震记录,这种方法的实用性就不复存在了。即使拟建场地有实际测得的强震记录,由于地震的发生是随机的,实际地震记录也无法真实反映未来地震情况。

本章所建立时程分析有限元模型采用第一种方法,直接选用数据完整、波形明确,代表性强的强震记录。多数情况下,由于所选择地震波峰值与建筑物所在场地的抗震设防烈度不匹配,因此应根据建筑物在有效使用期间内可能遭遇的最高地震烈度及场地条件调整地震加速度峰值。具体方法有以下两种:对加速度修正,按比例放大或缩小地震加速度最大值,使它与建筑物所在地的抗震设防烈度对应加速度最大值相同;对周期修正,会使时程频谱特性发生变化,修正的主要目的是令地震加速度时程的重要周期与建筑物所在场地的卓越周期一致。

16.3　弹性时程分析计算结果

16.3.1　模型的建立

本章模型是在第上一章基础模型的基础上,按照该桥的施工图纸,进行配筋设计(包括预应力钢筋和普通钢筋)、定义材料的时间依存性、荷载工况、时程静力荷载的施加、时程函数的施加和施工阶段的划分等。

预应力钢筋包括主梁预制时施加的正弯矩钢筋和体系转化时施加的负弯矩钢筋,本模型中所有预应力钢筋均采用坐标输入,预应力钢筋空间位置如图 16.7 和图 16.8 所示,普通钢筋包括纵筋和箍筋,纵筋空间位置如图 16.9 ~ 图 16.11 所示,箍筋只需输入箍筋尺寸和肢数。

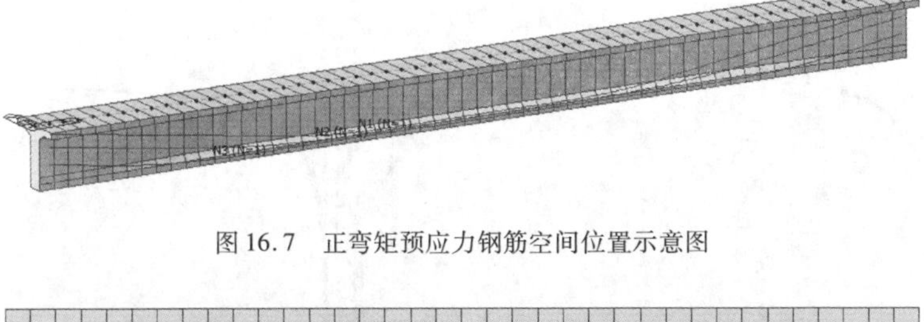

图 16.7　正弯矩预应力钢筋空间位置示意图

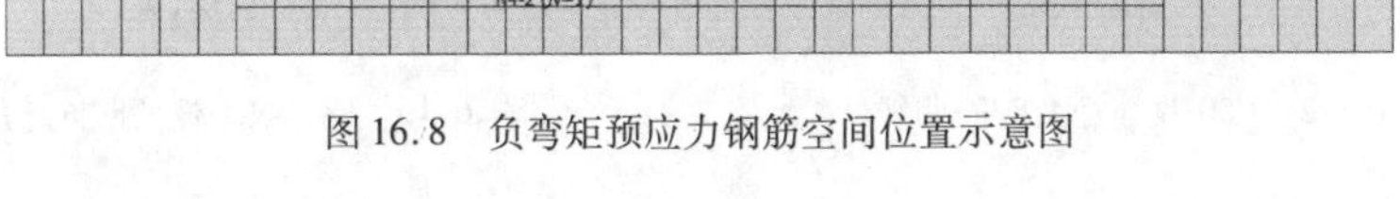

图 16.8　负弯矩预应力钢筋空间位置示意图

a)跨中截面　　b)端截面

图 16.9　纵筋空间位置示意图

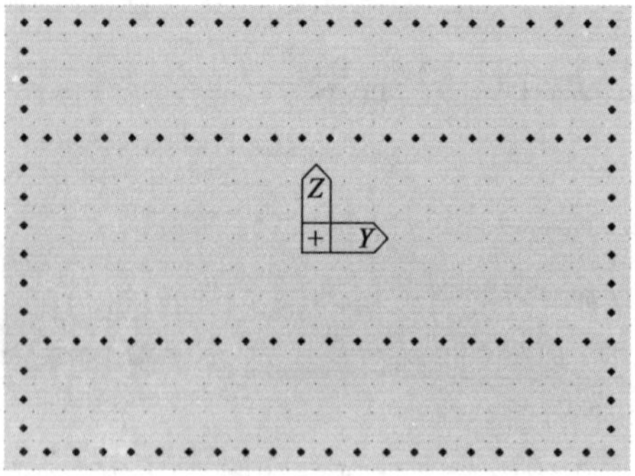

图 16.10　盖梁截面纵筋空间位置示意图

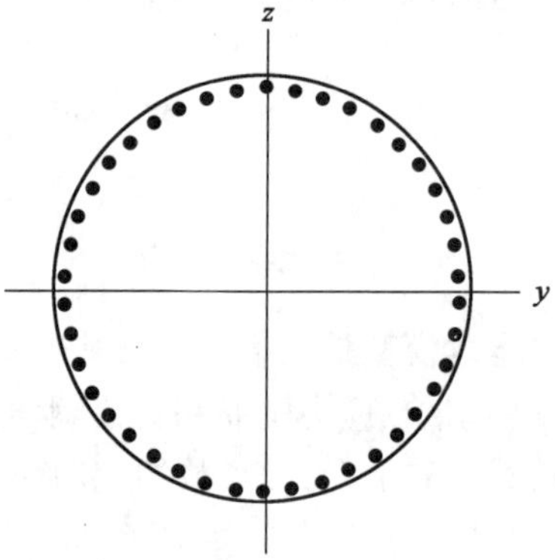

图 16.11　桥墩截面纵筋空间位置示意图

本模型上部结构采用 C50 混凝土,下部结构桥墩及盖梁采用 C40 混凝土,材料时间依存性分别包括两种材料的收缩徐变,其时间曲线分别如图 16.12 和图 16.13 所示。

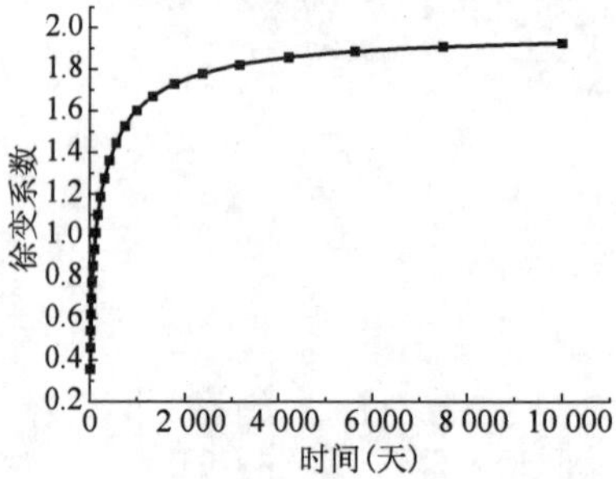

图 16.12　C50 收缩徐变时间曲线

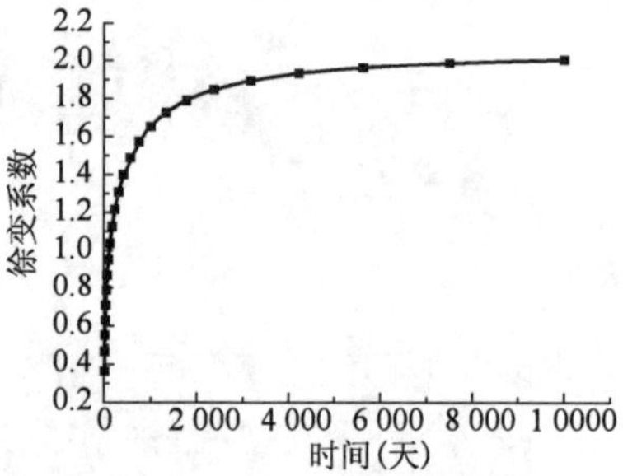

图 16.13　C40 收缩徐变时间曲线

在时程分析中恒载和地震作用的地震力不能像反应谱分析那样进行荷载组合，为此需要定义一个时程静力荷载，把恒载效应作为一种动荷载施加到结构上，和地震力进行荷载组合。

至此运行程序，就能得到计算结果，为叙述方便，对桥梁主要构件进行统一编号，编号原则如表 16.1 所示，本报告中对构件的描述均以此为准。

桥梁构件编号原则表　　表 16.1

序　号	名　称	数　量	编　号	编号原则
1	桥梁	2 幅	左幅桥、右幅桥	取右幅
2	孔跨	3 孔	1、2、3 号孔	西→东
3	主梁	单幅每孔 6 片	1、2、…、6 号梁	右幅桥：南→北
4	桥墩	8 个	1、2、…、8 号墩	先：南→北 后：西→东
5	盖梁	4 个	1、2、…、4 号盖梁	西→东
6	支座	每梁每墩(台)1 个	1 号支座	—
7	湿接缝	一联 2 条	1、2 号	西→东

注：桥墩编号为“1、2、…、8 号墩”；主梁组合编号为“孔跨号 - 主梁号”，例：1-2 号主梁表示第 1 第 2 片梁；支座组合编号为“孔跨号-盖梁号-主梁号-支座号”，例：2-2-6-1 号支座表示第 2 跨(孔)第 2 号盖梁第 6 片梁 1 号支座。

采用大型有限元软件对桥梁结构建立合适的计算模型，输入已经确定好的地震波，从而得到所有工况下有限元模型动力响应的理论值，包括有加速度、速度、位移和内力，由于本课题所建模型属于对称模型，所以控制点只设置在 1/4 模型中即可，根据以往经验，上部结构边梁处于最不利位置，最容易发生落梁危险，因此上部结构只对边梁布置控制点，根据《公路桥梁抗震设计细则》添加了 Elcent、Taft、org_wv3 三种地震波，其中 Elcent_h 顶点加速度为 0.356 9g，地震波持续时间 53.72s，Taft_h 顶点加速度为 -0.155 7g，地震波持续时间 54.38s，org_wv3 顶点加速度为 0.143 1g，地震波持续时间 49.96s。由上述地震波顶点加速度对比可知：Elcent 波作用更为强烈，桥梁结构地震反应更为明显，所以下面加速度、速度和位移时程曲线均只给出 Elcent 波作用下的时程曲线；但表格汇总中包含三种地震波作用下桥梁结构地震反应的最大数值及到达时间。

16.3.2　模型的加速度反应

本小节给出各控制点在地震力作用下的加速度变化情况，各控制点加速度时程曲线如图 16.14 ~ 图 16.21 所示，对各控制点最大加速度以及到达时间进行汇总如表 16.2 所示。

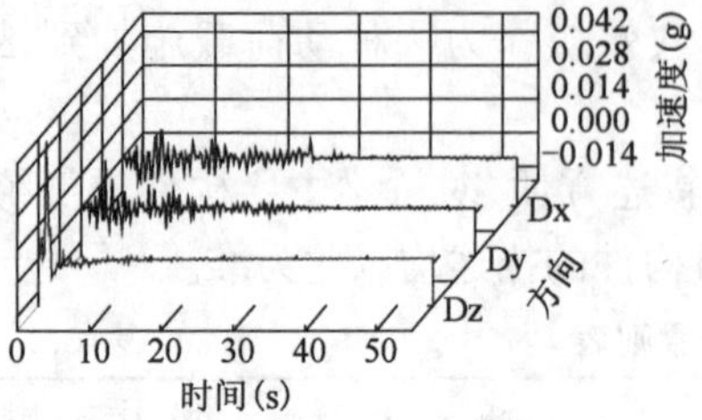

图 16.14　1 号墩墩底-Elcent-加速度时程曲线

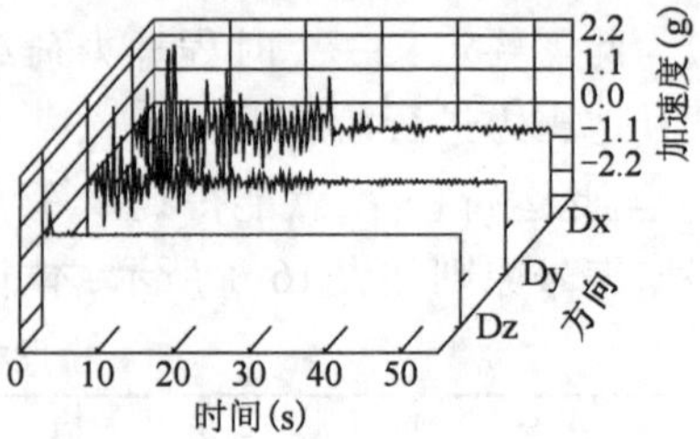

图 16.15　1 号墩墩顶-Elcent-加速度时程曲线

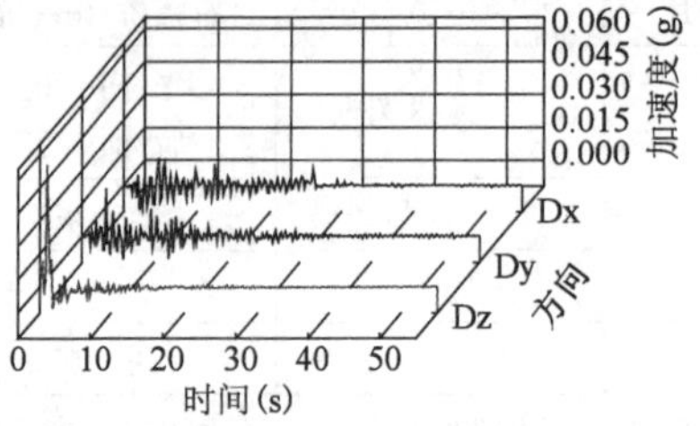

图 16.16　3 号墩墩底-Elcent-加速度时程曲线

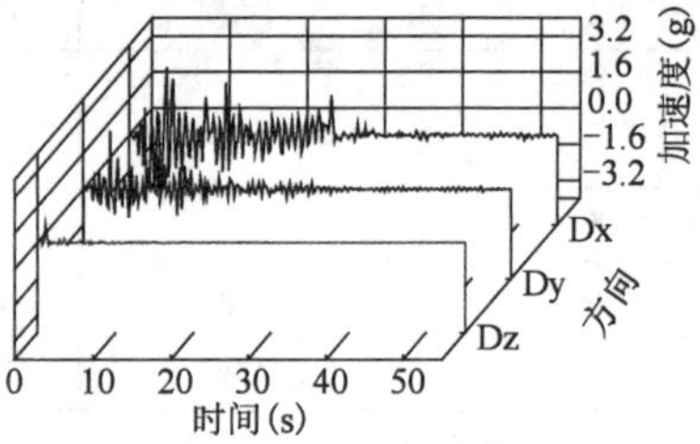

图 16.17　3 号墩墩顶-Elcent-加速度时程曲线

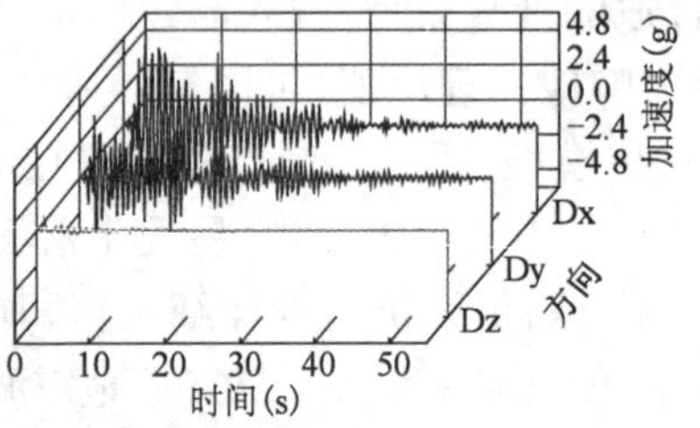

图 16.18　1-1 号梁西端-Elcent-加速度时程曲线

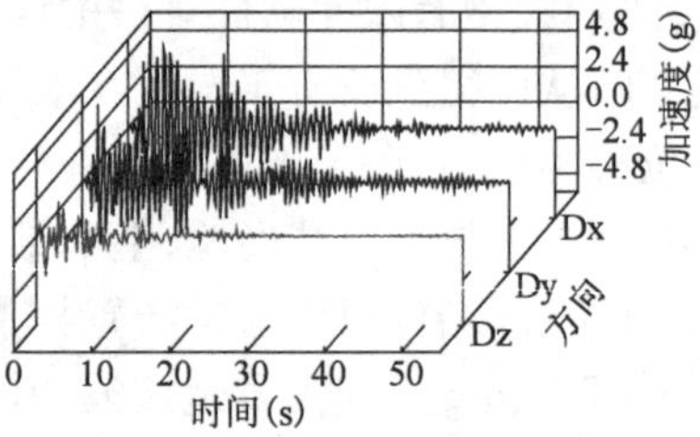

图 16.19　1-1 号梁跨中-Elcent-加速度时程曲线

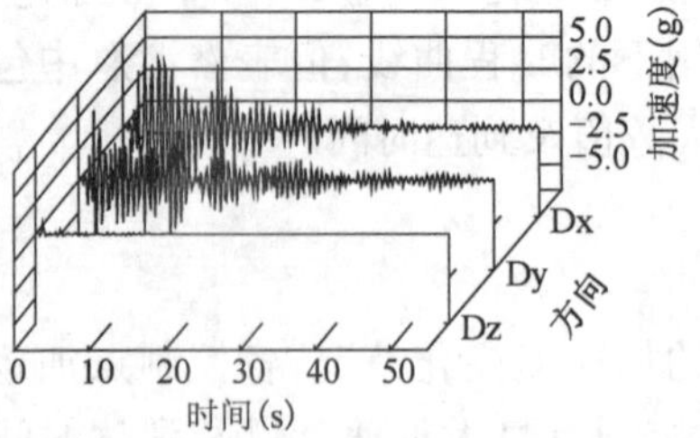

图 16.20　1-1&2-1 连接处-Elcent-加速度时程曲线

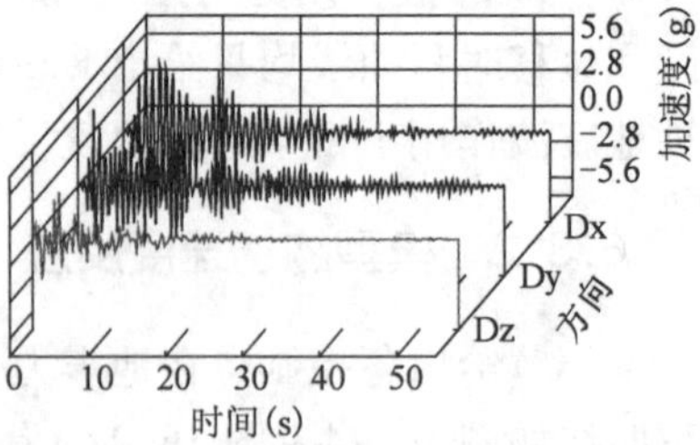

图 16.21　2-1 号梁跨中-Elcent-加速度时程曲线

各控制点最大加速度以及到达时间汇总表 表16.2

位 置	地震波	方 向	最大加速度(g)	到达时间(s)	最小加速度(g)	到达时间(s)
1号墩墩底	Elcent	Dx	0.011 45	5.42	-0.009 96	3.22
		Dy	0.020 01	3.42	-0.009 05	5.82
		Dz	0.048 87	1.02	-0.007 65	1.82
	Taft	Dx	0.005 26	7.02	-0.004 72	10.22
		Dy	0.008 93	8.22	-0.008 49	11.62
		Dz	0.001 97	5.82	-0.001 78	4.62
	org_wv3	Dx	0.007 86	29.62	-0.007 49	30.22
		Dy	0.010 56	23.72	-0.008 70	25.52
		Dz	0.002 45	11.72	-0.002 16	9.52
1号墩墩顶	Elcent	Dx	2.707 00	5.62	-2.982 00	2.22
		Dy	2.436 00	3.42	-1.431 00	2.22
		Dz	0.691 90	1.02	-0.040 26	7.02
	Taft	Dx	1.319 00	9.82	-1.112 00	14.42
		Dy	0.969 90	8.22	-0.872 70	11.62
		Dz	0.039 33	5.82	-0.027 77	14.42
	org_wv3	Dx	1.738 00	30.52	-1.877 00	30.12
		Dy	1.195 00	23.72	-1.036 00	25.52
		Dz	0.044 36	23.72	-0.040 04	9.52
3号墩墩底	Elcent	Dx	0.012 49	4.82	-0.011 06	2.22
		Dy	0.021 79	3.42	-0.010 62	5.82
		Dz	0.055 52	1.02	-0.009 70	1.82
	Taft	Dx	0.005 26	6.02	-0.004 99	10.22
		Dy	0.009 38	8.22	-0.008 68	11.62
		Dz	0.003 32	5.82	-0.003 14	5.22
	org_wv3	Dx	0.007 87	29.62	-0.007 28	30.22
		Dy	0.013 61	23.72	-0.010 25	25.52
		Dz	0.004 24	11.72	-0.003 70	9.52
3号墩墩顶	Elcent	Dx	3.012 00	4.82	-3.250 00	2.22
		Dy	2.581 00	3.42	-1.282 00	5.82
		Dz	0.834 80	1.02	-0.103 70	0.62

续上表

位 置	地震波	方 向	最大加速度(g)	到达时间(s)	最小加速度(g)	到达时间(s)
3 号墩墩顶	Taft	Dx	1.382 00	6.02	-1.043 00	10.22
		Dy	1.038 00	8.22	-0.881 50	11.62
		Dz	0.064 17	5.82	-0.046 58	5.22
	org_wv3	Dx	1.660 00	30.52	-1.922 00	30.12
		Dy	1.510 00	23.72	-1.215 00	25.52
		Dz	0.077 83	11.72	-0.071 00	9.52
1-1 号梁西端	Elcent	Dx	5.551 00	2.82	-6.728 00	5.02
		Dy	4.294 00	2.02	-6.929 00	2.22
		Dz	0.762 90	1.02	-0.240 10	5.62
	Taft	Dx	3.235 00	9.82	-3.084 00	7.22
		Dy	3.343 00	9.82	-3.710 00	14.42
		Dz	0.143 80	5.82	-0.149 30	11.62
	org_wv3	Dx	4.473 00	30.52	-4.469 00	30.12
		Dy	3.930 00	23.82	-3.615 00	22.62
		Dz	0.140 80	23.72	-0.160 90	30.52
1-1 号梁跨中	Elcent	Dx	5.830 00	2.82	-6.758 00	5.02
		Dy	5.191 00	2.02	-6.803 00	2.22
		Dz	2.300 00	2.82	-2.668 00	1.22
	Taft	Dx	3.189 00	7.02	-2.962 00	7.22
		Dy	4.110 00	9.82	-4.084 00	14.42
		Dz	0.855 10	7.22	-0.961 80	9.82
	org_wv3	Dx	4.435 00	30.52	-4.546 00	30.12
		Dy	4.823 00	23.82	-4.368 00	22.62
		Dz	0.817 70	16.42	-1.145 00	7.72
1-1、2-1 连接处	Elcent	Dx	5.642 00	2.82	-6.721 00	5.02
		Dy	5.581 00	2.02	-7.040 00	2.22
		Dz	0.940 30	1.02	-0.118 10	3.82
	Taft	Dx	3.150 00	7.02	-2.948 00	7.22
		Dy	4.270 00	9.82	-4.223 00	14.42
		Dz	0.120 90	8.22	-0.085 64	14.42

续上表

位　置	地震波	方　向	最大加速度(g)	到达时间(s)	最小加速度(g)	到达时间(s)
3 号墩墩顶	org_wv3	Dx	4.445 00	30.52	-4.556 00	30.12
		Dy	5.100 00	23.82	-4.790 00	22.62
		Dz	0.176 20	23.72	-0.149 30	25.52
2-1 号梁跨中	Elcent	Dx	5.611 00	2.82	-6.697 00	5.02
		Dy	5.959 00	2.02	-6.918 00	2.22
		Dz	3.741 00	3.42	-3.086 00	1.22
	Taft	Dx	3.171 00	7.02	-2.910 00	7.22
		Dy	4.547 00	9.82	-4.406 00	14.42
		Dz	1.360 00	10.42	-1.287 00	0.82
	org_wv3	Dx	4.460 00	30.52	-4.570 00	30.12
		Dy	5.454 00	23.82	-5.091 00	22.62
		Dz	1.223 00	17.42	-1.122 00	29.02

由上述图表可知：通过 1 号墩和 3 号墩的墩底、墩顶及主梁加速度数据反映出结构加速度动力响应随着桥梁高度的增加逐渐变大；Z 方向的加速度动力响应小于 X、Y 方向，但是 Z 方向最大加速度到达时间早于 X、Y 方向；三种地震波作用在桥梁上，桥梁的动力响应规律几乎相同，验证了模型的正确性，其中 Elcent 由于地震作用强烈，桥梁的加速度动力响应最为明显；跨中加速度动力响应相对于桥梁结构其他位置最大，最大达到了 5.830 0g，到达时间 2.82s，是 Elcent 波最大加速度 0.356 9g 的 16.34 倍，滞后于 Elcent 波最大加速度时刻 0.68s。

16.3.3　模型的速度反应

本小节给出各控制点在地震力作用下的速度变化情况，各控制点速度时程曲线如图 16.22～图 16.29 所示，对各控制点最大加速度以及到达时间进行汇总如表 16.3 所示。

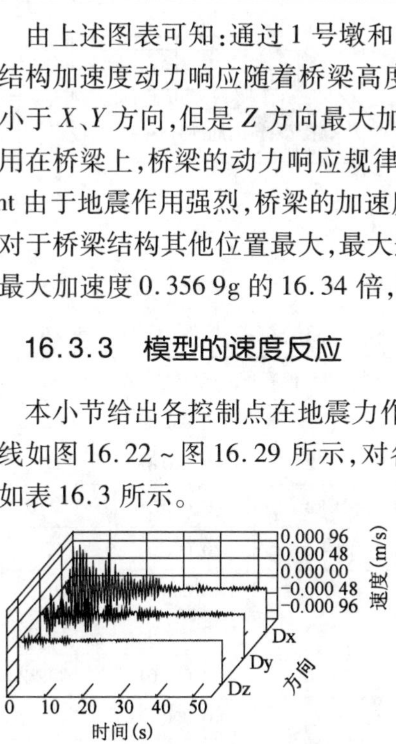

图 16.22　1 号墩墩底-Elcent-速度时程曲线

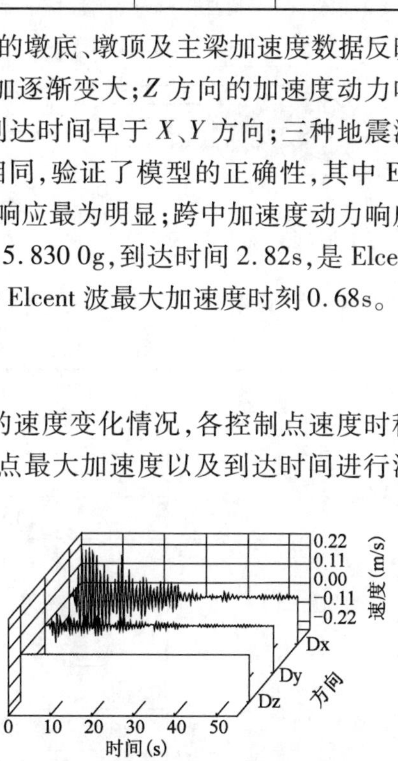

图 16.23　1 号墩墩顶-Elcent-速度时程曲线

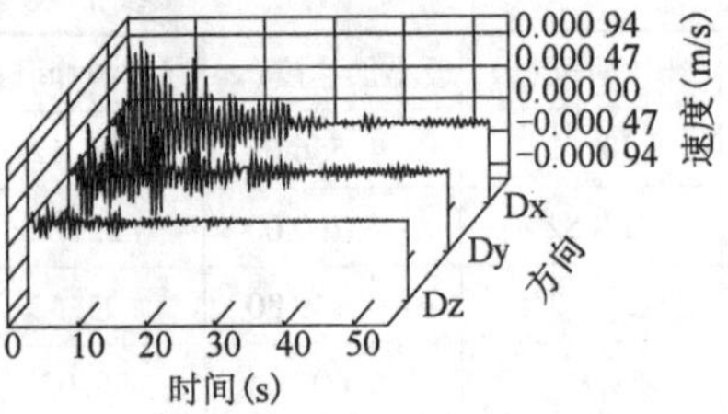

图 16.24　3 号墩墩底-Elcent-速度时程曲线

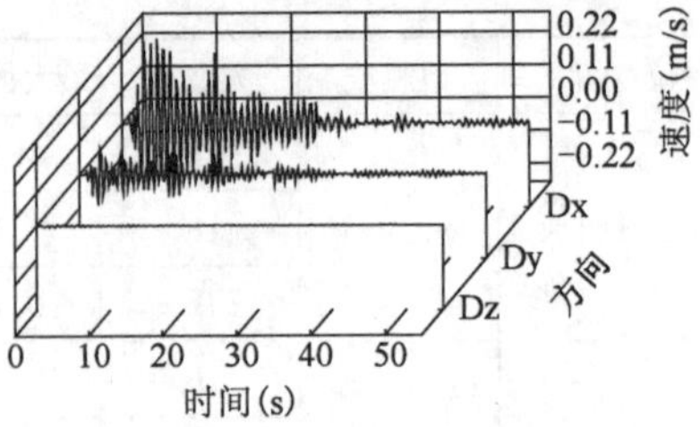

图 16.25　3 号墩墩顶-Elcent-速度时程曲线

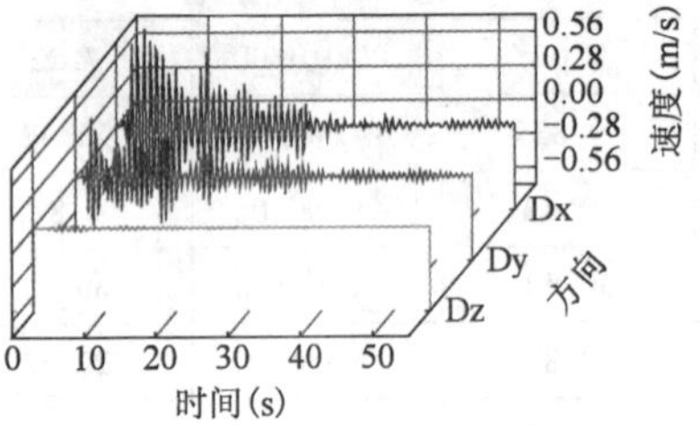

图 16.26　1-1 号梁西端-Elcent-速度时程曲线

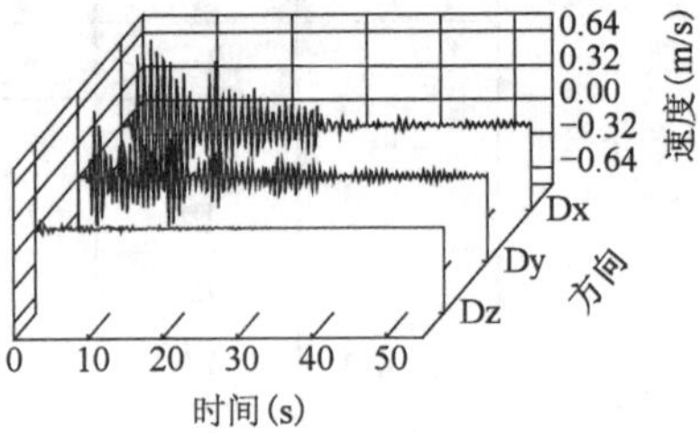

图 16.27　1-1 号梁跨中-Elcent-速度时程曲线

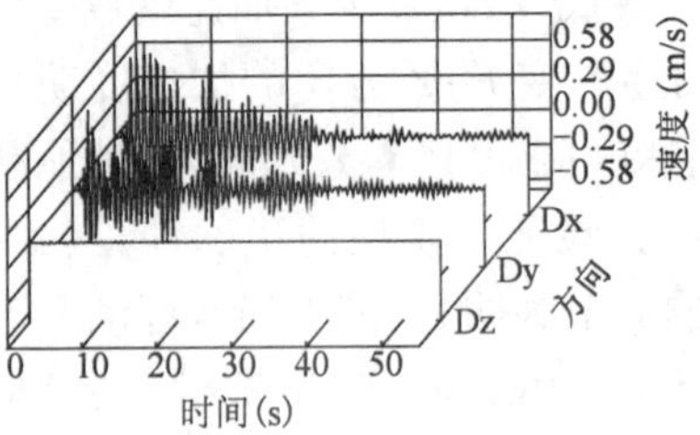

图 16.28　1-1&2-1 连接处-Elcent-速度时程曲线

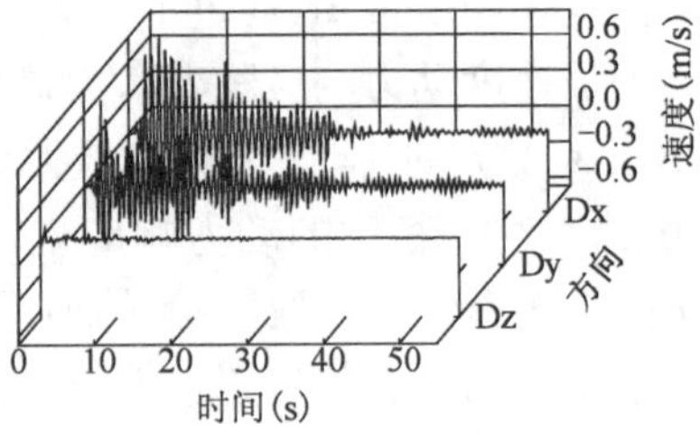

图 16.29　2-1 号梁跨中-Elcent-速度时程曲线

各控制点最大速度以及到达时间汇总表　　表 16.3

位　置	地震波	方　向	最大速度(m/s)	到达时间(s)	最小速度(m/s)	到达时间(s)
1 号墩墩底	Elcent	Dx	0.001 21	4.82	−0.001 09	4.42
		Dy	0.000 55	2.82	−0.000 85	2.62
		Dz	0.000 15	2.82	−0.000 18	2.62
	Taft	Dx	0.000 56	8.02	−0.000 54	6.82
		Dy	0.000 34	10.62	−0.000 32	10.22
		Dz	0.000 07	8.42	−0.000 06	11.02
	org_wv3	Dx	0.000 80	29.82	−0.001 01	30.32
		Dy	0.000 64	32.62	−0.000 53	24.32
		Dz	0.000 12	32.62	−0.000 11	32.22

续上表

位　置	地震波	方　向	最大速度(m/s)	到达时间(s)	最小速度(m/s)	到达时间(s)
1 号墩墩顶	Elcent	Dx	0.283 60	4.82	-0.269 30	4.42
		Dy	0.067 36	2.82	-0.099 17	2.62
		Dz	0.002 74	2.82	-0.003 36	2.62
	Taft	Dx	0.136 60	8.02	-0.137 90	6.82
		Dy	0.042 16	14.22	-0.038 50	10.22
		Dz	0.001 33	8.42	-0.001 17	11.02
	org_wv3	Dx	0.191 50	29.82	-0.237 10	30.32
		Dy	0.079 17	32.62	-0.064 73	24.32
		Dz	0.002 37	32.62	-0.002 15	32.22
3 号墩墩底	Elcent	Dx	0.001 19	4.82	-0.001 15	4.42
		Dy	0.000 72	2.82	-0.000 86	2.62
		Dz	0.000 21	2.82	-0.000 22	1.82
	Taft	Dx	0.000 58	8.02	-0.000 53	7.62
		Dy	0.000 44	13.62	-0.000 39	11.82
		Dz	0.000 12	11.42	-0.000 11	4.82
	org_wv3	Dx	0.000 79	29.82	-0.001 02	30.32
		Dy	0.000 79	32.62	-0.000 69	24.32
		Dz	0.000 17	32.62	-0.000 15	32.22
3 号墩墩顶	Elcent	Dx	0.284 30	4.82	-0.282 10	4.42
		Dy	0.086 70	2.82	-0.100 40	2.62
		Dz	0.003 91	2.82	-0.004 20	1.82
	Taft	Dx	0.139 40	8.02	-0.127 70	7.62
		Dy	0.053 22	14.22	-0.046 98	11.82
		Dz	0.002 34	11.42	-0.002 20	4.82
	org_wv3	Dx	0.192 90	29.82	-0.242 10	30.32
		Dy	0.096 83	32.62	-0.082 66	24.32
		Dz	0.003 39	32.62	-0.002 99	32.22
1-1 号梁西端	Elcent	Dx	0.799 10	4.02	-0.665 70	5.22
		Dy	0.492 90	2.22	-0.380 10	12.22
		Dz	0.022 96	3.62	-0.025 22	4.02

续上表

位　置	地震波	方　向	最大速度(m/s)	到达时间(s)	最小速度(m/s)	到达时间(s)
1-1 号梁西端	Taft	Dx	0.321 40	7.02	-0.384 60	6.82
		Dy	0.307 80	14.22	-0.308 60	14.62
		Dz	0.012 62	7.62	-0.012 18	8.02
	org_wv3	Dx	0.506 00	29.92	-0.631 10	30.32
		Dy	0.427 50	22.42	-0.395 30	23.62
		Dz	0.019 67	30.32	-0.017 44	29.92
1-1 号梁跨中	Elcent	Dx	0.803 30	4.02	-0.667 00	5.22
		Dy	0.622 80	2.22	-0.459 10	12.22
		Dz	0.048 39	0.62	-0.053 33	1.02
	Taft	Dx	0.320 40	7.02	-0.385 60	6.82
		Dy	0.368 10	14.22	-0.367 10	14.62
		Dz	0.036 84	8.42	-0.026 92	1.42
	org_wv3	Dx	0.507 30	29.92	-0.631 40	30.32
		Dy	0.507 30	22.42	-0.479 30	24.32
		Dz	0.029 12	22.42	-0.026 97	19.12
1-1、2-1 连接处	Elcent	Dx	0.803 80	4.02	-0.664 30	6.22
		Dy	0.676 70	2.22	-0.494 10	2.42
		Dz	0.009 94	2.82	-0.010 26	2.62
	Taft	Dx	0.318 30	7.02	-0.384 40	6.82
		Dy	0.384 20	14.22	-0.399 60	14.62
		Dz	0.005 63	11.42	-0.004 86	14.02
	org_wv3	Dx	0.508 60	29.92	-0.632 00	30.32
		Dy	0.541 20	22.52	-0.513 40	23.62
		Dz	0.010 15	32.62	-0.008 45	24.32
2-1 号梁跨中	Elcent	Dx	0.807 80	4.02	-0.669 00	6.22
		Dy	0.724 30	2.22	-0.539 70	2.42
		Dz	0.080 97	0.62	-0.044 08	1.82
	Taft	Dx	0.315 20	7.02	-0.384 90	6.82
		Dy	0.405 40	14.22	-0.420 70	14.62
		Dz	0.046 54	7.22	-0.046 86	4.82

续上表

位　置	地震波	方　向	最大速度(m/s)	到达时间(s)	最小速度(m/s)	到达时间(s)
2-1 号梁跨中	org_wv3	Dx	0.511 20	29.92	−0.632 70	30.32
		Dy	0.580 60	22.52	−0.547 20	24.32
		Dz	0.045 21	24.62	−0.037 15	11.42

由上述图表可知：速度是加速度的时间函数，桥梁结构随着高度的增加，速度动力响应明显增大；桥梁结构在 Elcent 波地震作用下的速度动力响应规律和 Taft 波、org_wv3 波相同，但是幅值明显强于后者；上部结构的速度动力响应明显强于下部结构，即便是墩顶的速度动力响应也明显差于上部结构，反观上部结构，无论是跨中还是体系转换湿接缝处，相同方向上的速度动力响应几乎相同；桥墩 X 方向速度动力响应明显强于 Y 方向，Y 方向明显强于 Z 方向，而上部结构 X 方向与 Y 方向幅差不是很大，有的在 Y 方向的速度动力响应甚至大于 X 方向，但水平向远大于 Z 方向，说明铅芯橡胶支座起到很大作用；速度动力响应最大速度到达时刻除了与控制点位置有关系，地震波的形式也有影响。

16.3.4　模型的位移反应

本小节给出各控制点在地震力作用下的位移变化情况，各控制点位移时程曲线如图 16.30 ~ 图 16.37 所示，对各控制点最大位移进行汇总如表 16.4 所示。

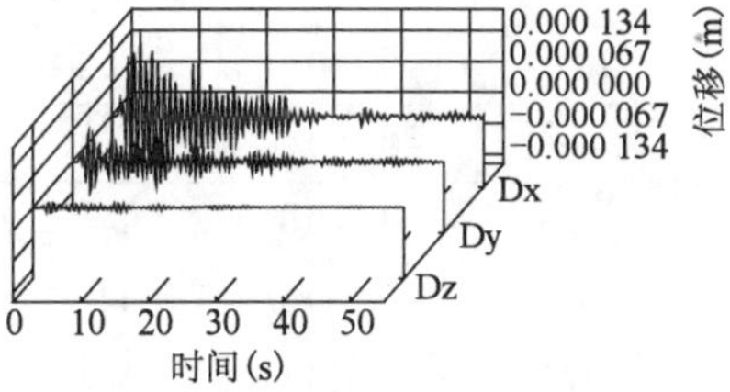

图 16.30　1 号墩墩底-Elcent-位移时程曲线

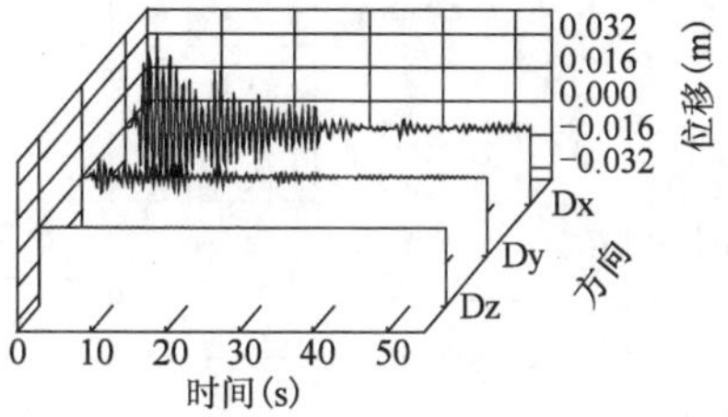

图 16.31　1 号墩墩顶-Elcent-位移时程曲线

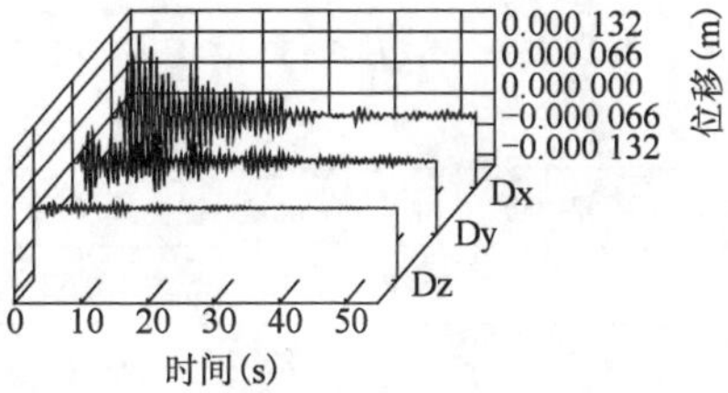

图 16.32　3 号墩墩底-Elcent-位移时程曲线

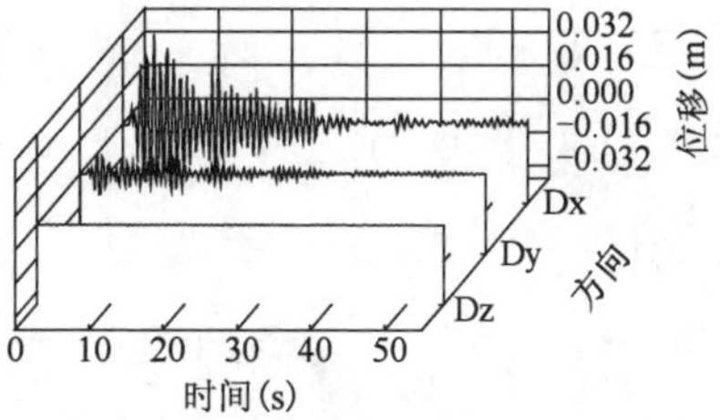

图 16.33　3 号墩墩顶-Elcent-位移时程曲线

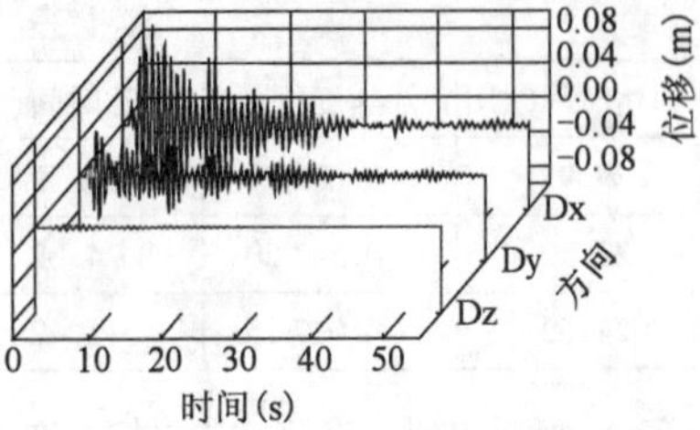

图 16.34　1-1 号梁西端-Elcent-位移时程曲线

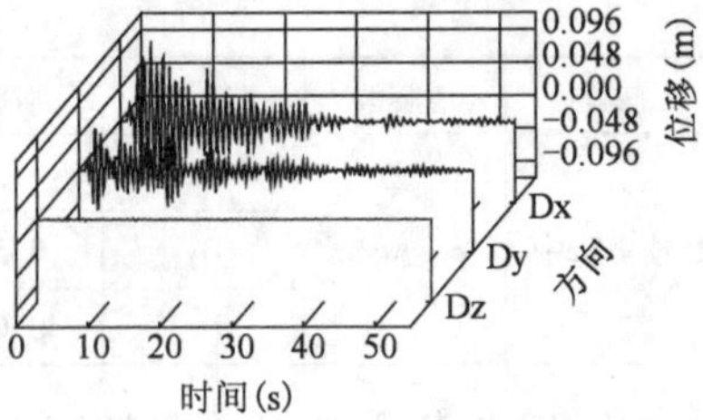

图 16.35　1-1 号梁跨中-Elcent-位移时程曲线

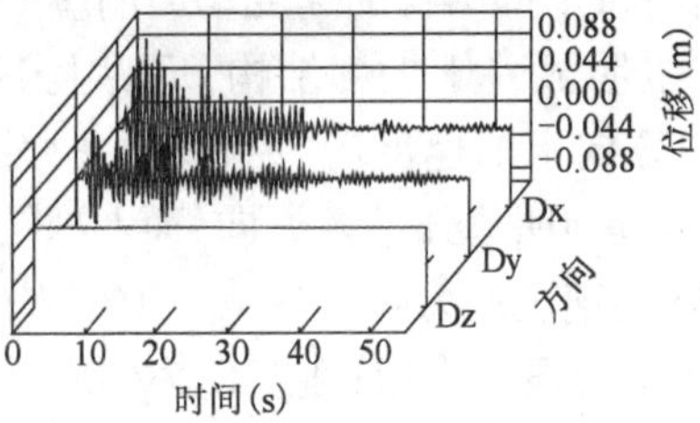

图 16.36　1-1&2-1 连接处-Elcent-位移时程曲线

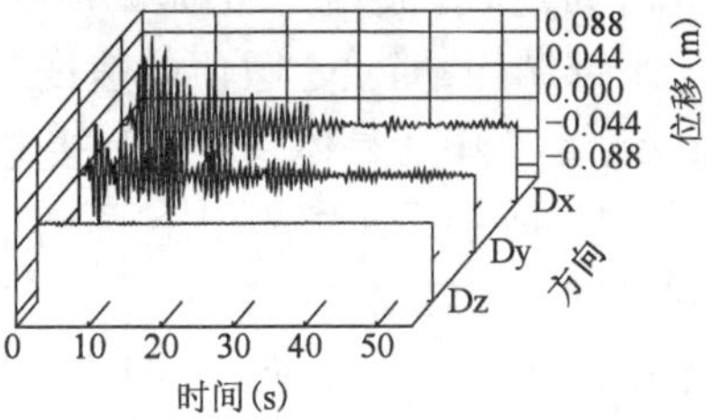

图 16.37　2-1 号梁跨中-Elcent-位移时程曲线

各控制点最大位移以及到达时间汇总表　　表 16.4

位　置	地震波	方　向	最大位移(m)	到达时间(s)	最小位移(m)	到达时间(s)
1 号墩墩底	Elcent	Dx	0.000 18	4.22	−0.000 15	2.82
		Dy	0.000 06	2.42	−0.000 06	2.62
		Dz	0.000 01	3.02	−0.000 01	2.62
	Taft	Dx	0.000 06	7.42	−0.000 08	10.62
		Dy	0.000 04	14.42	−0.000 04	14.82
		Dz	0.000 01	14.42	−0.000 01	14.82
	org_wv3	Dx	0.000 14	30.12	−0.000 13	30.52
		Dy	0.000 07	22.62	−0.000 07	22.22
		Dz	0.000 01	22.62	−0.000 01	22.22
1 号墩墩顶	Elcent	Dx	0.043 72	4.22	−0.037 57	2.82
		Dy	0.007 48	2.42	−0.007 81	2.62
		Dz	0.000 21	2.42	−0.000 23	2.62
	Taft	Dx	0.016 09	7.42	−0.018 40	10.62
		Dy	0.005 30	14.42	−0.004 37	14.82
		Dz	0.000 18	14.42	−0.000 13	14.82

续上表

位　置	地震波	方　向	最大位移(m)	到达时间(s)	最小位移(m)	到达时间(s)
1 号墩墩顶	org_wv3	Dx	0.034 32	30.12	-0.031 87	30.52
		Dy	0.008 30	22.62	-0.008 40	22.22
		Dz	0.000 26	22.62	-0.000 29	22.22
3 号墩墩底	Elcent	Dx	0.000 18	4.22	-0.000 15	2.82
		Dy	0.000 07	2.42	-0.000 08	2.62
		Dz	0.000 01	3.02	-0.000 01	2.82
	Taft	Dx	0.000 07	7.42	-0.000 07	7.82
		Dy	0.000 05	14.42	-0.000 05	9.82
		Dz	0.000 01	14.42	-0.000 01	10.42
	org_wv3	Dx	0.000 14	30.12	-0.000 13	30.52
		Dy	0.000 09	22.62	-0.000 08	22.22
		Dz	0.000 02	22.62	-0.000 02	22.22
3 号墩墩顶	Elcent	Dx	0.042 79	4.22	-0.037 91	2.82
		Dy	0.008 14	2.42	-0.009 72	2.62
		Dz	0.000 27	3.02	-0.000 30	2.82
	Taft	Dx	0.017 12	7.42	-0.017 01	7.02
		Dy	0.006 01	14.42	-0.006 29	9.82
		Dz	0.000 22	14.42	-0.000 21	10.42
	org_wv3	Dx	0.034 43	30.12	-0.032 04	30.52
		Dy	0.010 49	22.62	-0.010 12	22.22
		Dz	0.000 36	22.62	-0.000 39	22.22
1-1 号梁西端	Elcent	Dx	0.115 20	4.22	-0.105 80	2.82
		Dy	0.050 52	2.22	-0.048 08	2.62
		Dz	0.003 21	6.42	-0.003 59	4.22
	Taft	Dx	0.047 34	7.42	-0.047 31	7.82
		Dy	0.037 31	14.42	-0.033 18	14.82
		Dz	0.001 70	7.82	-0.001 52	7.42
	org_wv3	Dx	0.092 08	30.12	-0.081 40	30.52
		Dy	0.053 76	22.62	-0.050 12	23.82
		Dz	0.002 58	30.52	-0.002 74	30.12

续上表

位　置	地震波	方　向	最大位移(m)	到达时间(s)	最小位移(m)	到达时间(s)
1-1 号梁跨中	Elcent	Dx	0.115 60	4.22	-0.105 70	2.82
		Dy	0.058 77	2.22	-0.056 28	2.62
		Dz	0.001 55	3.82	-0.001 93	6.82
	Taft	Dx	0.047 56	7.42	-0.047 56	7.82
		Dy	0.043 48	14.42	-0.039 35	14.82
		Dz	0.001 83	9.82	-0.001 46	9.62
	org_wv3	Dx	0.092 41	30.12	-0.081 56	30.52
		Dy	0.065 00	22.62	-0.060 86	23.82
		Dz	0.002 16	31.32	-0.002 84	22.22
1-1、2-1 连接处	Elcent	Dx	0.115 70	4.22	-0.105 10	2.82
		Dy	0.062 08	2.22	-0.059 50	2.82
		Dz	0.000 82	3.02	-0.000 96	2.82
	Taft	Dx	0.047 84	7.42	-0.047 89	7.82
		Dy	0.045 07	14.42	-0.041 82	14.82
		Dz	0.000 64	14.42	-0.000 62	10.42
	org_wv3	Dx	0.092 53	30.12	-0.081 56	30.52
		Dy	0.069 78	22.62	-0.064 96	23.82
		Dz	0.001 09	22.62	-0.001 10	22.22
2-1 号梁跨中	Elcent	Dx	0.116 00	4.22	-0.104 40	2.82
		Dy	0.065 05	2.22	-0.063 82	2.82
		Dz	0.001 71	3.02	-0.002 72	3.42
	Taft	Dx	0.048 17	7.42	-0.048 25	7.82
		Dy	0.046 23	14.42	-0.044 85	14.82
		Dz	0.001 91	10.02	-0.002 31	10.42
	org_wv3	Dx	0.092 74	30.12	-0.081 67	30.52
		Dy	0.074 56	22.62	-0.068 78	23.82
		Dz	0.002 30	22.62	-0.001 71	22.22

由上述图表可知：下部结构位移动力响应明显不同于上部结构，差距很大，由此可知支座的选择、受力性能、结构特性及限位能力至关重要，这将决定上部

结构的位移动力响应，也是防止主梁之间碰撞、甚至落梁的主要手段；全桥结构在顺桥向（X方向）位移动力反应明显大于横桥向（Y方向），远远大于竖向（Z方向），所以在做先简支后连续梁桥抗震设计中，顺桥向是考虑结构位移需求的一个重要考虑因素。位移反应对比图如图16.38～图16.45所示。

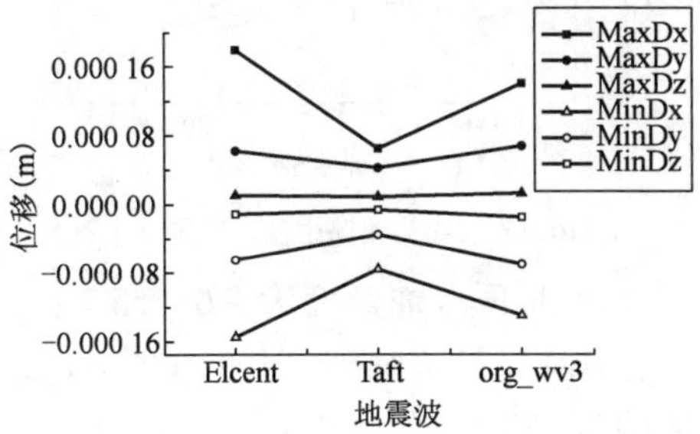

图16.38　1号墩墩底位移反应对比图

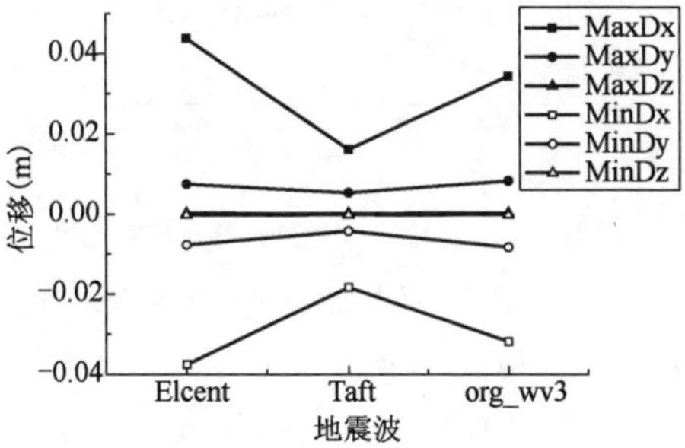

图16.39　1号墩墩顶位移反应对比图

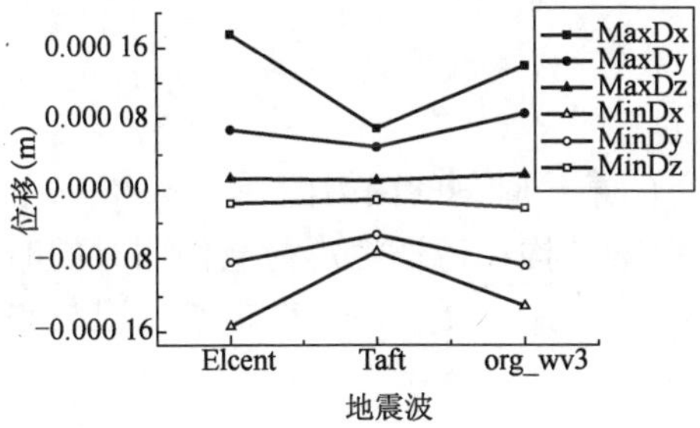

图16.40　3号墩墩底位移反应对比图

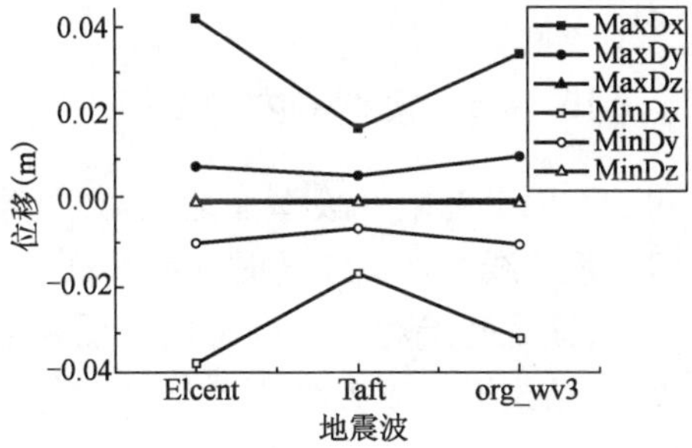

图16.41　3号墩墩顶位移反应对比图

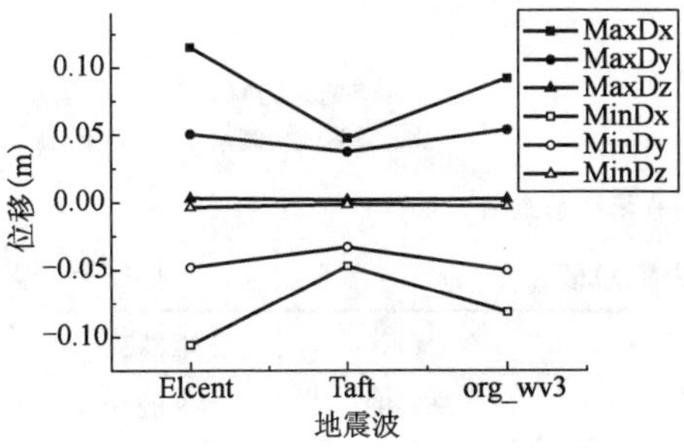

图16.42　1-1号梁西端位移反应对比图

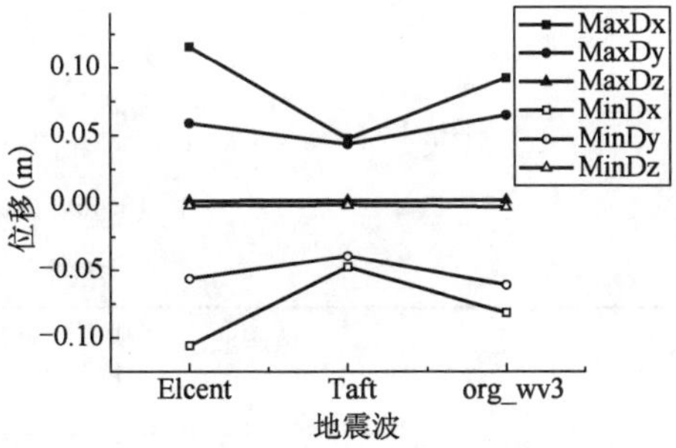

图16.43　1-1号梁跨中位移反应对比图

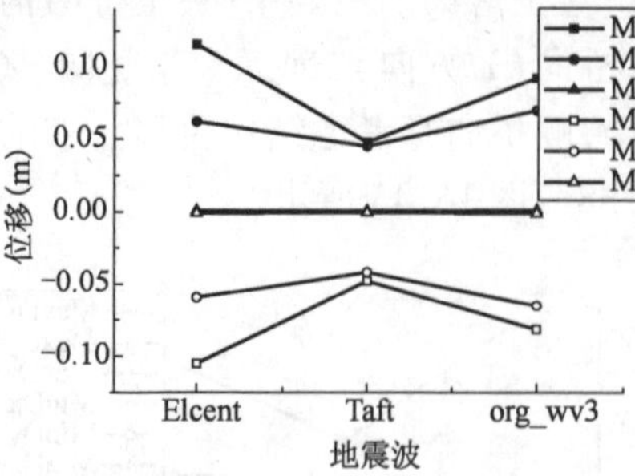

图 16.44　1-1&2-1 连接处位移反应对比图

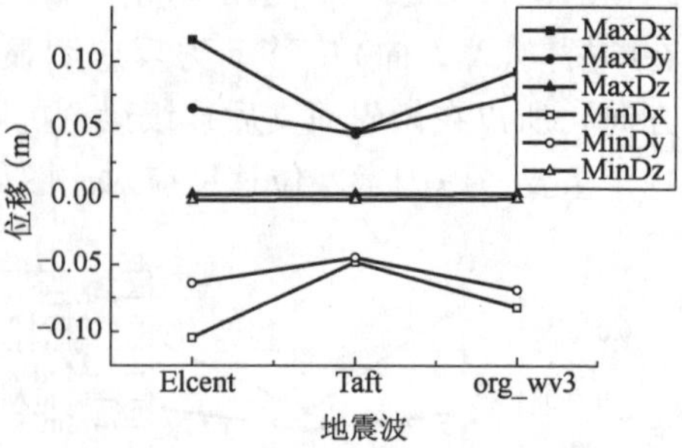

图 16.45　2-1 号梁跨中位移反应对比图

Elcent_h 顶点加速度为 0.356 9g，大于 Taft_h 顶点加速度为 -0.155 7g 和 org_wv3 顶点加速度为 0.143 1g，所以位移动力响应最为强烈，而 Taft 波和 org_wv3 顶点加速度相近，但是 org_wv3 波制造的桥跨结构位移动力响应却大概是 Taft 波的 2 倍，说明位移动力响应不仅仅与地震波顶点加速度有关，与整体幅值大小、作用时间都有关系，org_wv3 波由于衰减不明显是造成这一现象的主要原因。

16.3.5　模型的内力反应

下面是有限元模型在地震荷载作用下的某一时刻的内力图，图 16.46 右下角灰色曲线为地震波的时程曲线，白线只桥梁结构在遭遇地震荷载作用时的时间点，该时间点对应的全桥内力图随之显示出来。但是 Word 很难通过视频来表征，结果汇总成表格如表 16.5 所示。

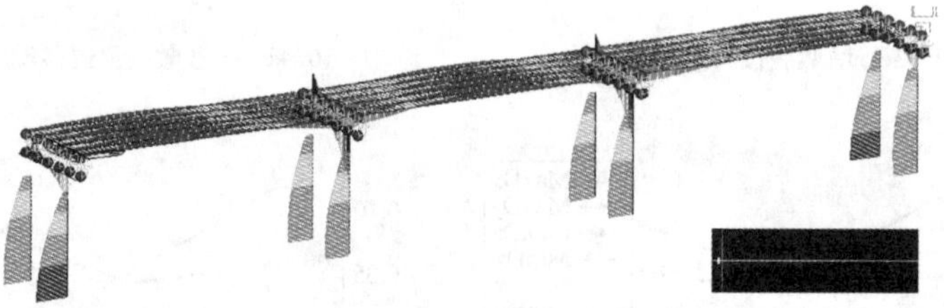

图 16.46　内力时程函数示意图

控制点内力汇总表　　　　表 16.5

位　置	地震波	轴向(kN)	剪力(kN)	弯矩(kN·m)
1 号墩墩底	Elcent	2 588.34	1 652.03	18 824.39
	Taft	1 560.37	910.22	8 504.86
	org_wv3	2 276.88	1 281.13	15 145.22

续上表

位　置	地震波	轴向(kN)	剪力(kN)	弯矩(kN·m)
1号墩墩顶	Elcent	2 597.09	1 677.09	2 803.88
	Taft	1 577.88	920.56	1 293.41
	org_wv3	2 248.58	1 246.85	2 159.25
3号墩墩底	Elcent	3 279.66	1 672.1	19 469.37
	Taft	1 828.74	885.61	8 941.87
	org_wv3	3 062.41	1 309.01	15 125.82
3号墩墩顶	Elcent	3 287.65	1 688.98	2 699.44
	Taft	1 802.79	886.74	1 303.55
	org_wv3	3 034.37	1 276.19	2 290.23
1-1号梁西端	Elcent	534.8	107.45	348.31
	Taft	217.19	72.58	192.92
	org_wv3	392.83	97.03	279.98
1-1号梁跨中	Elcent	1 818.92	33.39	356.39
	Taft	948.89	27.41	306.11
	org_wv3	1 575.27	28.58	436.31
1-1、2-1连接处	Elcent	1 767.87	489.13	762.18
	Taft	844.21	296.03	644.96
	org_wv3	1 657.76	338.5	457.98
2-1号梁跨中	Elcent	2 941.27	22.63	429.78
	Taft	1 567.9	6.13	319
	org_wv3	2 403.33	19.09	244.8

由上述图表可知：Elcent 波作用下桥梁结构内力时程响应最大，org_wv3 波其次，Taft 波最小，Elcent 波得益于顶点加速度最大，org_wv3 由于整体幅值较大大，衰减较弱居于 Taft 波之上；通过弯矩、剪力、轴力的比较，可以看出，桥墩和桥顶剪力、轴力相差不是很大，但是弯矩墩底要大墩顶很多，成功验证了桥梁事故墩底频遭破坏的现象；桥墩受力和主梁受力对比可知，主梁无论是弯矩、剪力明显小于桥墩，说明在地震作用中，主梁极小可能由于地震作用直接发生结构性破坏，主要是主梁产生的惯性力通过支座传递给桥墩，所以在抗震设计过程中，可以忽略上部结构的精确模拟甚至可以等效成刚体，但是质量必须模拟正确。

由于本章所建立的有限元模型属于中心对称模型，所以取全桥 1/4 的支座进行控制即可,支座是采用调整过的恢复力模型来模拟铅芯隔震橡胶支座,在有限元模型中属于一般连接,这种单元并能能像梁单元一样查看时程结果,所以这里只给出最大受力情况如表16.6所示。

支座受力汇总表 表16.6

支座编号	地震波	轴向(kN)	剪力 y(kN)	剪力 z(kN)
1-1-1-1	Elcent	445.05	450.52	503.94
	Taft	231.87	192.6	276.42
	org_wv3	353.18	364.17	395.05
1-1-2-1	Elcent	633.15	504.37	569.26
	Taft	405.95	261.71	279.3
	org_wv3	575.11	419.72	346.44
1-1-3-1	Elcent	237.11	492.44	548.33
	Taft	150	261.4	290.09
	org_wv3	205.53	416.36	395.17
2-2-1-1	Elcent	1 010.81	606.9	503.86
	Taft	609.88	310.03	297.48
	org_wv3	710.57	504.2	363.81
2-2-2-1	Elcent	1 280.66	655.02	564.6
	Taft	715.63	409.4	239.9
	org_wv3	1 187.74	467.88	417.92
2-2-3-1	Elcent	540.9	613.42	544.16
	Taft	292.04	441.32	247.02
	org_wv3	514.46	532.4	440.63

由支座受力可知,桥梁结构在遭遇三种地震波的作用下,都没有出现破坏,说明该种铅芯隔震橡胶支座的受力性能能够满足一般抗震要求。

16.4 减隔震设计桥梁抗震性能的量化分析

本章节主要对减隔震设计的桥梁抗震性能做一个分析,图16.47所示1~24共代表24个支座单元,本章采用铅芯隔震橡胶支座建立模型,该类型支座的应用属于减隔震设计理念的一部分实际应用,为了更好地对减隔震设计理念进行更好地阐述,本小节又建立了一个新的盆式橡胶支座模型,在该章模型的基础上，只对 24 个支座单元进行改变，其他参数均不变。桥墩是桥梁抗震的重中之重，通过上述时程分析先找到结构在经历地震作用时结构动力响应最大的时刻，如表 16.7 所示。所以抗震性能的量化分析采用两种支座类型的 1 号墩、2 号墩、3 号墩、4 号墩墩顶在经历三种相同地震作用下的位移量来进行表征，如图 16.48 ~ 图 16.53 所示，并对 1 号墩、3 号墩位移进行比较如图 16.54 ~ 图 16.59 所示。

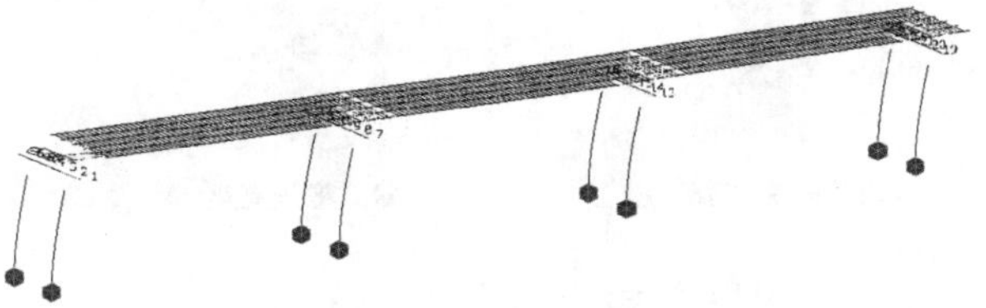

图 16.47　全桥模型支座示意图（1,2,…,24 代表支座）

两种模型墩顶最大位移到达时间汇总表　　表 16.7

位　　置	地　震　波	铅芯橡胶支座	盆式橡胶支座
1 号墩墩顶最大位移到达时间(s)	Elcent	4.22	2.26
	Taft	7.42	14.30
	org_wv3	30.12	38.59
3 号墩墩顶最大位移到达时间(s)	Elcent	4.22	2.26
	Taft	7.42	14.30
	org_wv3	30.12	38.59

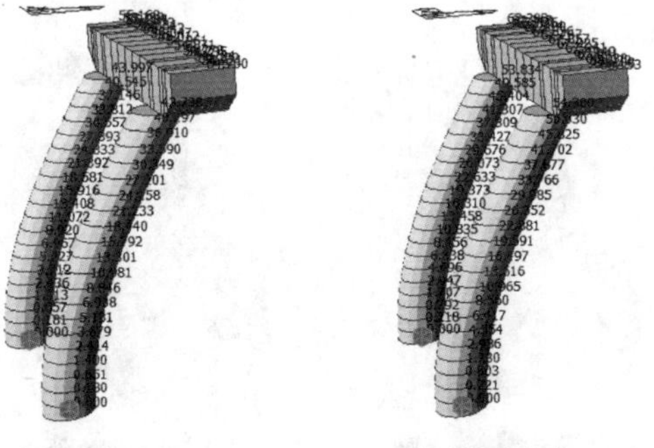

a) 铅芯隔震橡胶支座　　b) 盆式橡胶支座

图 16.48　1、2 号墩-Elcent-最大位移

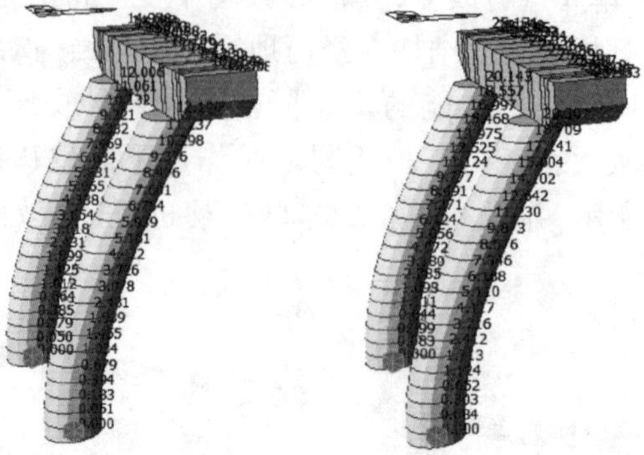

a)铅芯隔震橡胶支座　　b)盆式橡胶支座

图 16.49　1、2 号墩-Taft-最大位移

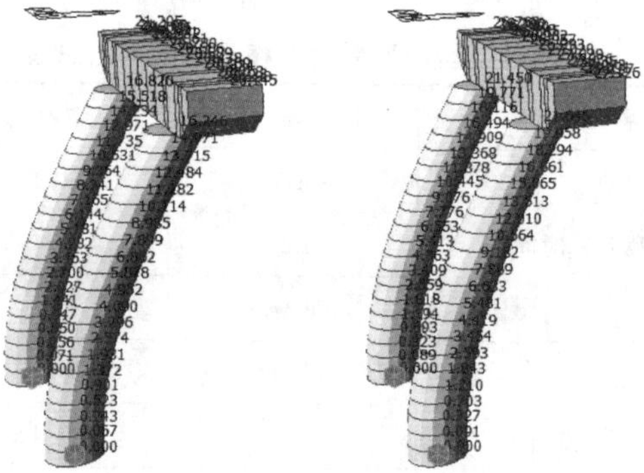

a)铅芯隔震橡胶支座　　b)盆式橡胶支座

图 16.50　1、2 号墩-org_wv3-最大位移

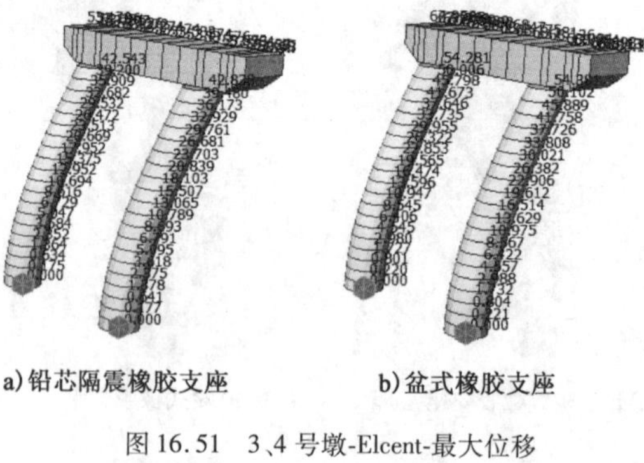

a)铅芯隔震橡胶支座　　b)盆式橡胶支座

图 16.51　3、4 号墩-Elcent-最大位移

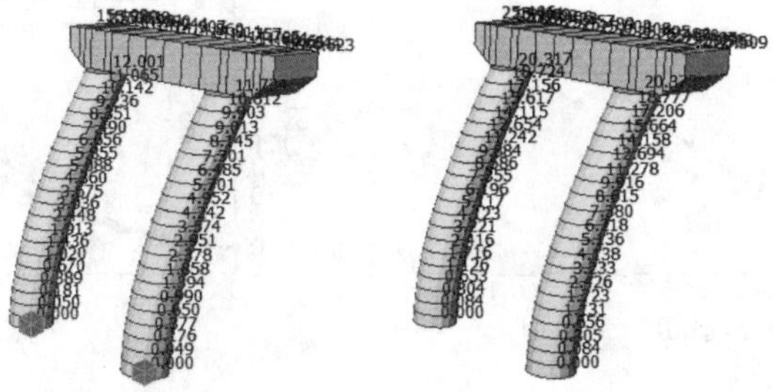

a)铅芯隔震橡胶支座　　b)盆式橡胶支座

图 16.52　3、4 号墩-Taft-最大位移

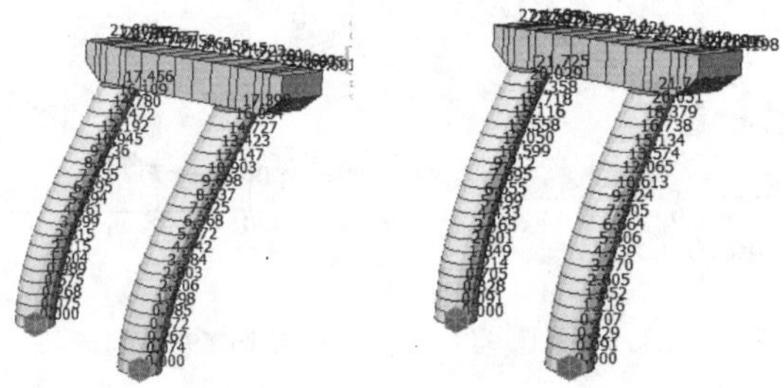

a)铅芯隔震橡胶支座　　b)盆式橡胶支座

图 16.53　3、4 号墩-org_wv3-最大位移

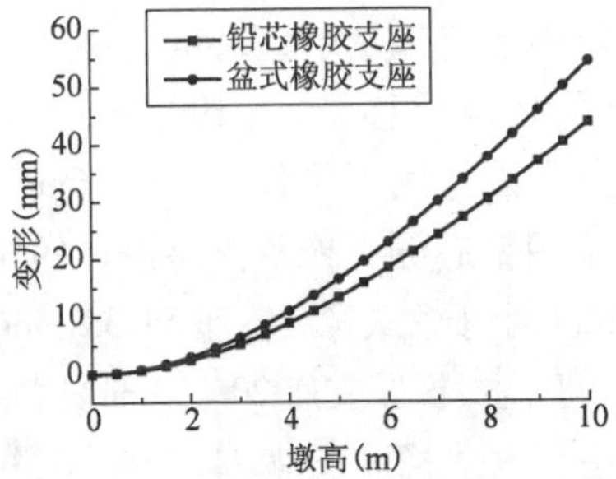

图 16.54　1 号墩-Elcent-变形对比图

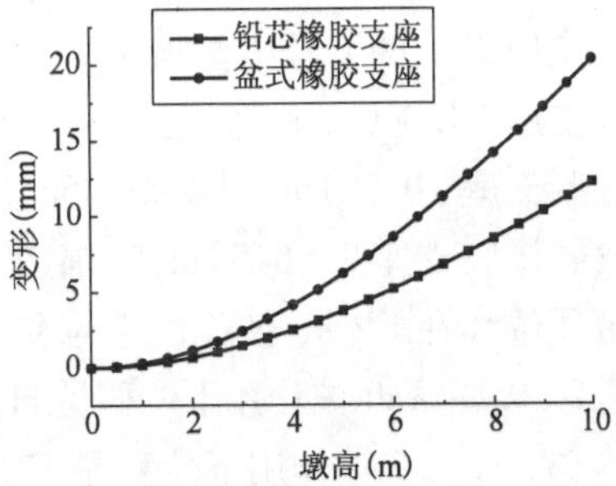

图 16.55　1 号墩-Taft-变形对比图

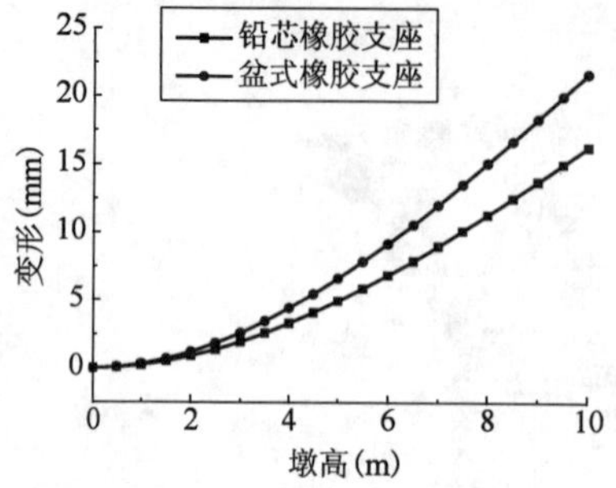

图 16.56　1 号墩-org_wv3-变形对比图

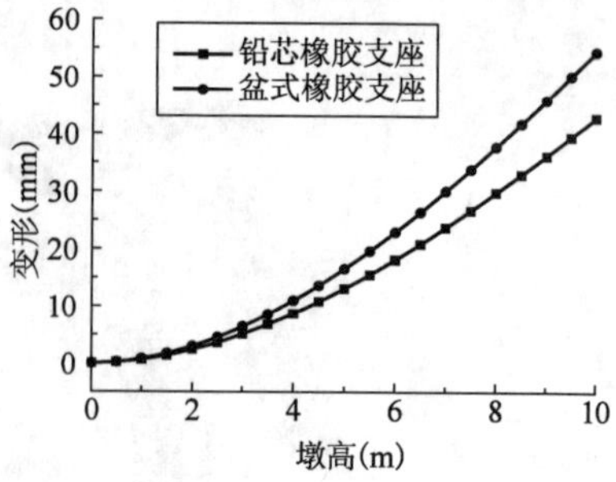

图 16.57　3 号墩-Elcent-变形对比图

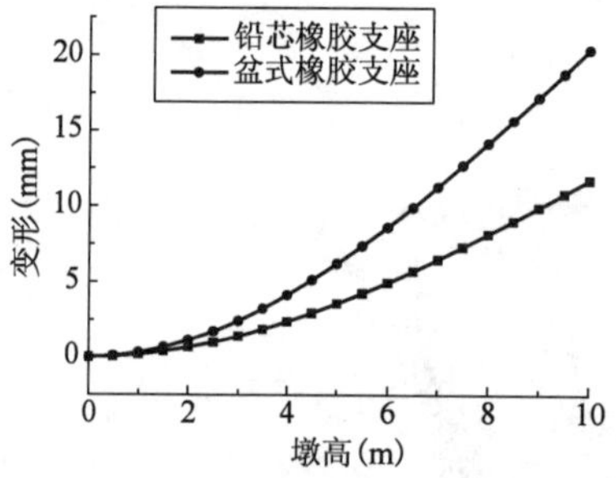

图 16.58　3 号墩-Taft-变形对比图

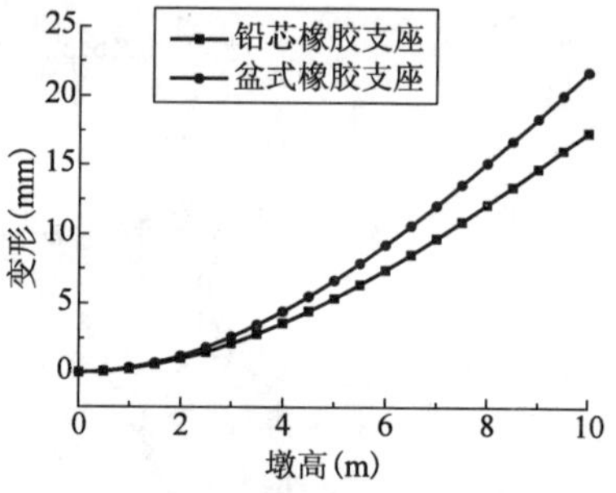

图 16.59　3 号墩-org_wv3-变形对比图

减隔震技术由于简单、方便、经济、先进等优点在工程应用中得到了广泛应用,该种方法主要是设置减震构件和隔震构件,桥梁结构在遭受地震作用时,这些构件率先进去弹塑性阶段,产生阻尼,消耗大量能量,从而减少主体结构的振动,桥保护作用,但是这些构件的结构特性和安装位置十分重要。采用铅芯隔震橡胶支座设计的 1 号墩墩顶位移在 Elcent 波作用下位移是 43.738mm,小于盆式橡胶支座 54.300mm,降幅达 24.14%,Taft 波作用下位移是 12.190mm,小于盆式橡胶支座 20.301mm,降幅达 66.54%,org_wv3 波作用下位移是 16.246mm,小于盆式橡胶支座 21.645mm,降幅达 33.23%;采用铅芯隔震橡胶支座设计的 3 号墩墩顶位移在 Elcent 波作用下位移是 42.838mm,小于盆式橡胶支座 54.381mm,降幅达 26.95%,Taft 波作用下位移是 11.734mm,小于盆式橡胶支座 20.373mm,降幅达 73.62%,org_wv3 波作用下位移是 17.398mm,小于盆式橡胶支座 21.748mm,降幅达 25.00%。可见减隔震设计桥梁抗震性能的量化分析表明采用铅芯隔震橡胶支座设计的桥梁在地震反应中大大地减少了桥墩的最大位移量,从而起到保护桥墩的作用。

16.5　本 章 小 结

本章首先阐述了有限元模拟地震力作用的一般的基础知识,随后详细论述了进行全桥模型有限元分方法以及地震反应结果。作为动力分析的需要,本章相对于第三章进行二次调整,通过严格按照施工规范进行配筋设计(包括预应力钢筋和普通钢筋)、定义材料的时间依存性、荷载工况、时程静力荷载的施加、时程函数的施加和施工阶段的划分等,构建了正确的理论计算模型,通过对有限元软件的数据分析,并结合理论分析方法及已有的抗震经验,该种分析方法是合适的,结果是正确的。并在此基础上,得到了该工程背景下的先简支后连续梁桥的动力反应结果,并归结为以下结论。

(1)结构加速度动力响应随着桥梁高度的增加逐渐变大,跨中加速度动力响应超过了地震波顶点加速度的16倍之多,Z方向的加速度动力响应小于X、Y方向,但是Z方向最大加速度到达时间早于X、Y方向,说明竖向激励响应频率最高,但激励结束后动力响应迅速消失,衰减最快,相对于另两个方向幅值最小。归因于桥梁结构在竖向上刚度最大,平动刚度较小的结构特点。

(2)桥梁结构刚度越大,越能表现出地震反应,桥梁结构的墩高越小,地震响应频率就越大,地震作用结束后,衰减速度越快。

(3)地震波的形式对桥梁结构的影响很大,本课题分析中Elcent波和Taft波形式近似,动力响应的规律也较为一致,然后org_wv3波确有很大不同,主要体现在随时间的衰减明显远远小于前两种波,结果也大不相同,所以对于桥梁结构的时程分析必须采用多条地震波进行模拟,并就计算结果进行对比分析很有必要。

(4)由于桥梁结构横向刚度、纵向刚度明显小于竖向刚度,所以桥梁结构在这两个方向上的地震响应明显大于竖向上的地震响应,但是在org_wv3波作用下,由于最大峰值衰减较弱,纵向(Y方向)也达到较大的一个水平,这是先简支后连续梁桥不同于高墩大跨桥梁的地方,必须引起足够的重视。

(5)对于先简支后连续梁桥,桥梁结构墩底内力值最大,主梁的内力最大值出现在主梁根部或跨中,但远小于桥墩。所以在地震作用中,主梁极小可能由于地震作用直接发生结构性破坏,主要是主梁产生的惯性力通过支座传递给桥墩,有桥墩来承受较大的地震力作用。

(6)桥墩X方向速度动力响应明显强于Y方向,Y方向明显强于Z方向,而上部结构X方向与Y方向幅差不是很大,有的在Y方向的速度动力响应甚至大

于 X 方向，但水平向远大于 Z 方向，说明铅芯橡胶支座起到很大作用；速度动力响应最大速度到达时刻除了与控制点位置有关系，地震波的形式也有影响。

(7)减隔震设计桥梁抗震性能的量化分析表明采用铅芯隔震橡胶支座设计的桥梁在地震反应中大大地减少了桥墩的最大位移量，其减震效果相对于盆式橡胶支座桥墩降幅至少达到了24.14%，从而起到保护桥墩的作用。

参 考 文 献

[1] 房贞政. 无黏结与部分预应力结构[M]. 北京:人民交通出版社,1999.

[2] 陶学康. 无黏结预应力混凝土设计与施工[M]. 北京:地震出版社,1993.

[3] 孙陆珍. UPPC 简支梁受力性能的分析[D]. 哈尔滨:东北林业大学,2006.

[4] 赵晓春. 无黏结预应力混凝土结构计算的接触分析方法[D]. 大连:大连理工大学,2007.

[5] 薛伟辰. 现代预应力结构设计[M]. 北京:中国建筑工程出版社,2003.

[6] 肖长礼,汪新梅. 无黏结预应力混凝土技术的回顾与展望[J]. 河南交通科技,1997(1).

[7] 覃春跃. 无黏结预应力筋极限应力增量研究[D]. 南宁:广西大学,2008.

[8] 任泽民,等. HRB500 级钢筋网轻骨料混凝土剪力墙抗震性能研究[J]. 地震工程与工程振动,2007(6).

[9] 苏小卒. 配置 500MPa 钢筋的混凝土梁受弯性能试验研究[J]. 南昌大学学报:工科版,2010(1).

[10] 卓开云,李海东. 无黏结预应力混凝土的技术经济性及其应用前景[J]. 浙江建筑,2009(2).

[11] 中华人民共和国行业标准. GB 50010—2002 混凝土结构设计规范[S]. 北京:中国建筑工业出版社,2002.

[12] 中华人民共和国行业标准. JGJ 92—2004 无黏结预应力混凝土结构技术规程[S]. 北京:中国建筑工业出版社,2005.

[13] 陈俊杰. 无黏结部分预应力混凝土梁疲劳变形与裂缝研究[D]. 长沙:中南大学,2008.

[14] 魏玉锁. 无黏结预应力混凝土施工技术研究[D]. 天津:天津大学,2004.

[15] 杜进生,刘西拉. 基于结构变形的无黏结预应力筋应力变化研究[J]. 土木工程学报,2003(8).

[16] Naaman A E, Alkhairi F M. Stress at ultimate in unbonded post - tensioning tendons: part 2-proposed methodology[J]. ACI Structural Journal, 1991, 88(6):683-692.

[17] Baker A L L. Plastic theory of design for ordinary reinforced and preattessed conctrete including moment redistribution in continuous members[J]. Magazine of Concrete Research, 1949, 1(2):57-66.

[18] 王逸,杜拱辰,刘永颐.对跨中集中荷载部分预应力梁无黏结筋极限应力的研究[J].建筑结构学报,1991,12(1):42-52.
[19] Du G C, Tao X K. Ultimate stress of unbonded tendons in partially prestressed concrete beams[J]. PCI Journa1,1985,30(6):72-91.
[20] 杜拱辰,陶学康.部分预应力混凝土梁无黏结筋极限应力的研究[J].建筑结构学报,1985,6(6):2-13.
[21] 夏春红,等.部分预应力混凝土梁无黏结筋极限应力计算[J].建筑结构,1999(8).
[22] 宋永发,王清湘,赵国藩,等.部分预应力高强混凝土梁无黏结筋极限应力及承载力的计算方法[J].中国公路学报,2000,13(1).
[23] 裴智,张维汇,王润晓.HBB500 钢筋的发展和设计施工要点[J].施工技术,2007,36(4):13-16.
[24] 戎贤,李强,李艳艳.配置 HRB500 级钢筋的聚丙烯纤维混凝土梁受弯性能试验研究[J].混凝土,2010(3):19-22.
[25] 于秋波.HRB500 级钢筋部分预应力混凝土梁受力性能研究[D].郑州:郑州大学,2008.
[26] 于秋波.HRB500 钢筋混凝土受弯构件最小配筋率的探讨[J].工业建筑,2009,39(1):90-92.
[27] 杨雄,鲁丽燕,等.HRB500 级钢筋的研制和闪光对焊试验研究[J].施工技术,2004,33(3):52-54.
[28] 毛达岭,刘立新,范丽.HRB500 钢筋黏结锚固性能及设计建议[J].郑州大学学报:工学版,2004,25(2):53-58.
[29] 王铁成.混凝土结构[M].北京:中国建筑工业出版社,2006.
[30] 孟宪晰,白宗奇.承钢 HRB500 钢筋的研制及市场开发[J].冶金标准化与质量,2005,43(3):32-33.
[31] 李艳艳.配置 500MPa 钢筋的混凝土梁受力性能的试验研究[D].天津:天津大学,2007.
[32] 李娟.HRB500 级箍筋混凝土梁斜截面受力性能试验研究[D].长沙:湖南大学,2007.
[33] 林泉,楼徐燕,楼铁炯,等.无黏结预应力混凝土梁的强度与变形特性研究[J].公路交通科技,2000(3).
[34] 文明秀,赵国藩,陈晓宝.无黏结部分预应力混凝土梁极限抗弯强度的试验研究[J].中国公路学报,1991(2).

[35] 杨龙. 无黏结预应力混凝土连续梁桥受力性能研究[D]. 天津:河北工业大学,2008.

[36] 叶见曙,李国平. 结构设计原理[M]. 北京:人民交通出版社,2004.

[37] 于秋波,刘立新,等. 部分预应力受弯构件中 HRB500 级钢筋最小配筋率的讨论[J]. 工业建筑,2009,39(8):118-120.

[38] 姚振钢,刘祖华. 建筑结构试验[M]. 上海:同济大学出版社,1996.

[39] GB 50152—92 混凝土结构试验方法标准[S]. 北京. 中国建筑工业出版社,1992.

[40] 杜进生,刘西拉. 无黏结部分预应力混凝土梁的挠度、裂缝宽度计算[J]. 中国公路学报,2000(4).

[41] 沈蒲生,罗强国,熊丹安. 混凝土结构(上册)[M]. 北京:中国建筑工业出版社,2004.

[42] 肖长礼,汪新梅. 无黏结预应力混凝土技术的回顾与展望[J]. 河南交通科技,1997(1).

[43] 卓开云,李海东. 无黏结预应力混凝土的技术经济性及其应用前景[J]. 浙江建筑,2009(2).

[44] 房贞政. 预应力结构与应用[M]. 北京:中国建筑工业出版社,2005.

[45] 范中祥. 无黏结预应力筋的极限应力分析[J]. 交通科技与经济,2007(6).

[46] Chakarabarti P R, et al. Unbonded post-Tensioning Tendons and Partially Prestressed Beams[J]. ACI Structural Journal, 1994, 91(5):616-625.

[47] Cooke M, Park R, Yong F. Flexural strength of prestressed concrete members with unbonded tendons[J]. PCI Journal, 1981:567-587.

[48] 汤永净,程付扬. 无黏结部分预应力筋极限应力增量评析[J]. 工业建筑,2009(增刊).

[49] Chakarabarti P R, et al. Ultimate stress for post-tensioning in partially prestressed beams[J]. ACI Structural Journal, 1995, 92(6):689-697.

[50] 冯志祥. 无黏结部分预应力混凝土受弯构件裂缝宽度和极限承载力的试验研究[D]. 南京:东南大学,1990.

[51] 杜进生. 无黏结部分预应力混凝土受弯构件实用计算方法的试验研究[D]. 南京:东南大学,1992.

[52] Campbell T I. Influence of nonprestressed reinforcement on the strength of unbonded partially prestressed concrete members[J]. ACI Structural Journal, 1991,88(5):546-551.

[53] Panell F N. Ultimate moment of resistance of unbonded pretressed concrete beams[J]. Magazine of Concrete Research,1969, 21(66):43-54.
[54] 李艳艳,崔武文,戎贤.高强钢筋混凝土梁裂缝控制试验研究[J].混凝土,2011(5):132-135.
[55] 中华人民共和国交通部,中华人民共和国国家统计局.第二次全国公路普查主要数据报告[J].西南公路,2002(2):73-80.
[56] 2005年全国公路、桥梁、隧道基本情况统计表.
[57] 郭玉民.浅析桥涵单板受力原因及处治方法[J].交通科技,2007(4):13-15.
[58] 陈淮,张云娜.施加横向预应力加固装配式空心板桥研究[J].公路交通科技,2008,10(25):58-62.
[59] 陈勇,李海光,段浪.宽幅预应力空心板梁底纵向裂缝成因分析[J].华东公路,2011,191(5):3-6.
[60] 秦禄生.重载条件下小跨径简支板桥的横向铰接能力分析[J].公路,2007(10):14-16.
[61] 张蓓,徐天昭,王复明,等.预应力混凝土空心板梁桥承载能力实桥试验研究[J].公路,2008(6):1-5.
[62] 陈上钧.高速公路中小跨径桥梁单板受力分析及防治措施初步研究[D].重庆:重庆交通大学,2006.
[63] 苏高裕.大铰缝空心板梁铰缝受力特点分析和配筋优化[J].公路,2012(8):157-160.
[64] Wonseok Chung, Judy Liu, Elisa D Sotelino. Influence of secondary elements and deck cracking on the lateral load distribution of steel girder bridges[C]. ASCE,2006(2):178-187.
[65] 种永峰.空心板梁铰接缝模型实验研究[D].西安:长安大学,2008.
[66] Luh Maan Chang, Yao Jong Lee. Evaluation of performance of bridge deck expansion joints[J]. Journal of Performance of Constructed facilities, 2002(2):3-9.
[67] Roberto Crocetti , Bo Edlund. Fatigue performance of modular bridge expansion joints[J]. Journal of Performance of Constructed facilities, 2003(11):167-176.
[68] 彭利英,卫军,班霞.钢筋锈蚀对空心板连接铰缝受力性能影响分析[J].铁道科学与工程学报,2011,8(2):12-16.

[69] 卫军,李沛,张国法,等.空心板铰缝结构耐用性能的试验研究[J].华中科技大学学报:自然科学版,2012,40(1):72-76.
[70] 卫军,李沛,徐岳,等.空心板铰缝协同工作性能影响因素分析[J].中国公路学报,2011,24(2):29-33.
[71] 项贻强,邢骋,等.铰接预应力混凝土空心板梁桥的空间受力行为及加固分析[J].东南大学学报:自然科学版,2012,42(4):734-738.
[72] 陈淮,张云娜.施加横向预应力加固装配式空心板桥研究[J].公路交通科技,2008,25(10):58-62.
[73] 黄民水,朱宏平.空心板梁桥"单板受力"病害机理及其加固处治研究[J].华中科技大学学报:自然科学版,2008,36(2):118-121.
[74] 陈建华.空心板梁桥单片梁受力分析及预防措施[J].中外公路,2007,27(3):118-121.
[75] 白丽红,吴承霞.预应力空心板加宽桥既有旧桥边板单板受力成因分析[J].公路,2012(6):47-49.
[76] 唐国斌.桥面铺装层对空心板桥受力性能影响研究[D].郑州:郑州大学,2007.
[77] 张柳煜,邬晓光,林成,等.桥面铺装对空心板受力性能影响分析[J].公路交通科技:应用技术版,2010,68(8):242-244.
[78] 张经纬,徐栋.简支铰接空心板梁桥荷载空间分布研究[J].建筑科学,2011,27(增刊2):56-58.
[79] 交通部公路科学研究所."西部地区中小跨径适用桥梁型式的研究"技术响应书[M].交通部公路科学研究所,2003:13-15.
[80] 李占永.浅析桥涵单板受力原因及处治方法[J].交通科技与经济,2006(6):20-21.
[81] 邵旭东.桥梁工程[M].北京:人民交通出版社,2016.
[82] 赵慧芳.铰接板梁桥加固时单板受力原因及加固方法[J].交通科技与经济,2007(6):26.